走在德育探索的路上

家校共育模式下的德育研究

周雪燕／著

东北师范大学出版社
长春

图书在版编目（CIP）数据

走在德育探索的路上：家校共育模式下的德育研究 / 周雪燕著. — 长春：东北师范大学出版社，2021.11

ISBN 978-7-5681-8651-3

Ⅰ. ①走… Ⅱ. ①周… Ⅲ. ①德育—家庭教育—研究—中国②德育—学校教育—研究—中国 Ⅳ. ①G78 ②G41

中国版本图书馆CIP数据核字（2021）第251174号

□责任编辑：石　斌　　□封面设计：言之凿
□责任校对：刘彦妮　张小娅　□责任印制：许　冰

东北师范大学出版社出版发行
长春净月经济开发区金宝街 118 号（邮政编码：130117）
电话：0431-84568023
网址：http：//www.nenup.com
北京言之凿文化发展有限公司设计部制版
北京政采印刷服务有限公司印装
北京市中关村科技园区通州园金桥科技产业基地环科中路 17 号（邮编：101102）
2021年11月第1版　2022年3月第1次印刷
幅面尺寸：170mm × 240mm　印张：15　字数：242千

定价：45.00元

序言

PREFACE

现在很多教师不愿意当班主任，或者对班主任工作产生职业倦怠感，主要原因在于不知道如何管理学生。批评不敢用，奖励没效果，面对学生的问题行为束手无策，因此只有提高班主任解决学生问题行为的能力，才能缓解他们的职业压力。如何提高班主任解决问题的能力？除了参加培训学习之外，我的办法就是坚持撰写德育随笔，先把一些事情原原本本地记录下来，到了一定时候自然就会看出问题的本质，进而一边分析一边反思一边寻找最佳办法。当然，在这个过程中，也会遇到一些“疑难杂症”，这时候，我就会把这些“疑难杂症”专门记录下来，去参加培训学习的时候、阅读专业书籍的时候一发现有好的办法立即记录下来，再结合自己的班情、学情整合起来运用，效果不错。以随笔为基础，最后就形成了一篇篇德育研究，把这些规律、方法总结出来，就形成了很多面向班主任、家长传授经验的讲座。

通过撰写德育随笔，我积累了大量的素材，时不时地就会拿出来与学生分享。学生开始关注我写了谁，写了什么。谁都希望“流芳百世”，而不愿意“臭名昭著”，于是很多学生都会为了成为“正面人物”而努力表现。我会在班级的“每周感动班级人物”里面挑选一部分进行分享。

我经常在讲座里面讲到这个案例：学生小刘希望“流芳百世”的意愿比较大，但自觉性也比较差，两三天一小错、五六天一大错，所以在我的德育随笔中总是难以成为比较固定的“正面人物”，时不时地又会奔向“反面人物”的队列。为了转化小刘，我开始想办法，用“小纸片传情达意”的办法来肯定他的良好表现，提醒他自觉自律。这种办法确实不错，可以及时提醒、及时反馈、及时引导，所以执行两个星期以后他确实转化不少。但是，班级里面四五十个学生，我不可能总盯着他一个人，还得面向班级其他学生开展“小纸片传情达意”活动。于是，我想出了2.0版“小纸片传情达意”活动——挑选部分学生观察小刘，挖掘其闪光点，并写在小纸片上面送给他。这样的好处是可以发动群众力量来监督小刘，让我空出时间来面向大众。一段时间后，我又在随笔中反思：不管是我还是班级学生写给小刘的小纸片，都只是利用外力来帮助小刘，可不可以激发小刘内在的动力来帮助他增强自觉性，少违反纪律呢？于是，3.0版的“小纸片传情达意”活动冒出来了——小刘每个星期挑选一个班级感动人物来观察，把观察到让他感动的地方写在小纸片上送给对方。刚开始，我引导小刘观察、记录，直到他的眼睛开始善于发现“美好”。这三个办法三管齐下，半个学期后，小刘在我教育随笔的故事里面，作为“正面人物”出现的次数越来越多，受到同学欢迎的次数也越来越多。后来，家长也受到启发，4.0版“小纸片传情达意”活动——家长写小纸片鼓励学生的办法得到了推广。在这个过程中，我成了学生当中最受欢迎的“正面人物”。当然，这个“正面人物”并不是一点错都不会犯的“超级英雄”，而是有血有肉，会做好事也会偶尔犯点错的人，关键是能和学生还有家长一起成长。

很多班级事情发生之后，我会有意识地在备忘本上写上关键词，以便帮助我晚上回忆当天的事情。撰写德育随笔前，我一般会用10多分钟回想当天所见、所闻、所思、所感的事情，结合备忘本的关键词，把一些印象深刻的、感觉处理得还不错或者处理得不够好的事情记录下来，再分析这些事情发生的原因和背景，反思我当时的处理办法是否科学，是否有效。如果认为我的做法不符合学生的身心发展规律，再想其他办法来弥补……经过回忆、记录、分析、思考等过程的一篇篇德育随笔，不断地促使我自我反思、自我成长、自我提升。在这个过程中，当我发现自己做错了时，我会主动向学生认错；当我发现有更好的解决办法时，我会承认我原来的办法不够好……在我的带领下，我的学生也会通过撰写日记、成长笔记进行自我反思、自我提升，班级日记也记录得更加详尽。通过撰写德育随笔，我的教育理念更加符合学生的发展规律，我的德育方法更加有效，我的德育故事越来越多，我撰写德育随笔的能力也越来越强。

为了把我撰写教育随笔促使班主任专业化成长的经验推广给更多的班主任，我在教学之余，还兼任阳江市教育局政教科德育专干，并且成了省级中小学名班主任工作室主持人，带领我市其他省级工作室、市级工作室组建了省、市工作室联盟，结合教育随笔，开展了班主任“日月谈”（“每日学生谈”“每周家长谈”“每月教师谈”）活动。各工作室也将班主任“日月谈”

活动逐渐发展为班主任“日月谈+”活动，如“绘本谈”“家校谈”“悦读谈”“德育多方谈”“好人讲坛”“叙事谈”等，形成了我市班主任工作的品牌。

德育随笔其实可以发展成很多种形式，除了我在工作室联盟推广的班主任“日月谈”活动，还可以是“写给学生”“写给家长”“写给自己”等形式。只要班主任们做到多观察、多记录、多思考、多反思，就一定会沿着班主任专业化发展的道路越走越远！

由于坚持撰写教育随笔，我积累了很多颇有成效的带班经验，目前共发表了400多篇文章，主讲了200多场班主任、家庭教育讲座，主持了20多场亲子小组、母亲小组活动和家庭教育咨询会，受惠师生和家长3万多人次。在本书中，我把一些家庭教育讲座设计、学校德育研究、教育随笔分享出来，希望与广大德育工作者共同探讨德育工作的规律。

由于本人水平有限，不足之处在所难免，欢迎大家批评指正。

周雪燕

2021年8月

目 录

CONTENTS

上篇　家庭教育讲座设计

中篇　学校德育研究

下篇　德育随笔

上篇

家庭教育讲座设计

怎样做好孩子的榜样

一、教学目标

帮助家长树立科学的家教观念，正确理解、支持学校教育；拥有积极的心态，与学校共同教育好孩子。

二、教学对象分析

学生家长的素质参差不齐，重视家庭教育但缺乏方法的有不少，不重视家庭教育但望子成龙望女成凤的也有不少。不少家长普遍认为孩子一进学校就成了老师的事情，自己只负责孩子的物质需求，而忽略孩子的精神需求，一旦发现孩子有不良倾向，又把责任推到老师身上……因此，本讲座主要目的在于帮助家长改变观念，树立科学的家教观念，与老师共同教育好孩子。

三、教学时间

一小时。

四、教学形式

互动交流。

五、教学过程

（一）热身活动

请各位家长做一个游戏，游戏很简单，就是听老师的指令，看老师的示范来做动作。教师语言是："请大家伸出右手，摸摸自己的下巴。"而动作是伸出右手，摸摸额头。结果有三种：少数人伸出右手摸下巴；少数人不知所措；多数人伸出右手摸额头。问："为什么会出现三种结果？"

刚才的游戏说明了一个简单的道理：身教重于言传。你要求孩子做的，你自己做了吗？如果你自己做不到，孩子多数不会听你说的，而是学习你的行为，或者不知道应该怎么做。

（二）做好孩子的榜样

那么，我们怎样做好孩子的榜样呢？这里我主要讲三个方面。

1. 做好孩子遵守规则的榜样

俗话说，国有国法，校有校纪，家有家规。只有遵守了这些法规，才能成为一个合格的公民。培养优秀的人才有三个层次：一是制度约束，避免人的懒惰、私欲和贪婪；二是自我约束，人在制度的约束下会逐渐形成下意识遵守的自觉性，会按照合法、合理的社会准则做一个遵纪守法的公民；三是价值体现，在前两个层次的约束下，人经过了良好的学习，会追求一种体现自我的价值，便会表现出大爱、大善的仁义之心和行为，得到人们的尊重和爱戴。所以，制度约束是一个人成长最基本的要求。

（1）遵守家规

在一次亲子活动时家长和孩子吃午饭，我发现一个细节，吃完饭后家长把餐巾纸随便扔到地上，这时还拿着纸巾的孩子也跟着扔到了地上。从这个简单的例子可以看出，家长是孩子的榜样，孩子是家长的镜子，孩子身上出现的问题大部分可以归结为家庭的原因。我们不一定非要制定出严明的家法，但至少要有一定的准则，而且这些准则需要家庭成员共同遵守，家长带头示范，才能起到榜样的作用，影响孩子。那么，需要制定哪些准则呢？我提出一些建议供大家参考：

① 吃饭规则。在幼儿园或者学校，我们会发现有不少孩子吃饭时把饭粒、汤水撒得到处都是，吃一小半，丢一大半，不吃鱼和肉，吃饭时边吃边玩边说话。孩子吃饭能力差最主要的原因在于家长，有的家长舍不得放手，不给机会让孩子自己动手吃饭；有的家长担心孩子吃不饱，越俎代庖，一日三餐追着喂，使孩子错过了学会自己动手吃饭的最佳时机；有的家长担心孩子营养不够，强迫孩子多吃，造成孩子偏食、厌食；有的家长带孩子到外面吃饭，自己一边吃一边说话、看电视，孩子便有样学样。

有一个来自香港的家庭教育讲师，他的儿子和女儿都很出色，因为他工作积极、家庭幸福、孝顺父母、与人相处和谐、生活快乐。他带孩子到外面喝茶、吃饭都不跟其他大人一起，跟大人们聚会也不带孩子，为什么呢？有两个原因：一是孩子容易厌倦吃饭的场合，一吃完饭肯定坐不住想回家或者出去玩，这时大人们肯定还没尽兴，家长就容易训斥孩子，孩子可能会觉得委屈，进而引起矛盾；二是大人一起吃饭肯定会说话、评价，有些语言会影响辨别能力不强的孩子。

所以，家长要做好孩子吃饭的榜样，要做到以下三点。一是尽早让孩子动手吃饭。有不少孩子到了10多岁还不能很好地吃饭，主要是家长认为孩子已经是这样了，很难改变，反正他们将来也是会自己吃饭的。其实，这是错误的想法，孩子在应该学会吃饭的时候没有学会吃饭，那么将来在应该学会某种知识或技能的时候他同样有可能学不会，而去依赖别人，致使今后干什么事情都输在起跑线上。二是定时定量吃饭。大人尽量和孩子同桌吃饭，督促孩子吃好饭。有的孩子放假时睡懒觉，吃零食就会不想吃饭，或者喜欢吃就暴饮暴食，不喜欢吃就挨饿，这种习惯不但会影响身体健康，还会影响孩子对待学习、工作的态度。三是吃饭时家长不要做其他事情，如打电话、看电视，要让孩子明白吃饭是一种享受，要重视这种享受的过程，尽量不受其他事情影响。四是吃饭时要尊老爱幼，有些菜适合老人或者孩子吃的，可以鼓励他们多吃，但要说明原因，如多吃会给老人和孩子补充钙等，避免孩子自私自利，以为自己是皇帝。

② 言行规则。一方面，家里的大人要言行一致。现在的家庭多是六个大人围着一个孩子转，经常一个大人批评孩子，孩子就跑到另外的大人那里撒娇，寻求保护，这样的结果会让孩子有恃无恐，让家长的教育等于零，甚至是负数。所以父母首先要统一意见，再想办法取得老一辈的支持。今天来参加家长会的绝大部分是孩子的父母，也有孩子的爷爷奶奶或者外公外婆，我相信大家都有一个共同的愿望，那就是培养出健康、快乐、出色的孩子。那么年轻的家长就要在教育观念上与老人多多沟通，大家言行一致，共同教育好孩子。老人也要尊重年轻人的家教观念，别宠坏了孩子。另一方面，家长的言和行要一致，今天的言行和明天的言行也要一致。我们经常会看到有些家长一边给孩子讲“锄禾日当午”，一边却随手扔掉不合口味的食品；还有一些家长一边讲着“孔融让梨”的故事，一边却争先恐后地挤车抢座；今天告诫孩子好好听老师的

话，明天却又对老师评头论足。

③ 家务约定。我有一个邻居，一家三口，爸爸跑业务，妈妈入厂打工，儿子读五年级。我经常看到他儿子去倒垃圾，就称赞他儿子懂事乖巧，会帮忙做家务。孩子妈妈说，他们的常规家务是约定好的。爸爸跑业务比较忙，家务少一点，只要在家吃饭就负责洗碗；儿子年龄小，家务也少一点，负责扫地和倒垃圾；剩下的买菜、煮饭和洗衣服等就由妈妈做。把家务分给家里每一个成员做，不但可以培养大家对家庭的责任感，也可以让家庭成员在做家务的过程中享受天伦之乐，还可以培养孩子的劳动观念和动手实践能力。让孩子做家务，花的时间不多，绝对不影响学习，家长一定不要忽视了这个家务劳动约定。爸爸、妈妈和孩子共同分担家务，这是培养孩子责任感的一个最好途径。

④ 奖惩规则。“进了前十名，我就奖励你……”这是很多家长常说的一句话，这样的物质奖励看似会增强孩子的学习动力，其实弊大于利。如果他考砸了惩罚他，考好了奖励他，他会误以为学习是为家长。这样一来，奖励就破坏了孩子对追求知识目的的正常理解。这种教育方式助长了孩子的功利心，容易把孩子引向灰色地带。那要不要奖励呢？答案是可以奖励，但需制订出一套既可以提高孩子自信心又可以制约孩子犯错的奖惩措施，并且坚持执行，才会有效果。如孩子有什么进步，做好了哪些方面就给予什么奖励，反过来就要给予什么惩罚。不管是奖励还是惩罚最好倾向于精神方面的，如奖励方面，可以抽时间陪孩子玩玩，实现孩子的一个愿望，等等；而惩罚方面，可以罚孩子减少玩的时间，写说明书，等等。

（2）遵守校纪

有这样一个例子：有一个阿婆送孙子上学，学校规定家长送孩子只能到门口，但是这个阿婆却骂值日的老师：“我交了那么多钱，还能不让我进学校？”值日老师态度很好地向她解释，她却说：“如果不是我交了那么多钱，你会有那么好心在门口迎接我吗？”各位家长评一评这个阿婆说得有没有道理。大人这么嚣张，孩子会怎么想？怎么做？没有哪个家长希望自己的孩子不遵守学校纪律，但是，如果家长不遵守学校纪律，孩子就会以你为榜样！

有一所小学和家庭签订家校协议的办法值得大家借鉴。在孩子入学前，学校向家长承诺做到五个方面：一是促进孩子健康、安全、幸福地成长；二是鼓励孩子积极参与各项学习、娱乐活动；三是鼓励孩子关爱学校和他人；四是尽力教会孩子各种知识；五是积极与家长沟通，让家长懂得正确的家教方法，让家长了解学校大事以及其子女的进步情况，欢迎家长提出建议。同时，家长也要努力做到六点：一是确保孩子按时上学，正确着装，带齐学习用具；二是不随便为孩子请假，孩子确实有事请假需及时向学校说明；三是支持学校的政策和规定；四是为孩子的家庭作业以及其他在家学习的机会提供支持；五是参加家长会和关于孩子进步的讨论；六是了解孩子的学校生活，主动与老师交流孩子在校的情况。

只有家校通力协作，互相支持和配合，才能更加有效地促进孩子健康发展。所以，家长积极向老师了解学校的规定、班级的规定，和孩子一起遵守，成为孩子遵纪守法的好榜样吧！当然，如果你觉得学校的个别规章制度不合理，也可以通过正确的方式向校长、老师提出合理的建议。我相信，为了学校更好地发展，校长和老师一定会与你协调沟通，共同制定更加合理、有效的规章制度。

（3）遵守国法

有这样一个例子：十字路口，红灯亮起，孩子对妈妈说："妈妈，老师说红灯亮时，不能横穿马路呀！""交警不在，对面没人。"妈妈骑着摩托车载着孩子旁若无人地闯过红灯，到了马路对面。孩子把老师的教导牢记在心，遇到"红灯亮"时知道要停下来等待，可是妈妈一句"交警不在"，就抹杀了孩子接受的有关交通规则的教育。如此教育，试想孩子下次遇到"红灯亮"时，还会自觉停下来吗？广而言之，规则意识在孩子今后的成长中将会被淡化。哈佛大学曾经发生过这样一件事：一场意外的大火，烧毁了学校的图书馆，有很多古书被毁。一位学生曾私自把一本古书带出图书馆，当他得意地把这本幸免于难的古书上缴给学校时，学校欣喜之余还是做出了将他开除的决定。哈佛的理念是让校规看守哈佛。遵守规则，不需要时刻依赖人的监管，它需要转化成个人内在的素养。上文中母亲的做法给孩子留下了错误的认识：规则，只是在特定的条件下遵守的。久而久之，在孩子的心中诸如道德、法律等的约束都变成了一纸空文。然而在孩子的成长过程中，一旦失去对规则的坚守，就会犯错误。

为什么现在违法犯罪的青少年人数越来越多呢？其中一个主要原因就是家庭影响。有的家长一味满足孩子物质上的要求，造成"亲情过剩"，让孩子形成了骄横、任性、追求享乐、唯我独尊等不良习性；有的家长一味要求孩子学习，忽略了对孩子做人做事的教导，让孩子容易受到社会上一些不良风气的诱惑；有的家长为了做生意，对孩子不闻不问；有的家长只要求孩子不要求自己；等等，都会让孩子形成不良的品质。我们的主流社会是民主、公平、公正的，我们要让孩子们看到社会积极的一面，相信社会正义的一面，他们才会去追求公平、公正，做一个正直、崇高的人。那么，平时，家长做人做事就要做好孩子的榜样。曾有电视新闻报道一个孩子的理想是做贪官，很大原因就是受家长的影响。孩子在这种思想的影响下，还有什么心思努力学习、追求上进呢？

2. 做好孩子尊师重教的榜样

（1）维护学习的重要性

现在学习有用还是无用呢？新的“读书无用论”产生是因为大学生找不到工作。其实这不能说明读书无用，只能说明找不到工作的大学生还没有读好书，或者还没好好找工作。我朋友开一个外贸公司，有一个员工30多岁，初中毕业，工作勤奋、头脑灵活，但做事缺乏规划，没有主见，经常做错事；而另一个员工刚刚大学本科毕业，做了半年，做方案、接待、谈判样样行，省了老板很多事。这说明不同知识背景的人做同样的工作会出现不同的效果。学习有广义和狭义之分，狭义的学习是指在学校系统接受教育，广义的学习是指在所有的场合向不同的人和事学习做人做事的道理，广义的学习以狭义的学习的学习能力为基础。在不同工作岗位的家长也要有积极的学习意识，并且多和孩子交流学习感想，让孩子觉得你也在不断学习，从而可以做好他们的榜样。比如，有一次我去广州带我女儿看医生。因为在郊区，我们搭摩托车去附近的大医院，但是我发觉司机想搭我们去一个小医院，果断地下车。女儿惊奇地问我：“妈妈，你又不认识路，怎么能辨别出他带错路了？”我说：“因为我不认识路，所以我不仅预先查看了地图，还在地铁站问了工作人员，知道我们去的大医院在哪个方向。以后出门，你也要提高警惕，避免受骗上当。”后来有一个陌生人主动带路，我们很快找到了目的地。我跟女儿说：“社会上有坏人，但还是好人多，我们要加强学习，做好人、感恩他人的同时，懂得防范坏人。”这件事说明，即使你不经常学习，你也可以在生活当中做好孩子的榜样，跟孩子分享你的经验，教育孩子做人做事。

（2）维护学校的荣誉

怎样维护学校的荣誉？我有一个亲戚，家境一般，儿子五年级，就近入学，成绩优秀，学习能力强，是班长，也是学校大队长，是个很自信、很阳光的孩子。最近一年，亲戚跟朋友说起孩子读书的情况时，总说自己孩子在二三流学校读书，二三流老师教，哪里有出息呀！孩子听了，也觉得自己的学校和老师不好，学习信心不足了，结果考初中的成绩不太好。这个例子说明，家长对学校的看法直接影响了孩子的看法，影响了孩子的信心。其实，每个学校都有独特的地方，既然你选择了孩子在该学校读书，就应该挖掘这所学校的优点，赞美它，孩子就会认为自己的学校好，生出“今日我以学校为荣，他日学校以我为荣”的荣誉感，从而努力学习，为自己、为家庭、为学校争光。所以，请家长会后立即回去和孩子找找本校的优点，如校园环境、学校荣誉、老师勤奋、学生团队等。请家长记住一句话：你想让你孩子是什么样子，孩子很有可能就会成为什么样子。

（3）维护老师的声誉

一个一年级的小男孩对老师说：“老师，我要娶你做老婆！”如果你是那个老师，你会怎么回答？会不会骂小男孩耍流氓？老师笑着问：“你为什么要娶我做老婆！”男孩说：“我喜欢老师，我要和你在一起。”老师摸着孩子的头说：“我也喜欢你，你要多吃饭，勤学习，快快长大哦！”智慧的老师知道维护小孩子单纯的情感，我们也要知道小学生特别是低年级的学生大都喜欢老师，因为喜欢老师而喜欢他所教的科目。家长在孩子面前维护老师的声誉，就是维护学生的自尊，学生会产生自豪感，从而喜欢老师和课堂学习。

当然，老师不是神，也是一个有缺点的普通人，如果发现老师有不对的地方怎么办？我说一个例子，班主任打电话请刘爸爸去学校，说：“你儿子这次考试全班倒数第一，有些题目我讲了很多遍他还是错。不仅成绩差，纪律也差，你这爸爸每天在忙什么？怎么从来不管孩子？”刘爸爸先把孩子支走，因为老师训斥家长的场面比老师训斥孩子本身对孩子的影响严重得多，他压低声音说：“不好意思，我确实对孩子管教不够，让老师费心了。”“费什么心！我天天教他做作业，休息时间都给了他，谁给我加班费？”刘爸爸想了想，说：“老师，请您好好说话，我是专程来解决孩子问题的，犯错误的不是我，我希望您建议我怎么做，而不是训斥我。”老师大声说：“让他退学吧，我教不了他了！”刘爸爸说：“老师，您今天情绪不稳定，我们改天再谈吧。”回到家里，刘爸爸发了一条短信给老师：诚恳地向老师道歉，因为自己的管教不严，孩子表现差，让老师费心、发火，希望老师好好休息，心情快乐，请老师约好时间再谈。老师这时火气消了，也发短信向家长道歉。后来两人还成了朋友，孩子也进步多了。家长们要理解老师，自己面对一两个孩子心情都会烦躁，更何况老师至少要面对五六十个孩子，加上来自上级的压力、家长的压力，更是容易情绪不稳定。上例中，刘爸爸不卑不亢，既不火上浇油，也不低声下气，既理解老师，又把握住解决孩子问题的重点，我们不妨借鉴一下。

还有一种情况，不少读三年级的孩子家长会觉得现在老师比不上一二年级的老师。如果按照这样的逻辑，那初中老师就比不上小学的，高中老师比不上初中的，大学老师更不用说了。其实，随着孩子年龄、知识的增长，孩子的能力在提高，家长和老师都要逐渐放手，让孩子大胆尝试，大胆犯错，孩子才会成长起来。如果我们还要求所有老师都像一二年级老师一样事无巨细地照顾孩子，那孩子不是永远只有一二年级的水平吗？另外，家长要培养孩子适应老师的习惯，不同的老师都有优缺点，老师不可能适应每一个学生，只有最快适应新老师教育教学风格的孩子才能最快成为佼佼者。那些还在抱怨新老师怎么怎么不好的家长和学生已经输在起跑线上了，赶快转变观念，用积极的心态欣赏新老师、学习新老师吧。家长在孩子面前维护老师的尊严，不仅可以使孩子在学习上很快适应，而且能培养他们积极的心理和包容的品质。

3. 做好孩子良好习惯的榜样

如果有了好习惯，你将会一辈子享受不尽“利息”；如果有了坏习惯，你将会一辈子偿还不完“债务”。良好的习惯有很多，我先说说小学生最基本的习惯：

（1）学习习惯

家长们，孩子放学后你问得最多的话是什么：作业做好了吗？今天有没有违反纪律？老师说你什么了？等等。你关注孩子什么，孩子就表现什么给你看。例如，你总是问作业做好了吗，他就重视作业的完成，不在乎对错，有时甚至抄别人的作业；你关注他的学习态度，他就重视学习的过程。怎样培养孩子的良好学习习惯？家长不妨在以下几方面做好榜样：

① 计划习惯。一个会计划的孩子是会做决定的孩子，一个会做决定的孩子

才能够做大事。

② 阅读习惯。如果孩子能够静下心来阅读，那么他自己就会懂得上进、明理懂事，家长就会省很多功夫教孩子。

③ 适应老师的习惯。在新的年级、新的学校最快适应老师的学生最快成为佼佼者。

④ 专心的习惯。有一个五年级男孩，上课走神，做作业坐不住。他妈妈请教心理老师，渐渐训练才使其转变过来。第一步是观察，妈妈在暗处观察到儿子做作业一个小时，站起来七次，看看冰箱有什么好吃的，打开电视看看有没有动画片，站在窗前看看有没有谁在玩，等等，平均不到10分钟就要走一次。第二步是引导。妈妈说："你头脑聪明，只要努力学习一定可以学好，刚才你一个小时做作业站起来七次，有点多了吧？要不，一个小时站起来三次好吗？如果做到，当天晚上七点钟的动画片随便看。"儿子见还可以站三次，又有动画片看，同意了。第三步是督促。第一晚，儿子在妈妈的提醒下做到了，不再听着妈妈的唠叨看电视，很过瘾。第二晚，儿子做到了，很自豪。第三晚，儿子没有做到，不能看电视，很失落，妈妈也表扬他说话算话，做不到就不看电视。经过一个多月的训练，孩子完全做到一个小时站起来不超过三次，妈妈再引导他只站两次、一次……三个多月后孩子彻底改掉了坐不住的坏习惯。所以，家长要改变孩子的坏习惯，一要观察，二要引导，三要耐心督促，四要多肯定多总结。

⑤ 筛选信息的习惯。现代社会多诱惑、多元化思想，懂得辨别才会做人正直，做事效率高。

（2）文明习惯。有这样一个英国留学生，在一对老夫妇家租房子，他晚上打工很晚回来，回来后开门、关门、走路、用水等声音很大，老夫妇建议他小声点别影响他们睡觉，他虽然口头上同意，但习惯仍然没有改变，而且说话不尊重人，后来老夫妇就拒绝租房子给他了。接着，留学生去其他人家租房子，但是大家一听他的名字都不肯租，因为他的名字已经上黑名单了。最后，他只得去远离学校的地方租房。所以，一个人的文明习惯就是他的名片。我们很多孩子会说粗话，动不动就和同学打架，其实都是家长或者身边人的榜样作用。我看过一个学生写给爸爸妈妈的信，信中写道："爸爸妈妈，你们总说我成绩不好，爱玩电脑，爱与同学吵架，其实我是以你们为榜样的。爸爸一下班回来就玩电脑、打扑克牌、赌博，妈妈一有时间就唠叨，唠叨完了就跟爸爸、奶奶吵架。你们怎么老说我，不说你们自己呢？”家长们，培养孩子良好的文明礼仪习惯，需要先从反思自己开始。

（3）做事习惯

做事习惯有很多，根据孩子的接受能力，我认为可以重点培养以下几点：

① 选择习惯。一个不会比较、选择的人，辨别能力差，容易上当受骗，今后工作能力也差。《参考消息》有一篇报道，说中国一个私立学校的孩子到日本去访问，买东西不会比较，看中什么就买什么，有的孩子花钱超过两三万，引起了日本人的惊讶和讨论。在国人眼里，买东西挑三拣四是丢脸的事，其实这是在培养孩子选择的能力，外国不少家长会带孩子到超市，让孩子比较东西的质量和价钱。还可以怎样培养孩子的选择习惯呢？平时家长希望孩子做什么，最好选两件有一样难度的事让孩子做选择题，如想让孩子扫地，可以说：“你愿意洗碗还是扫地？”想让他看童话书，就说：“你是看《安徒生童话》还是看文学报告？”

② 责任习惯。有一个家长打电话向我咨询，说他孩子考试作弊，学校要处分，她想走后门让孩子免受处分。我说这样做会让孩子不用为错误买单，不好。怎么办呢？一是支持学校处分，但要跟学校沟通，明确孩子作弊是一时行为，不是品质问题。二是跟学校制定方案，共同关心孩子今后的学习、生活和心理，孩子做好了可以撤销处分。这样做不但对孩子是一种责任教育，也让孩子得到学校更多的关心和帮助，有利于引导孩子健康成长。后来这个孩子果然在家长和老师的帮助下进步很大。所以，孩子犯了错误，我们家长第一要想的不是为他推卸责任，而是带着他用积极的心态一起正视错误，勇于承担责任。一个有责任感的人才会对自己、对家庭、对社会负责，不容易走弯路。

③ 大事做不来小事赶快做的习惯。很多人大事做不来小事不肯做，到头来什么都不会做。做事很简单，就是大事做不来小事赶快做，在平常的日子做平常的事情，把简单的事干得高高兴兴，把小事做好，坚持做，做下去，做深刻，就会把事情做到最大最优。袁隆平扎扎实实蹲在农田里研究出了水稻亩产900千克，成为“杂交水稻之父”；胡忠和谢晓君两夫妻坚持几十年照顾孤儿，成为感动中国人物……引导孩子坚持做好哪些小事呢？我总结了“七个一分钟”：一分钟干家务活，一分钟写日记，一分钟唱歌，一分钟踏步，一分钟注

意力训练，一分钟读名著，一分钟演讲。把这七个一分钟坚持下来，你和孩子都将有收获。

最后，送几句话给各位家长：以身作则，言行要一致；长辈之间，要求要一致；教育孩子，前后要一致；支持学校，步调要一致。

入学教育就是培养好习惯

一、教学目标

《全国家庭教育指导大纲》（以下简称《大纲》）针对小学生家庭教育指出：帮助儿童养成良好的学习习惯和学习兴趣，指导家长以身作则、言传身教，创设安静的环境，引导儿童专心学习，养成良好的学习习惯；注意培养儿童的学习兴趣；正确对待儿童的学习成绩。

根据《大纲》要求，本次课程设计的目标为：

（1）让家长知道好习惯是促进孩子健康成长的基础。

（2）指导家长帮助孩子养成良好的学习习惯和行为习惯。

二、教学对象分析

本课程主要面对孩子准备上小学的家长，家长受教育程度普遍较高，对孩子良好习惯的培养是有一定意识的，但是对培养孩子什么好习惯，怎样培养孩子好习惯却未必有科学的认知，所以本次授课的教学重点和难点就是帮助家长采取科学的方法培养孩子的好习惯。

教学参考：①2011年9月刊《父母课堂》中《儿童教育就是培养好习惯》一文摘录的是北京教育科学研究院副研究员吴剀的访谈录。文章主要有三个方面的内容：一是养成好习惯的重要性，二是父母要培养孩子的做人习惯、做事习惯和学习习惯；三是采用什么方法来帮助孩子养成好习惯。另外，还有《父母课堂》中其他一些有关良好习惯的文章。②小活动 大德育：活动体验主题班会的设计与实施/李季，梁刚慧，贾高见著，广州：暨南大学出版社，2012.7。

三、教学形式

交流式讲座。

四、教学过程

（一）活动导入，认识习惯的存在性

（1）掌声问好，引入习惯。

（2）叉手活动1。

① 规则：半举双手，跟随口令和示范叉手，连续做五次，保持最后一次交叉状态。

② 观察：你双手交叉时，是左手大拇指在上还是右手大拇指在上？每次交叉姿势一样吗？为什么？

③ 思考：活动告诉了我们什么？

小结：一个小小的叉手活动让我们认识到，习惯无处不在，并经常在不经意间对我们产生影响。习惯会对我们产生什么影响呢？

（二）故事分享，了解习惯的影响性

故事1：

20世纪60年代初，苏联发射了第一艘载人宇宙飞船，当时挑选上太空人选时，几十个宇航员去参观他们要乘坐的飞船，进舱门时，只有加加林把鞋脱下来了。他觉得这么贵重的一个舱，怎么能穿鞋子弄脏呢？这一动作让主设计师非常感动，他认为只有把飞船交给一个爱惜它的人才放心。结果，加加林成为人类第一个飞上太空的宇航员。

这个故事说明了什么道理呢？（说明了一个人的素质高低往往能在一些很细微的小事上体现出来，可以说小习惯体现了大修养。）

故事2：

妞妞9月份刚刚升入小学一年级，一开始她高高兴兴去学校，可过了两天，她就不愿意上学了，早上扭扭捏捏不愿意出门，晚上磨磨蹭蹭不愿意做作业。为此爸爸妈妈费了不少心思，每天送孩子上学成了一件发愁的事情。

（1）思考问题：你认为妞妞不愿意上学的原因是什么？如果你的孩子有这样的情况，你会怎么做？

（2）分析：很多家长都会遇到诸如妞妞父母的烦恼，这是孩子出现了入学适应障碍，主要原因在于孩子不能适应学校的规章制度、学习要求等。后来家长根据实际，有针对性地培养孩子的良好习惯，孩子逐渐从适应到喜欢学校生活了。

小结：据观察，大多数学习成绩好的学生肯定有良好的学习习惯，反之，学生的学习习惯不好。教育家乌申斯基说："好习惯就是我们存放在神经系统中的道德资本。如果你有了好习惯，你就会一辈子享受不尽它的利息，如果你有了坏习惯，就一辈子偿还不完它的债务。坏习惯能以它不断增长的利息让你最好的计划破产。"所以，孩子身上的优点都是好习惯引起的，孩子的缺点则是坏习惯所致。希望培养孩子好习惯的家长请举手！小眉的妈妈也希望培养孩子的好习惯，我们看看她是怎么做的。

（三）分析案例，懂得习惯的培养原则

案例：小眉一上小学，妈妈就着手培养孩子良好的习惯，如遵守作息时间，规定每天放学后先完成学校作业，再进行阅读、速算、弹琴、画画等家庭作业，还要运动、劳动等。半个学期过去了，妈妈却发现不管干什么事情，都要督促小眉去做，虽然小眉不情愿但还算听话，不过倒养成了依赖妈妈的习惯，只要妈妈不提醒，小眉就不去做，而且学校作业经常没全部完成，妈妈为此很苦恼。

（1）家长讨论：为什么小眉没有养成自觉的学习、行为习惯，反而养成了依赖的习惯呢?

原因有三个：一是同时养成的习惯太多，二是没有尊重孩子的个性，三是缺乏激励性措施。

（2）总结培养好习惯要遵循的原则：以身作则，循序渐进，因材施教，细节引导，正向教育，奖惩结合。

小结：在孩子开始一个新的人生阶段时，父母多花点心思，多费点力气，遵循一定的原则引导孩子养成做人、做事和学习的好习惯，会让孩子受益终身。

（四）活动巩固，掌握习惯的培养方法

很多人都有过多次想要改变不良习惯的努力，但是很多都放弃了，为什么？我们再玩玩叉手活动，体验一下习惯的改变和训练。

1. 叉手活动2

（1）规则：半举双手，跟随口令叉手，连续做5次，最后一次保持交叉状态。

（2）重新叉手，要求手指交叉的顺序与前面顺序相反（左拇指在上转为右拇指在上），连续5次。

（3）思考：感觉怎么样？

小结：活动告诉我们，改变自己长期养成的习惯当然会伴随不适，这也是我们以往很多次想要改变不良习惯却总是失败的原因。

2. 叉手活动3

（1）重新叉手，要求手指交叉的顺序与第一次顺序相反（左拇指在上转为右拇指在上），连续20次。

（2）思考：感觉怎么样？

小结：活动告诉我们，刚开始改变习惯的时候总会伴随着不适的出现，但是，只要坚持下来的，我们就能改变自己的不良习惯。

好习惯不是说出来，而是练出来的。如果在孩子入学前后改变孩子的不良习惯，培养孩子的好习惯，那么我们的教育将会事半功倍，孩子也将受益终身。下面我主要讲讲培养孩子哪些良好的习惯。

3. 培养好习惯

（1）按时作息习惯

根据学校的上课时间来确定孩子的作息习惯，尽量做到“早睡早起，饭吃饱，上课专心，课间休息交朋友，放学作业后玩耍”。培养作息习惯初期最好预先提醒，如孩子七点半做作业，则在七点半前30分钟提醒两三次，让孩子有心理准备。

（2）遵守规则习惯

孩子如果没有规则意识往往会碰壁，不能适应班级、学校生活。开学初家长一定要配合老师，通过读儿歌、玩游戏等办法来培养孩子遵守学校规则的习惯。如果孩子经常违反，可以在孩子专心做某件事情时用一只玩具狗去逗弄孩子，让孩子体验被别人破坏规则的烦恼，从而学会遵守规则。

（3）作业优先习惯

可以通过培养延迟满足能力的办法来帮助孩子养成作业优先的习惯，如让孩子做好作业后可以安心看电视、玩耍，掌握知识、得到表扬等。通过《延迟满足能力实验》的视频，我们发现，坚持到最后的那个孩子为了抵抗诱惑选择不看、收好巧克力。孩子小，抵抗诱惑的能力弱，那就要引导孩子选择远离诱惑，如营造安静、简洁的环境让孩子做作业。

① 培养孩子重视完成作业的习惯。重视完成作业并不是说一放学就要孩子完成作业，而是要有尽早完成作业的意识。作业前可以进行亲子聊天、做游戏等既放松又可及时收心的活动。一年级孩子每天作业可分段完成，每段时间大约20到30分钟，中间休息10分钟，喝喝水看看绿色植物。休息结束前几分钟家长要提醒孩子做好准备，避免孩子拖拉心理。

② 培养孩子作业专心的习惯。作业有计划，才有效率。做作业前要准备好相关学习用品，切忌一边做作业一边找橡皮擦、练习本等行为。不少孩子一边写一边用橡皮擦，到三年级用钢笔也是一边写一边用涂改液，作业凌乱，做事必然马虎。做作业要求孩子看清楚、字写正、题算准等。家长要及时鼓励，让孩子对自己充满信心。例如，写的字都不太好，家长可挑选最好的一个说：“如果每个字都像这个字一样端正，老师看了一定会很舒服。”十道题做对了一道，家长可说：“这道特别难的题都做对了，其他的题只要认真一点肯定做得更好。”

③ 培养孩子作业正确率尽量达100%的习惯。做不到错一罚几，做到奖励红花或自由支配时间等，低年级知识简单完全可以做到，这样可以让孩子学会检查，避免养成粗心大意的习惯。

④ 培养孩子又好又快地做作业的习惯。孩子做作业又好又快，剩下的时间应该让他去做自己喜欢的有益的事情，而不是再布置作业，因为一旦孩子发现自己做好学校作业后还有家庭作业等着他，他一定会慢吞吞拖延作业时间，容易出现作业拖拉习惯。

（4）动静结合的习惯

“动”是指课堂上善于回答问题，敢于提出问题，越是能够提出问题解决问题的孩子，知识掌握得越全面，学习就会越有意思。“静”是指善于倾听，课堂上老师主要靠讲解来教授知识，不专心听课就会落下很多知识，学会倾听要做好“坐、看、记、想”：一是坐好听，实践表明坐在椅子的一半位置不容易累；二是当老师讲话时要看着老师，提高注意力；三是做好笔记；四是遇到不清楚的问题要及时思考、质疑，弄清楚问题。

（5）阅读说话的习惯

在选择好图文并茂、情节简单、内容有趣的读物之后做到：①家长读给孩子听，读完后让孩子复述；②孩子读给家长听，不认识的字家长指导；③孩子读给同伴听，提高孩子的兴趣和信心；④亲子阅读，互相提问题、答问题，家长引导孩子理解，如看完《龟兔赛跑》问孩子：为什么兔子会输给乌龟？兔子服气吗？它会怎么做？等等。

五、活动总结，寄语家长

家庭是培养孩子习惯的学校，家长是培养习惯的老师，家长要改变孩子的坏习惯，一要观察，二要引导，三要耐心督促，四要多肯定多总结。培养孩子习惯还要注意：培养好习惯用加法，改正坏习惯用减法。美国教育家霍瑞思·曼说："培养好习惯就像缠缆绳，只要你每天缠上一道，用不了多久，好习惯就牢不可破。改正坏习惯时，注意不能指望一刀斩断，这是斩不断的。"好习惯，成就好孩子，培养好孩子，是家庭的财富，也是社会的财富，祝各位家长都能培养出好孩子！

今天，我们怎样做家长

一、教学目标

（1）帮助家长树立科学的家教观念。

（2）担当起家长的教育和监护职责。

（3）遇到孩子不良现象时正确对待和处理。

二、教学对象

针对农村家庭的初中学生家长，家庭教育观念缺乏科学性，家教方法缺乏针对性，亲子沟通情况不甚理想。

三、教学参考

案例参考《父母课堂》。

四、教学时间

45分钟。

五、教学形式

广播式讲座。

六、教学过程

各位家长好！在座的家长们从事各行各业的职业，但今天坐到这里，我们的职业就是一样的——家长。有的家长不同意了：家长算什么职业？自然而然就当了！其实，家长就是一个特别的职业，如果你把这个职业经营好了，把孩子教好了，孩子健康成长，出息孝顺，那么你就得到了一笔取之不尽的财富；如果你不重视家长这个职业，认为孩子的教育是学校的事情，自己不管不顾，孩子长大后就有可能成为一般的人，也有可能成为捣蛋的人，专门捣家长、亲人的“蛋”，这个时候你就有偿还不尽的债务，甚至非常后悔生这个小孩，当这个家长。

那么，怎样当好家长呢？今天我主要从三个方面来说说：一是我们的家庭教育存在什么误区，二是家长应该关注孩子的什么，三是当孩子有不良行为时怎么对待和解决。

（一）我们的家庭教育存在什么误区

1. 认为自己不懂教育，把孩子交给学校老师管教

我想请问有这种想法的家长，您的孩子管谁为爸爸妈妈？长大后应该孝顺谁？什么是教育？孩子小时，你教孩子学走路、吃饭、说话、穿衣服，孩子稍大时，你教孩子认字、数数，这就是教育。我们可以不懂得初中、高中课本中的知识，但我们要懂得教孩子遵纪守法、明理懂事、认真学习、尊敬师长，学会做人做事。所以，家长一定要担当起自己的教育和监管责任。重视家庭教育有什么作用呢？

首先，家庭教育可以弥补学校教育的不足。学校老师面对几十个学生，用一套教材，一个教案，学生总会有差异。而教师的精力和时间毕竟是有限的，教师不可能针对每个学生的情况实施不同的教育。因此，我们做家长的要想使自己的孩子早日成才，就应当用家庭教育来弥补学校教育的不足，根据自己孩子的具体情况，有的放矢地进行教育。

其次，家庭具有学校不可取代的良好环境。孩子虽然上学了，但他们还有相当多的时间是在家庭里度过的，加上家长和子女的血缘关系及子女对家庭的依赖，家长在孩子心目中往往占有较重要的位置。因此，学校教育不但不能取代家庭教育，而且应当有赖于家庭教育的支持和强化。同时，由于家长和子女长期生活在一起，比较了解孩子的优缺点，因此教育起来更有针对性。

最后，教育子女是父母的一项法定义务。《中华人民共和国义务教育法》也规定：“未成年人的父母或者其他监护人应当配合学校及其他教育机构，对未成年子女或者其他被监护人进行教育。”

所以，作为孩子的第一任老师，父母应当义不容辞地担负起家庭教育的义务，抓好对子女的教育。与此同时，父母应当多跟班主任交流，学习一点教育学、心理学知识，掌握子女学习和成长的规律，按照子女生长发育各个阶段的特点和子女的个性特征，有效地开发子女的潜力，科学地辅导子女学习，培养子女良好的品质和生活、学习习惯及自理能力，与学校和社会有关方面紧密配合，做好子女的教育工作。

2. 认为孩子不听话，放弃对孩子的管教

青春期的孩子不听话、跟父母对着干，这种逆反心理和行为我们也经历过，所以现在我们要理解孩子。首先，家长要明白青春期孩子的逆反是正常的，是他们想表达、想被别人认同的表现，也是他们解决青春期身体躁动、情绪不稳定的行为；其次，家长在感情上要多关注孩子，宽容孩子一些不违反原则的想法和行为；再次，家长要引导孩子正确交朋友。面对错综复杂的社会，孩子好奇心强、模仿能力强，但辨别能力差，自我控制能力差，容易被一些社会不良人员诱惑，所以家长一定要及时了解孩子跟谁交朋友，正确引导孩子。

3. 认为孩子小不懂事，在孩子面前说话做事没有意识到要避开孩子

针对一个说粗言粗语（阳江话说“烂口”）的学生，一位老师的做法是让他把所讲的“烂口”写出来，不会的字用拼音标出来，给家长签名后上交给老师。家长这才意识到自己以身作则方面出问题了，后来跟老师一起配合先自己改掉说“烂口”的毛病，再帮助孩子改掉坏习惯。还有的家长经常在孩子面前说社会上的坏人坏事，社会上的负面事件毕竟是少数，但是孩子听多了会感觉社会都是坏的，会对自己产生置疑：我有必要学好吗？这个时候他就听不进去学校老师的积极教导了。所以，家长一定要营造良好的语言环境、做人做事的环境，引导孩子健康成长。

（二）家长应该关注孩子的什么

1. 关注孩子的身体健康

家长不但要负责孩子的吃喝拉撒，还要关注孩子的生命安全。现在我市各界人士特别关注中小学生的生命安全。由于家长的监管不到位，节假日学生溺水、交通事故、打架斗殴、违法犯罪等案例不时出现。家长要从孩子的安全出发，教育子女不到网吧、电子游戏机室等娱乐场所玩乐；上学、放学路上不要逗留，及时回家，放假期间不私自到江河湖海中游泳；教育子女加强自我防范意识，防止被拐骗或受侵害；过马路要遵守交通规则，不骑自行车，不坐无牌、无证车。

2. 关注孩子的心理健康和情感需要

孩子需要父母的关爱，父母的爱是滋养他们健康成长的甘露。孩子无法在家庭中获得情感的满足，就会在外部世界寻求物质的满足作为补偿。

3. 关注孩子的思想健康

“学习不好是次品，身体不好是废品，心理不好是危险品，思想不好是危害品。”从小培养好的品行将会受益终身。家长要对子女抱有强烈的关心和教育责任心，有了这个前提，你就能从孩子身上的细微变化捕捉到思想上的污点，并及时地擦拭，保持孩子思想的纯洁。

4. 关注孩子的言行表现

一个初中孩子在一段时间经常讲起“合谋”“拿什么刀”的词语，但家长听到后没有注意，一个月后孩子竟然跟一个团伙犯抢劫罪被公安局抓了。家长很后悔，如果当时重视孩子的语言，及时疏导，结果可能就不会这样。孩子毕竟小，做什么事情都容易在言行上表露出来，只要家长细心观察，就能够发现孩子的不良苗头的。

5. 关注孩子的学习方法和能力

有一个女孩子上高一，成绩不太好，家长经常跟老师交流孩子的学习态度、学习方法以及学习时间的安排等，也经常跟孩子说学习方法是否正确，学习能力是否提高等。女孩觉得家长特别贴心，也经常跟家长谈学习方法、学习的感受。在家长的关注和老师的引导下，孩子的学习方法改善了，学习态度端正了，学习能力提高了，高二的成绩越来越好，孩子的信心也满满的。所以关注孩子的学习过程比关注孩子的学习成绩更能获得孩子的信任。

（三）当孩子有不良行为时怎么对待和解决

很多孩子到了青春逆反期，会出现一些不良行为，面对这些不良行为，家长应该怎么对待和解决呢？下面主要通过一些案例来分析。

1. 无心向学

孩子无心向学表现为总是不愿意回校、做作业，甚至想退学去打工等。有一个男孩名叫金鹏，15岁辍学打工，一天傍晚找老乡玩，正在抽烟时看到一个长发男子从厂里出来。金鹏立即对那个长发男人说：“以后小心点，别让我看到你！”说着俩人就要打起来。金鹏老乡上前劝架，那人见他们人多，骂着走了。金鹏告诉老乡，那人曾经打过他，他一直气不过。可是，他没想到自己认错了人。那个长发男子想到自己无端被骂，不解恨，立即叫一个朋友赶过来。金鹏这时正准备跟老乡一起离开厂子，就碰上了怒气冲冲的长发男子和他朋友，立即想跑，却被拦下来。长发男子抄起路边的砖头拍到金鹏脑袋上，金鹏应声倒地后，那男子一边抓住金鹏头发，一边砸金鹏脖子、头。那边老乡也打开了。3分钟后，金鹏拿出随身携带的折叠刀，往对方的左大腿根部捅了一刀，然后强行挣脱出来，跑到老乡这边帮忙，再相机跑掉。第二天，金鹏被刑事拘留了，这时他才知道那男子被自己一刀捅到股动脉处，失血过多死亡。金鹏因故意伤害罪被判处有期徒刑12年。望着这个尚未成长的花季少年，法官叹息，他想告诉天下父母，千万不要让孩子早早辍学，更不要让孩子离家出走，外面的世界充满了陷阱，充满了诱惑！孩子无心向学时，家长要做的是理解孩子学习的辛苦，说明外面打工特别是没有知识的人工作的不易，促使他明白学习的必要性。不一定要求孩子成绩很好，只要他尽力了，就应该鼓励他，只要他学会一点知识，就有一点收获。

2. 偷拿家中钱财

小林是一个中学生，他连续几次趁邻居家没人，翻墙入院撬门盗窃，偷走现金5000多元。开庭审理时法官找被告人问话，得知他很早就从家里偷钱。孩子初一时老师给他家里打电话说小林有可能偷拿同学的钱，希望家长配合一起教育，但是家长认为老师诬陷孩子，不肯配合，失去了教育的最好时机。初二时，妈妈无意中发现小林偷拿爸爸钱包的钱，两个人就连打带骂，一通审问，发现这已经不是第一次了。拿的钱都用来买吃的、玩的，上网吧，请同学聚餐等。问他为什么不跟家长要，他说家里给的零花钱不够。为此，家长没少教训他，但是也只是用打骂的方式，从来没从法律的角度对孩子进行教育，从心灵上同孩子交流。打一次，孩子认错一次，家长也就罢了，认为反正是偷自家的钱。就这样，家长的疏于管教和放纵、简单的教育方式，使小林贪图享受、不劳而获、贪得无厌的思想逐渐膨胀，是非感、荣誉感逐渐下降，最后铤而走险，走上了犯罪道路。所以，孩子上初中后，家长平时要放管好钱包，适当给孩子零用钱，指导孩子怎样用钱，让孩子明白乱拿家人钱是不好的，容易违法犯罪。

3. 抽烟

根据法院少年法庭的调查，未成年人犯罪的原因是多方面的，但绝大多数都有一些不良行为，其中吸烟是诱发未成年人犯罪的重要信号。因为吸烟不仅对学生身体产生危害，更重要的是会上瘾。学生是消费者，学校禁止吸烟，绝大多数家长也反对孩子抽烟，那么有抽烟习惯的孩子就会想方设法去弄钱，容易诱发盗窃、抢劫等犯罪行为。例如，17岁的高二学生小建，刚开始会偷爸爸的烟抽，爸爸没有重视，结果被一个社会青年利用，给他烟抽，抽上瘾了。后来跟着社会青年去抢一对男女青年的钱，男青年被小建用棍棒打破血管，由于失血过多而死亡。面对法官，小建很茫然："我就想弄点钱买烟，没想到事情会弄成这样。"小建最终被判无期徒刑。考虑到未成年人吸烟的严重危害，《中华人民共和国预防未成年人犯罪法》和《中华人民共和国未成年人保护法》专门对禁止未成年人吸烟问题做了严格规定。家长们一旦发现孩子抽烟，一定要想办法了解孩子抽烟的原因，如果是亲人影响，要为了孩子营造好家庭环境；如果是受同学、朋友影响，要想办法帮助孩子远离这些朋友，趁孩子烟瘾不大时彻底戒掉它。

4. 交友不慎

青少年交友不慎容易被坏人利用。有这样的案例：被告人魏明，15岁，初二学生。在一次同学生日宴会上认识了一位王大哥，王大哥出手大方，经常请他去餐馆吃喝，带他去打游戏，请他看录像、去歌舞厅，这让魏明倍感新奇。父母工作繁忙，没有时间陪他，于是这位王大哥成了魏明的好朋友和崇拜的偶像，魏明对他言听计从。一段时间后，王大哥让魏明去教训一个邻居。魏明原来老实听话，胆子小，但被王大哥一蛊惑，认为考验自己的时候到了，就按照王大哥的指示，朝那人头上猛击一棒，撒腿就跑。结果那人头部重伤，魏明因犯故意伤害罪被判刑。所以家长们一定要关注孩子的交友情况，了解孩子喜欢和什么样的人在一起，这些人的品行怎样，家教如何，有无不良嗜好、不良行为。对于孩子在社会上交友，家长更要保持高度警惕，要给孩子讲清利害关系，要了解对方的人品、职业，了解他们在一起做什么，一旦发现不良苗头，要及时制止，以免铸成大错。

5. 喜欢以打架的方式解决问题

小星家境贫寒，父母外出打工，小星平时沉默寡言，但只要觉得受了委屈一定要报复，谁说他坏话、不小心碰到他，他都狠狠地打别人。因此，同学害怕他，老师反感他。他也无心向学，初二就辍学了。一到社会，没知识、年龄小的他只能受人白眼，结果，结交了一帮朋友打打杀杀，18岁因涉嫌犯故意伤害罪、聚众斗殴罪被逮捕。还有一个案例，小李初二时被同学欺负，压抑在心不敢告诉老师和父母。有一天，社会青年来收小兄弟，说只要跟着他们就可以不受欺负，接着小李入了伙。这事被同学知道了，没有人敢欺负他，但是小李每个月要给大哥二三十元，后来就开始偷父母的钱来给大哥了。后来大哥建议他去发展小兄弟，小李就发展了10多个小兄弟，经常向同学勒索。公安局接到多次报案后，在小李上高一时候抓了他。这里有两个问题请家长注意：一是孩子欺负别人时，要跟孩子讲明现在是法治社会，用拳头来解决问题是不长久的，因为总有比你拳头大的人，要用知识、用智慧来赢得别人的尊重；二是孩子被别人欺负时，要教会孩子自护自救的知识，加强法律意识，做个遵纪守法的孩子。8周岁到18周岁的未成年人是限制民事行为能力人，根据刑事法律，14周岁到16周岁的未成年人，犯抢劫、故意伤害致人死亡、故意杀人等8种严重刑事罪也是要被判刑的。16岁以上的未成年人，对于所有的刑事犯罪都要承担责任。同时父母要加强孩子的言行规范，不要随意辱骂别人、惹是生非，跟同学闹矛盾时退一步海阔天空；教育孩子出现问题时一定要和家长、老师沟通，必要的时候诉诸法律，绝对不能以暴制暴，那样只会两败俱伤；还要教会孩子分辨能力，切记不要随便跟有不良行为的同学或者社会青年有来往。

6. 离家出走夜不归宿

北京16岁的小明由于父亲的几句责骂就离家出走了。父亲以为孩子是赌气，第二天就会回来。果然，小明第二天回来了，但是一周后警察找上门来。原来，小明在夜不归宿的那天夜晚与4个同伴在小巷道里持刀抢劫，一连拦住了6个学生，被劫的学生都乖乖交出财物，最后一个学生由于奋力反抗而被小明他们殴打成轻伤。父亲听之愕然，儿子有点顽皮、性格外向，怎么也想不到会和少年犯挂钩。事实表明，没有原因的夜不归宿是临近或者正在实施违法犯罪行为的重要征兆之一。据调查，1000个未成年人违法犯罪中绝大部分都是在夜晚发生的。犯罪后，他们都没有回家。因此，家长一定不能够让孩子私自离家出走夜不归宿；有什么事情先冷静下来，跟孩子好好说话，说明道理，确实说不通的，可以再找时间说，或者向学校老师请教，切忌跟孩子对立，比赛谁大声、谁发的火最大。

7. 沉迷网络

有一个家长反映，由于不准孩子在家里用电脑，结果孩子迷恋上了网吧，最近经常逃课，不吃早餐，剩下钱进网吧打游戏，成绩从中等下滑至倒数，精神萎靡，对什么都不感兴趣。家长问该怎么办。电脑是社会进步、科学发展的结果，孩子好奇心强，希望用电脑是正常的，家长应尽量疏导而不是禁止。试问，有些书本也不适宜孩子看，是不是就禁止孩子看所有书本呢？使用电脑有利有弊，家长要引导孩子科学用电脑：一是允许孩子在家里使用电脑，当然要跟孩子约法三章，如做好作业，每次用半个小时左右等，如果完成得好可以奖励，违反规定要停止使用电脑等；二是家长要学会使用电脑，可以向孩子学习使用电脑，教育孩子使用电脑不但是玩游戏，还可以浏览新闻知天下事，互通信息感受新科技、学习和工作等；三是提高孩子的自我约束力，用奖惩手段来教育孩子控制好自己的时间，把主要精力放在学习上。

8. 早恋倾向

青少年容易对同龄的异性有好感，这是正常的。当青春期身体发生变化时，他们一是害怕别人发现自己的变化，二是希望得到同龄异性的关注。此时他们的感情处于不成熟时期，他们分不清友谊和爱情，往往把对异性的好感当作爱情，而放纵自己与异性朋友单独相处。三是受大众传媒的影响，他们模仿电视、小说中的夸张描写和行为，容易陷入险境。四是互相攀比的心理。青少年从众心理特别强，看到好朋友交上异性朋友并且引以为傲，他就会感觉自己没有就是没本事，会被人看扁，于是赶快想办法找一个。还有同学特别是女孩子三五成群分享早恋经验，也会使得一些同学加入早恋的群体。五是家长的性教育缺乏，孩子因为好奇而陷入其中。孩子有早恋倾向会有成绩突然下降、情绪不稳定、旷课迟到早退、喜欢打扮、讲究发型、衣着、撒谎等行为和表现。如果发现孩子有早恋倾向怎么办？首先要冷静对待，讲究谈话艺术，采取尊重、宽容、平等的方式，与孩子理性沟通。有一个家长的方法值得借鉴，她发现女儿有早恋倾向后，就先向女儿讲了自己读初中时对异性有好感的经历和解决办法，打开话题再了解女儿的情感经历。女儿向妈妈坦白了自己对某个男生有好感，她喜欢男孩子的帅气、篮球好。妈妈了解清楚后的做法是允许女儿欣赏，希望女儿经常回来跟妈妈讲讲男孩子的情况。女儿果然经常跟妈妈讲男孩子的情况，妈妈就在女儿的诉说中分析男孩子还有哪些不足、缺点，后来女儿发觉男孩子有越来越多的缺点，便不再喜欢他了。所以，当发现孩子有早恋倾向时，家长不妨多跟孩子聊聊对方的情况，不知不觉地把自己的观点灌输给孩子，孩子一定会考虑家长的看法和意见。

9. 撒谎

孩子为什么会撒谎呢？一是逃避责任，二是避免惩罚，三是满足虚荣心，四是达到目的，五是善意撒谎，六是抬高自己，七是大人的影响，等等。家长要向孩子表明，出现撒谎行为就会失去别人的信任，名誉扫地、失去朋友等。怎样帮助孩子改正撒谎的行为呢？一是做好诚信榜样，给孩子的承诺及时兑现，不要找借口推脱，不说与事实违背的话，要说也要背着孩子，如打针有点疼就不能说不疼等。二是及时表扬孩子诚实的行为，孩子打碎东西承认了，与同学闹矛盾承认了，撒谎之后承认了等都要给予肯定。三是不给孩子太大的负担与压力，孩子会为了父母的过高要求而去撒谎，所以要对孩子提出合理要求。四是适当满足孩子的合理要求，如孩子需要一些合理的生活用品和学习用品最好满足，确实不能满足要说明情况。五是培养孩子自我教育的能力，平时家长要有意识地让孩子自我反省，加强孩子的道德品质，培养孩子的自我控制能力等。

家庭是孩子的第一所学校，父母是孩子的第一任老师，各位家长，请你们办好家庭这所学校，做好家长这个职业，您的孩子将成为您最大的财富。我讲话到此，谢谢大家！

有效沟通，从心开始

一、教学目标

（1）帮助家长认识亲子有效沟通的重要性，反思自己和孩子在沟通方面存在什么问题。

（2）指导家长从心开始，掌握与孩子有效沟通的策略。

二、教学重难点

家长与孩子有效沟通的策略。

三、教学对象分析

针对城市初中生家长。现在的学生家庭经济条件优越，政府官员、私企老板、公司老总等身份的家长为数不少。经济条件好的家长对孩子往往存在“三高”：高期望、高要求、高关注。家长有绝对话语权，忽略了与孩子的平等沟通，易造成亲子关系紧张。因此，本课就要帮助家长树立正确的家庭教育观念，让家长认识亲子有效沟通的重要性，掌握与孩子有效沟通的方法。

四、教学形式

互动交流。

五、教学时间

1小时。

六、教学过程

（一）爱心反思沟通方式

1. 现场调查，爱心反思

认为自己爱孩子的请举手，认为自己会爱孩子的请举手（相机解释“会爱”是指家长正确爱孩子，孩子健康成长，亲子关系和谐），认为自己与孩子沟通良好的请举手，希望亲子沟通有效的请举手。

调查表明，所有的家长都爱孩子，但未必会爱孩子。家长爱孩子，根据沟通表现，有几种表现类型（出示屏幕）：一是以家长为中心，家长按照自己的意志要求孩子，家长占绝对话语权，孩子被动接受；二是以孩子为中心，家长尽量满足孩子的要求，孩子占绝对话语权，稍不如意就会乱发脾气；三是以民主为中心，亲子和谐，互相尊重，平等交流。前两种类型的亲子关系容易搞僵，请各位家长反思自己对孩子的爱偏向于哪一种情况，想想在本节课您希望了解到哪些知识，在接下来的环节请大家积极参与、认真思考。

2. 播放新闻事件

小军今年13岁，爸爸忙于工作很少顾及他，妈妈在家天天唠叨他，不是埋怨他不懂事，就是责怪他成绩差。小军很烦妈妈，每次跟妈妈说话都会吵架。后来妈妈一唠叨，小军就上网，结果形成了网瘾，经常偷拿家里的钱去网吧上网。父母严禁小军上网，小军就离家出走。

出示以下问题组织家长互动交流：

（1）事件中的父母爱孩子吗？他们通过什么方式爱孩子？

（2）你觉得父母跟小军的沟通有什么问题？你和孩子沟通有没有类似的问题？

（3）亲子沟通不良会造成什么后果呢？

在讨论交流的过程中，引导家长分析亲子沟通不良会造成哪些后果，如亲子关系紧张、孩子情绪障碍、依赖网络等，认识亲子有效沟通的重要性。

小结：家长们没有不爱孩子的，但家长为爱而忙，孩子却为爱所累，所以，请家长们正确传递您对孩子的爱。有效的亲子沟通是父母正确传递爱的重要方式，现在，让我们从心开始，静心倾听孩子的心声，用心营造沟通氛围，慧心与孩子有效沟通。

（二）静心倾听孩子的心声

1. 案例

那天，初二的小惠一放学就打开了话匣子，对妈妈说："妈妈，你知道吗？我的同桌刘兴华多厉害呀！今天数学课上他做一道题的简便方法，连老师都没想出来耶！我们小组还因为刘兴华……"妈妈想到小惠近段时间经常提起同桌，急忙打断小惠说："看你兴奋的样子，以后不要再说刘兴华了，我得找老师把你们分开。"第二天，老师果然把他们的座位分开了。自此，小惠再也不肯主动跟妈妈说话了。

围绕以下问题交流讨论：

（1）为什么小惠不主动跟妈妈说话了？如果你是小惠妈妈，你会怎样做？

（2）亲子沟通无效的原因有哪些？

在讨论交流的过程中，引导家长分析亲子沟通无效的原因主要有（屏幕出示）：

① 初中生青春期发育，身体、外形等方面有变化，对外部的感觉特别敏感，独立意识增强，逆反心增强，稍不如意就容易与别人特别是父母产生矛盾。

② 初中生的人际交往会从父母身边转移到同学朋友，对异性朋友也充满期待和好奇，如果父母不理解孩子的交友特点，也容易为此发生矛盾。

③ 父母做事想当然，如把自己的思想强加到孩子身上，把孩子和别人比较，等等，会引起孩子的反感。

④ 父母说话随意，不重视表达方式，如一味指责、重复唠叨等。

⑤ 父母没有静心听孩子说话，孩子感受不到父母的理解，只好以沉默对待父母。

2. 鼓掌游戏

家长埋怨孩子感受不到自己的爱心，孩子投诉家长理解不了自己的内心，为什么？我们先玩玩鼓掌游戏：两手抱拳相撞，意味着"针锋相对"，结果两败俱伤。左手打开手掌，抱着右手拳头，意味着父母无条件接纳孩子。左右手鼓掌，意味着家长和子女相依结合。有效沟通就像鼓掌一样是相互的，平等交流，家长和孩子才会互相了解、尊重和爱。

让我们看看家长平时说得最多的话是什么（播放节奏感强的音乐，显示家长说话的理直气壮），屏幕出示：

（1）你怎么总是不听话呢？

（2）你怎么考得这么差？我们辛苦挣钱，你什么都不用管，只管考出好成绩。

（3）你不要看电视，不要上网，不要想着玩，要想着做作业，好好学习。

（4）你看人家小明，懂事，听话，学习好，哪像你这么调皮。

思考：你们说这些话时是不是理直气壮？平时还经常说哪些类似的话？这些话对孩子有什么影响？

3. “父母皆祸害”

“父母皆祸害”是豆瓣网一个讨论小组的名字，“祸害”是一群80、90后子女形容父母的词语。他们大多是被家长忽视或伤害的“一群在父母子女关系中受到挫折的年轻人”。

思考：“父母皆祸害”网络讨论小组给我们敲响了什么警钟？

（1）请不要在你们生气的时候乱拿我们出气。

（2）虽然我的成绩不好，但不代表我不努力没出息，相信我！

（3）不要老是把我们想得好像傻瓜一样会被人骗，我们很需要一个空间。

（4）答应我的事情，不要只答应，要用行动去表现。

（5）不要因为某些事打我、骂我，因为我也有自尊！

（6）不要在众人面前给我难堪，因为那会让我永远无法抬起头做人。

（7）你们凡事都不问我一下，就直接做判断，总认为自己是对的。你们就希望我嫁个有钱人。我自己的想法从来都只会被摧残到体无完肤。

（8）不是我们不乖，只是你们不理解我们的世界。

（9）小学的我，桀骜不驯，棱角分明。在你们的管教下，现在的我懦弱、庸俗。

小结：有效的沟通从倾听开始。很多父母跟孩子在一起只顾自己说话，很少让孩子说话，也就不理解孩子的内心，与孩子沟通就无效。青春期的孩子总想脱离父母，不想轻易受到父母的控制。父母若还抱着爱孩子的思想为孩子做决定，强制孩子听话，不重视沟通方式，青少年便会表现出抗拒性、反叛性，他们并非反抗父母，只是反抗父母的不讲理。所以，父母要安静地倾听孩子的心声，冷静地思考孩子所说所做的前因后果，为与孩子有效沟通做好准备。

（三）用心营造沟通氛围

1. 案例1

陈妈妈去学校接儿子，被班主任反映儿子近段时间状态不太好。在教室看到正和同学玩的儿子，陈妈妈忍不住数落开了：“我们辛苦挣钱供你读书，你听课不专心，学习不认真，成绩不好，让我们丢尽了面子，你还有脸要求买这买那……”还没等陈妈妈讲完，儿子转身就跑了，陈妈妈还在气头上，说：“有种你别回家。”结果，到了晚上8点钟，儿子还没回家，陈妈妈慌了神，发动亲戚朋友找儿子，最后报警才找回来。

2. 案例2

在听到班主任反映儿子跟同学打架后，刘妈妈去接儿子时没有直接回家，而是和儿子在学校操场散步，问儿子当天参加了什么活动，好不好玩等。在交谈中儿子主动对妈妈说了打架的事情。儿子很委屈地说：“玩的时候，他骂你，我叫他不要骂，他不听，我推他，两个人就打起来了。”刘妈妈听后，首先表扬儿子爱妈妈，为了维护妈妈才跟同学打架；其次指导孩子怎样有效与同学处理好矛盾。儿子认为妈妈理解自己，便接受了妈妈的建议，表示第二天会主动向同学道歉，向老师承认错误。

讨论交流：这两个事例说明了什么呢？

3. 结合家长的发言，老师小结

家长从老师那里了解到孩子的不良情况后，如果不控制好情绪、不分场合指责孩子，往往会让孩子害怕家长，讨厌老师和学校，导致厌学、离家出走等结果。如果家长控制好情绪，把握好时机，营造好谈话的氛围，就能够帮助孩子认识错误，从而改正错误。那么，营造怎样的氛围才能使沟通有效呢？

（1）时机氛围

有的事情发生后先冷静下来，再寻找时机解决，会达到最佳效果。如第一个事例的陈妈妈可以先观察儿子两天，找一个适合的切入点跟孩子交流，再有针对性地指出孩子应该努力的地方，效果会更好。要一事一议，切忌翻出陈年旧事来批评孩子。

（2）场合氛围

陈妈妈在孩子的同学面前批评孩子，使孩子自尊心受到伤害，可能会做出过激行为。刘妈妈通过陪孩子到操场散步让孩子放松心情，既尊重了孩子，与孩子良好沟通，又能够了解事实、教育孩子，起到了好的效果。家长教育孩子时的场合最好选在轻松的环境如温馨的家里、生机勃勃的广场上等，谈话时避免外人。

（3）情绪氛围

良好的情绪能够促进人与人之间的有效沟通。进行亲子沟通时，双方的情绪很重要。出现烦躁、发火等不良情绪时不要谈，要等到冷静的时候再交谈，特别是家长，微笑的表情、温柔的语言更容易说到孩子心坎上。

（四）慧心进行有效沟通

1.“头脑风暴”活动

如果你是下面的妈妈，你会怎样对女儿说？这样说有效吗？

出示案例：有一天，正在上初三的女儿气冲冲地从学校回到家里。孩子愤愤不平地对妈妈说：“今天真气人，真是气死人了，上数学课的时候，后面那个讨厌的男生老是拽我的头发，我一气之下把他的书扔在了地上，他还骂我。老师也很讨厌，上来就凶我们两个人，还让我们站起来，老师凭什么也让我站着，又不是我惹的事，老师为什么要凶我，我又没错，都是那个讨厌的男生。老师也很烦人，一点也不公平，烦死人了。”孩子越说越气愤，狠狠地把书包摔在了地上。

屏幕出示一些家长的常见做法以及分析，作为家长“头脑风暴”活动的补充：

妈妈1：“你怎么这么不省心啊，整天给家里惹麻烦，你能不能少惹点事儿，把精力放在学习上，把学习成绩提上去，别让父母老为你操心呀！”

这是埋怨指责型的说法，孩子会觉得妈妈不理解自己，会产生有苦衷没法诉说，有烦恼没法发泄的感觉。

妈妈2：“嗨，我还以为什么事呢，不就这么点事吗？现在的男孩子就是很讨厌，没什么大不了的，其实你也有不对的地方，明天好好跟老师说说不就行了吗？别放在心上了，快洗手吃饭吧。”

这是漠不关心型的说法，孩子会觉得妈妈不重视、不关心自己，以后有事也不跟妈妈说了。

妈妈3：“怎么回事呀？赶紧跟我说说当时是怎么回事？那个男生他总是拽你的头发吗？他叫什么名字？他学习怎么样？当时老师没看见吗？你怎么也不

先告诉老师呢？那你那节课还有法上吗？功课落下怎么办？要不要明天我去找一下你老师呀？”

这是过分关心型的说法，孩子会觉得妈妈小题大做，会觉得事情越来越糟糕，心情会更加烦躁。

建议：与孩子沟通，首先要有同理心，站在孩子的角度理解孩子，体验孩子的内心感受。其次要有智慧心，让孩子说说自己的想法，再引导孩子尊重别人、理解别人，寻找最佳的解决办法。

参考做法：先接受她的情绪，允许她发发牢骚。毕竟她也是被动参与的。例如，妈妈很同情地说：“那个男生拽你的头发，是挺气人的。”等她情绪平复一些后，让她想想老师为什么也会“凶”她，引导她明白她对男生拽自己头发的处理方式不对。再让她想想，如果下次上课时候再面对这样的骚扰，该怎么处理，既不影响风度，也不会影响课堂纪律，还能达到一定的效果呢？然后跟孩子一起分析问题，寻找最佳的解决办法。

2. 有效沟通的原则

家长在和孩子交流的时候，要注意这样几个基本原则（屏幕出示）：

（1）有话直说（方式要直接）。

（2）有话要实说（内容要真实）。

（3）有话要正面说（出发点从正面说）。

（4）有话要好好说（要有好的态度）。

（5）不该说时不说（掌握说的火候）。

（6）不该说的不说（伤害孩子自尊心的话永远不说）。

七、全课总结，课后延伸

送给家长以下几句话，希望你们真正懂得亲子沟通的重要性，营造良好的沟通氛围，重视有效沟通，培养健康快乐的孩子：

如果孩子生活在挑剔的环境中，他就学会了责备；

如果孩子生活在敌意的环境中，他就学会了攻击；

如果孩子生活在嘲笑的环境中，他就学会了自闭；

如果孩子生活在羞辱的环境中，他就学会了自卑；

如果孩子生活在鼓励的环境中，他就学会了自信；

如果孩子生活在赞扬的环境中，他就学会了自爱；
如果孩子生活在公平的环境中，他就学会了正义；
如果孩子生活在安全的环境中，他就学会了信任；
如果孩子生活在友好的环境中，他就学会了感恩。

做一个智慧家长

一、教学目标

引导家长智慧地教育孩子。

二、教学对象分析

很多家长有教好孩子的愿望、教育孩子的意识，希望多学习家庭教育知识，做一个智慧的家长。

三、教学参考

《父母课堂》。

四、教学时间

30分钟。

五、教学形式

广播式讲座。

六、教学过程

尊敬的家长，大家好！相信大家都希望做一个智慧家长，培养好孩子。今晚的讲座主要是抛砖引玉，谈一下怎样做一个智慧家长。智慧不是一下子就能够达到的，需要大家多学习、多阅读、多实践、多反思，逐渐成就自己，成就孩子。先给大家讲一个故事，看看这个母亲是怎么做的。一个班级的小朋友去体育馆参加彩排，在回来的时候不知道什么原因，有个小女孩没有跟上校车回学校，结果独自一个人被丢在体育馆里面。该班老师是一个刚毕业的年轻老师，一时大意没有发现，等到她发现的时候已经是一个小时之后回到学校了。老师急忙通知孩子家长，和家长一起乘车去体育馆找。孩子在体育馆门口的角落里眼泪汪汪，好像一直在哭的样子，很可怜。看到妈妈来了，她很委屈地跑到妈妈的怀抱里大哭起来。家长们，请你们想想这个家长会怎么做？是不是会大骂老师？只见这个妈妈抱了一会儿孩子，等孩子平静下来后对孩子说："孩子，别怕，现在已经没事了。你看，老师为了你正着急着呢，你赶快去跟老师说没事，请老师别着急。"女孩听了妈妈的话，跑到老师身边说："老师，我已经没事了，你别难过！"还等着挨骂的老师慌忙说："谢谢，谢谢你！"

年轻的老师终身感谢孩子和这个智慧妈妈的宽容。智慧的家长善于化解矛盾，善于引导孩子，善于利用一切机会培养孩子坚强、宽容的品格。

智慧的家长可以做很多事情，根据实际，我主要从三个方面来说说。

1. 与孩子良好沟通

平时我们跟孩子说话的时候，如果只是我们自己一个人在唠叨，孩子不出声，那么沟通往往是无效的。请家长们回忆一下，自己是不是经常说以下这样的话：

（1）你怎么总是不听话呢？

（2）你怎么考得这么差？我们辛苦挣钱，你就考这样的成绩来报答我们吗？

（3）作业做完了吗？

（4）你看人家小明，懂事，听话，学习好，哪像你这么调皮。

（5）你什么都不懂，就知道看电视、上网。

我们把这些话叫作闹心话，会起负能量作用。这些话孩子喜欢听吗？肯定不喜欢。如果他不喜欢听，那么就会在心里竖起一道屏障，您的说教就会毫无作用。能不能把这些闹心话变为开心话呢？答案是肯定的。我来尝试变一变，请家长听一听，如果你是孩子，你喜欢听哪一句话：

（1）你怎么总是不听话呢？可以变为：孩子，有一天我发现你放学回家首先做好作业，再去玩，是个懂事的孩子，妈妈好喜欢那天的你。现在，我相信你也会像那天一样懂事的。

（2）你怎么考得这么差？我们辛苦挣钱，你就考这样的成绩来报答我们吗？可以变为：这次考得不理想是吧？来，我们一起分析一下原因，找到问题克服它，下次你就会考好的。

（3）作业做完了吗？可以变为：看你轻松的样子，作业做完了吧？（这样说让孩子明白做作业是可以很轻松的。）

（4）你看人家小明，懂事，听话，学习好，哪像你这么调皮。可以变为：孩子，你思维挺活跃的，如果肯花时间专心学习，肯定会取得好成绩。（孩子最不喜欢跟别人比较）

（5）你什么都不懂，就知道看电视、上网。可以变为：你喜欢看电视，肯定发现了许多有趣的东西，跟我讲讲好不好？（从中引导孩子从书中、学习中发现有趣的东西。）

说闹心话只会让孩子心情不舒服，抗拒你；而说开心话会让孩子愿意听你说话，沟通才会有效。怎样说开心话呢？

亲子有效的沟通要把握好以下原则。

（1）尊重孩子：美国前副总统戈尔有一次答应儿子去看他在学校的足球比赛，但后来发现和约见另一个国家总统的时间有冲突，他决定先去参加儿子的足球比赛再回来会见客人。结果儿子的足球比赛打了平局拖了时间，戈尔坚持看完比赛再会见客人。迟到时他诚恳地向外国总统解释原因，客人理解了他，并友好会谈。因为他们都是尊重孩子的父亲。很多家长说自己没有时间跟孩子交流，请问：你比总统还忙吗？家长们，不要以忙为没时间教孩子为借口。当你尊重孩子时，你会想办法抽时间跟他沟通，同时你会得到孩子的尊重，从而有效沟通。

（2）倾听孩子说话：很多家长跟孩子沟通失败，是因为总是自顾自地说话，不让孩子表达。如果孩子想表达的时候你不让他说，很快你就会发现他渐渐地不跟你说话了，所以一定要在孩子小学阶段让他尽情表达。怎样倾听呢？一是看着孩子眼神，二是配合孩子说话，如偶尔说“是吗？嗯，不错”等。三是鼓励孩子说完话。

（3）肯定孩子的同时表达自己的观点：要注意，沟通的目的不是去证明孩子错自己对，而是交流看法。产生矛盾的多数事情不是对和错，而是适合不适合。孩子年少气盛，容易冲动，想法容易偏激，家长对此不要直接说“你错了，你应该……”可以说“嗯，你的看法很有创意、很新颖，我赞同你的看法，但我认为……你觉得呢？”在肯定孩子的同时表达观点，引导孩子，沟通就有效了。

（4）以平和的心态跟孩子说话：很多家长能够跟亲戚朋友平和说话，能够跟刚刚学习说话、走路的孩子平和说话，但就是不能跟在校读书的孩子平和说话。为什么？因为家长没有对亲戚朋友抱有高期望，因为相信刚刚学习说话、走路的孩子一定会学会说话、走路。如果我们用实际的期望值、信任心理跟自己的孩子沟通交流，那同样能够平和说话。如果自己孩子学习能力一般，那么别让他跟考清华北大的人比较，别总是盯着孩子的分数，别总是和人家某某孩子比较，你就能平和说话了。家长们，放低期望值，在学习态度、做人品质、做事负责等方面引导孩子，相信孩子会成为一个自强、自立、懂事的人，你一定会平和地跟孩子说话。

2. 允许孩子犯错

有一个故事叫作“农夫”：一次，有人问农夫是否种麦子，农夫说：“没有，我担心天不下雨，麦子会干死。”那人又问：“那你种棉花了吗？”农夫说：“没有，我担心棉花会长虫子。”那人好奇地问：“那你到底种了什么？”农夫说：“我什么也没有种，因为我要确保安全。”那人说：“为了所谓的安全，结果你会饿死。”这个故事说明，一个不愿意冒任何风险的人，只能什么也不做，结果什么也没有。他们回避受苦和悲伤，因此也就不能学习、改变、感受、成长、爱和生活，更不能体会失败和成功。其实，一个智慧的家长在保证孩子人身安全的基础上，鼓励孩子去冒险、去犯错。家长们，你们知道孩子玩电脑、玩手机的能力为什么比我们大人强吗？因为他们敢于尝试、敢于犯错，他们在不断的错误中知道了成功的方法。所以，要允许孩子犯错，因为生命中最大的危险就是不冒任何风险，不给孩子机会去犯错。孩子越早犯错，家长就会越早引导，孩子成人后才知道什么是错的，什么是对的。

允许孩子犯错并不是提倡孩子犯错，也不是任由孩子犯错不管不顾，而是要正确看待孩子犯错，科学引导犯错的孩子改正错误。有一个爸爸是这样做的：儿子读六年级了，突然有一天穿着一条破破烂烂的牛仔裤回来，说这是问奶奶要钱买的，这样才赶潮流。爸爸真想把他的裤子剥下来，臭骂儿子一顿，但是想想这样可能会激发孩子的逆反心，就忍住了脾气。晚上，爸爸带儿子去参加几个朋友的家庭聚会。平时儿子是很喜欢这样的聚会场合，既可以跟年龄相仿的同伴打球、玩游戏，又可以交新朋友。但是，这次儿子很快就要求爸爸带他回家。一回到家里立即就把那条有几个窟窿的牛仔裤换下来了。原来，儿子在聚会的时候，不但大人笑他爸爸没钱给他买裤子穿，而且同伴把他归入另类，不跟他玩了。儿子意识到自己穿另类的牛仔裤并不是主流，是被主流排斥在外的，自然会主动纠正自己的想法。如果当时爸爸狠狠地教训儿子，可能效果未必这么好。所以，允许孩子犯错，不是说任由孩子犯错不管，而是家长们要懂得，犯错是孩子的专利，让孩子在犯错中明白道理，适时引导孩子，孩子会走得更高更远。

3. 与老师成为引领孩子成长的共同体

家长和老师都是孩子重要的他人，如果家长和老师思想不一致、阵线不统一，孩子就会左右摇摆，不知道自己该怎么做。所以，家长一定要和老师沟通好，成为孩子传递正能量的重要他人。有这样一个案例：某学校五（1）班班主任李老师接到一个学生汇报，该生反映亲眼看见班上的小红偷同桌的钢笔。李老师觉得这件事情要谨慎处理，先让这个同学不要声张，说明小红的举动可能是暂时借同桌的钢笔用一用，等自己调查清楚再说。接着李老师单独找小红谈心，很小心地问小红是不是拿了同桌的钢笔，小红刚开始不承认，后来老师说有人看见她拿了才承认。李老师问她以前有没有拿过别人东西，小红说拿过一两次。李老师肯定了小红的诚实，再跟她说明随便拿别人东西是不对的。后来，李老师觉得有必要跟小红家长联系，一起想办法教育好小红。可是，小红妈妈听说后却说："不可能，小红不会偷东西，老师您是不是搞错了？"李老师说小红已经承认了。小红妈妈说："说不定她怕老师才承认的，或者是向同学借的。我们家对她的教育从来都是很严厉的，她不可能做这样的事情。还有，你们班上有几个没礼貌的女生经常来找小红玩，我不喜欢小红跟她们玩，你有空要多教育教育那几个女生。"李老师不知道应该怎么说话了……

这个例子中，小红妈妈对孩子偷东西一事抱有怀疑态度是正常的，但固执地认为她不可能偷东西就不客观了。老师找家长来其实是想与她商量如何解决问题，如何引导好孩子，而小红妈妈的一味"护短"却让沟通无法继续进行，小红身上的问题也就在客观上被耽搁了。很显然，如果这个问题不解决，小红的健康成长就会受到影响。

孩子在成长过程中必然会遇到很多问题，而且大多数问题都是孩子尚不成熟导致的，根本谈不上道德的层面。家长不能将孩子的错误放大，将其上升到道德层面，甚至认为在老师面前承认孩子的错误是很丢人的事情，进而不去面对事实。其实，家长坦诚地与老师沟通，老师才会更真诚。《父母课堂》2013年第10期里面讲到了家长怎样和老师成为共同体：一是家长在生活中要多观察孩子各方面的表现，一旦发现孩子有异常行为，就要采取一定措施。及时和老师联系沟通，请老师帮忙观察孩子的在校表现或找老师帮忙配合解决。家长与老师只有达成这样的共识，老师才会将孩子的真实情况如实相告。二是如果老师向家长反映孩子的问题，家长不认同，也要客观地向老师提出自己的意见，并和老师协商出更好的教育方法。在这里，家长要相信，老师肯定是希望孩子健康成长的，一般不会无缘无故地说孩子坏话。三是如果发现老师对家长隐瞒孩子的错误，也不要责怪或埋怨，而应该主动向老师表明自己的态度。只有让老师放下戒心，老师才会毫无顾忌地向您说出孩子的所有问题。越早发现孩子的问题，越早引导孩子健康成长。

有的家长可能会提出看到老师那么忙，我都不好意思打扰他了。这样的家长很体谅老师，现在的老师确实很忙，备课、上课、批改、教育，应付上级各种检查，等等。那么，家长更应该艺术地跟老师沟通联系，跟老师协商平时什么时候，用什么方式家校沟通会更加方便。为了孩子的健康成长，老师希望和家长沟通哪些事情呢？一是孩子的健康问题。如果孩子有些身心问题特别要老师注意的，一定要事先跟老师说明，这样老师在紧急时刻能够做出恰当的处理。二是孩子的人际交往。如果孩子在人际交往方面出现如不合群、沟通障碍等方面的问题，老师希望家长一起协助解决问题，家长就要花多点时间引导好孩子。三是孩子的学习方面。老师不希望家长只关注分数，而更应该关注孩子学习的态度、方法。所以，家长跟老师沟通时可以多了解孩子上课是否专心，书写是否整洁，作业是否完成，等等。有了好的学习态度，成绩很容易就能上来。四是在家教方面有什么困惑也可以请教老师，如孩子注意力不集中、贪玩、看电视上网时间长，等等。

早教教什么

一、教学目标

引导学前阶段孩子的父母智慧地教育孩子。

二、教学对象分析

很多家长有教好孩子的愿望、教育孩子的意识，希望给孩子营造良好的环境，送孩子进早教班，有的甚至提前教孩子学习知识。

三、教学参考

《父母课堂》《幼儿园教育指导纲要》。

四、教学时间

90分钟。

五、教学形式

互动交流。

六、教学过程

交流引入：请年轻的家长们说说自己对早教的认识。根据家长的反馈小结，并引入早教要培养孩子什么品质。

（一）培养孩子良好的作息习惯

有这样一个故事：一个母亲带着孩子去请教爱因斯坦，问怎样才可以培养孩子成为出色的人。爱因斯坦问孩子几岁了，母亲说三岁。爱因斯坦说："很遗憾，在培养孩子的时间上，你已经迟了三年。"这就是说，教育孩子要趁早，培养孩子好习惯也要趁早，改变孩子的不良习惯更要趁早。在座的都是比较年轻的妈妈，你要想培养出健康、快乐、优秀的孩子，一定要尽早培养孩子的良好习惯。在座的各位，孩子可能都在学龄前，那么我就主要讲讲学龄前需要着重培养的良好习惯。

1. 生活习惯

幼儿期是良好生活习惯养成的关键期。幼儿时期的孩子对周围环境十分敏感，愿意听从教导，喜欢模仿，极易受外界的刺激和影响，并在大脑中留下深刻的痕迹，家长必须抓好这个时期的教育。良好的生活习惯包括饮食习惯、衣着习惯、睡眠习惯。

（1）饮食习惯

饮食习惯包括定时定量吃饭、喝水，饮食卫生，营养均衡。

有的母亲可能会说，我孩子是天生的偏食者，不喜欢的菜一点都不吃，怎么办？其实，孩子是天生的偏食者，也是天生不偏食的美食家，偏食与否关键在于家长的引导。有的家长自己偏食，那你不可能带出不偏食的孩子。我的女儿在很小的时候也偏食，不喜欢吃鱼，我的做法有两种：一是讲故事，她喜欢听小白的故事，我就把小白当作正面人物，把小灰当作反面人物，小白不偏食，既吃萝卜白菜，也吃鱼，结果他聪明伶俐，身体好跑得快，大家都喜欢他；而小灰不吃鱼，经常感冒要吃药，不能吃好吃的饼干水果糖，比赛跑步跑得慢……女儿就向崇拜的小白学习了。二是买不同的鱼用不同的煮法，弄得色香味美，孩子自然喜欢吃。而且吃了鱼，我们身体的胃很喜欢，好消化，身体好，跑步快等。这样就解决了孩子偏食的问题。

（2）衣着习惯

衣着习惯包括衣着整齐、干净，穿脱自理，冷热自知。培养方法如下：

一是尽早让孩子动手穿、脱衣服。1岁多孩子开始想动手的时候，要教他判别衣服前后面，穿衣服前摆好衣服，扣扣子时，先把衣服拉直，抓住扣子对准对应扣眼儿往里推，扣子进扣眼儿后赶紧拉出来。鞋子从不用系鞋带到系鞋带，跟孩子说明系鞋带的好处是可以调整松紧。

二是根据孩子而不是大人的冷热感觉穿衣服。经常问问孩子冷热的感觉，感觉冷就穿多一点，热就穿少一点，到他去幼儿园的时候就会根据冷热感觉穿脱衣服。一定不能在孩子不愿多穿衣服的情况下，强迫孩子穿衣服，因为你的感受代替不了孩子，孩子如果遵从了你的强迫，那么他就不会处理冷热与穿衣服的关系，从而经常太热或太冷而感冒影响身体健康，因为家长不可能一天24小时盯着孩子，孩子也不会养成独立的习惯。

三是经常评价孩子衣着是否整洁。如果孩子衣服整洁就肯定他“会爱惜衣服，让妈妈省心”。如果孩子衣服脏也不要骂他，而是问问他当天玩了什么弄得衣服这么脏，可以说“这下妈妈要花多点时间来洗衣服了”。因为玩是孩子的天性，千万不能因为衣服会弄脏而阻止孩子玩，只是让孩子明白衣服干净看起来舒服，因为玩而弄脏衣服是正常的，但要及时换衣服，会加重妈妈负担，最好在玩的时候加套衫，等等。

（3）睡眠习惯

睡眠习惯包括按时入睡、起床，睡姿正确（右侧卧，不蒙头睡，穿宽松睡衣），睡前安静，关灯睡。培养方法如下：

一是早睡早起。早睡早起的好处很多，如生长得快、好，增强身体机能等。家长的睡眠习惯影响了孩子的睡眠习惯。为了培养孩子早睡早起的习惯，你一定要在孩子3岁前养成早睡早起的习惯。我女儿3岁前我在乡镇学校工作，我的作息规律是晚上10点睡觉、早上6点半起床，中午12点到2点半是午饭休息时间，女儿早晚还可以，由于两岁前婆婆带着，白天的作息没有规律，刚开始中午不肯跟我一起睡，每天到中午1点睡觉时，我就关门拉窗帘，洗漱干净后一起躺在床上，不管她唱歌还是跳舞，不管睡不睡着，我都一声不出，一动不动，几天后她就养成中午睡觉的习惯了。女儿3岁后我调到市直学校，工作比较辛苦，加上还要参加各种学习、考试，同时受同事影响，晚上不能再10点准时睡觉了。但是每到9点半时，我都会提醒女儿做睡觉准备，准备好就陪她关灯拉窗帘睡觉，她大约10分钟以内睡着，这时我再爬起来学习、备课。不过，不管我多忙，直到现在我都还保持着11点左右睡觉的习惯。

二是从小要让孩子做好睡前准备，如洗漱、穿睡衣、关灯、安静睡觉等。3岁以内小孩不刷牙，但是要漱口。穿上宽松、干净的睡衣。一定要关灯睡觉，窗外有灯光也不行，因为在灯光下睡觉的孩子眼睛受光辐射影响，容易患散光、斜视等毛病，有灯光身体各部分不能很好地得到休息，智力也会受影响。

有的家长习惯睡前给孩子讲故事，这可以，但是一定要讲平和而不要讲剧烈会引起孩子很大联想的故事，让孩子安静入睡。

（4）排便习惯

培养孩子大小便定时，特别是大便定时。很多孩子去幼儿园或小学有很长一段时间最让家长担心的事情是憋尿憋大便。培养方法：大小便是生活中正常的事情，不管在什么时候孩子说要大小便都不能骂孩子不懂事，当然，为了生活、学习正常，孩子也要像大人一样定时大小便。小便比较容易解决，进入幼儿园和学校大多数孩子都会根据作息时间调整，大便则希望家长从小培养孩子定时，最好是在家里的时候，如早上起床后或者晚上洗澡前等，避免孩子在幼儿园或学校受时间或条件所限排便不规律。

2. 劳动习惯

孩子从两三岁开始就有独立意识，想自己做事，如穿衣、穿鞋、穿袜子、吃饭、洗碗、扫地、开关电视等。但是，因为手脚还不协调，每件事都做不好甚至有点捣乱的成分。如果家长这时制止了孩子的独立尝试，那么今后你想培养他的独立意识就会比较难。培养方法：

（1）通过言语支持鼓励孩子动手，即使弄坏一些东西都没关系，这样可以更好地跟孩子讲明做事方法，以后减少失误。

（2）教会孩子方法，如怎样收拾玩具、整理房间、洗碗，等等。

3. 活动习惯

每天坚持半个小时以上的体育锻炼，可以促进孩子空间感的建立和专注品质的培养，还能提高人际关系的建立和社会性兴趣的发展。豆豆出生时只有5斤重，体弱多病，经常看医生。看到周围的孩子都比豆豆长得壮，爸爸妈妈担心孩子受欺负，很少让他跟同伴玩。上了幼儿园后，豆豆更是三五天一次小感冒，两个星期一次大发烧，而且他内向沉默，很少有同伴跟他玩。幼儿园老师建议家长多让豆豆参加运动特别是合作性强的运动，如打篮球、踢足球等。长期坚持下来，豆豆不仅身体强壮了，感冒少了，还乐意跟伙伴交朋友，人缘也越来越好。培养方法如下：

一是陪孩子运动到让孩子跟同伴运动，在陪孩子运动的过程中教孩子一些自我保护的运动方法，如运动前做准备动作，运动时要保护头部。

二是选择适合的运动，并教会孩子方法。内向不合群的孩子建议多参加足球、篮球、排球以及接力跑等集体项目，提高人际交往技能；性格急躁的孩子建议学习围棋、国际象棋等智力体育项目，培养其耐心、冷静的性格；做事优柔寡断的孩子建议参加乒乓球、羽毛球、武术、跨栏、跳远、跳高等运动，不仅能提高孩子运动的灵活性、协调性、果断性，还能培养孩子沉着冷静的判断能力；逞强好胜的孩子建议选择跳水、体操、马拉松长跑等难度较大的项目，挫挫他的锐气，让他明白只有认真努力坚持不懈，才能获得成功。

二是陪孩子玩游戏。游戏是室内活动的最佳运动，可以模仿鸭子走、兔子跳、鸟儿飞、猴子爬等动物活动，锻炼四肢的协调性、灵敏度以及柔韧性；跟着口令玩前进和倒退，或者和口令逆反而行，培养反应能力、手脑并用能力；让孩子模拟小飞机小跑，时而直身跑，时而弯腰下降，锻炼孩子的身体平衡能力，增加肺活量；用粉笔在地上画两条线当“河”，再画一些圆圈当石头，家长和孩子一前一后踩“石头”过“河”，谁掉进“河”谁就输，既能锻炼孩子的身体平衡能力，也能增强孩子的跨步肌力。

4. 学习习惯

学习习惯包括学会认识生活中的物品、颜色、大小、多少、作用等，学会阅读有图书本，学会多问为什么，了解为什么，学习经验，学习本领。培养方法如下：

（1）多跟孩子讲身边物品的名称、颜色、作用，比较物品的大小、多少等。

（2）营造学习氛围，父母在家里多看书、讨论书、爱护书，孩子也会喜欢书本。选择适合孩子阅读的读物，和孩子一起读书、讲故事，如果孩子喜欢听就多讲几遍，不喜欢听就不要强迫，一定要想办法培养孩子对阅读的兴趣。

（3）培养学习意识，如带孩子散步，和孩子一起数数，数数旁边有几个人、几辆车，说说周围有什么，分别是什么颜色，什么人在干什么，等等。

（二）树立家风

前段时间，央视一档采访节目《家风是什么》引起了社会热议。“家风”这个词引起了教育者的关注。顾名思义，家风是指一个家庭或家族的传统风尚或作风。究其实质，家风是一种无形的、潜在的文化，它能通过日常生活影响孩子的心灵，塑造孩子的人格，是一种无言的教育。我认为，家风就是家长营造的良好的家庭氛围，培养孩子的优秀品质。培养孩子哪些品质呢？我总结了以下几点：爱心、责任心、自信心、延迟满足能力。

1. 爱心

爱心是人性光辉中最美丽、最暖人的一缕。拥有爱心不仅会使世界变得美好，而且也更有助于人自身的身心健康。对于孩子的个性发展而言，没有什么能比爱和善良更重要的了，这是孩子将来亲和社会的基础和前提。孩子的爱心是通过自然而然的模仿、潜移默化的渗透而逐渐形成的，是一个从外在到内在、从量变到质变的发展过程。在这一发展过程中，家庭是最重要的爱心培育基地，父母是最直接的爱心传播者。因此，孩子有没有爱心，关键在于家长是否进行了引导和培养。

（1）做孩子的道德榜样

夫妻间要互相关心，互相帮助，让孩子感受到父母之间的爱；尊敬长辈，常给长辈做事，如倒茶、盛饭，逢年过节与孩子一起商量给长辈买东西、送礼物，让孩子感受到父母对长辈的爱；关心孩子，经常鼓励和表扬，让孩子感受到父母对他的爱；热情帮助亲戚朋友，让孩子感受到父母对他人的关爱，从而学会关爱他人、关爱社会。

（2）对孩子进行移情训练

爱心的培养需要进行移情训练，即让孩子把自己痛苦时的感受与别人在同样情境下的体验加以对比，体会别人的心情。这样可以让孩子学会理解别人、体谅别人。当看到小朋友摔倒时，你可以启发自己的孩子说："如果是你摔倒了，是不是感觉很疼？小弟弟一定也摔疼了，我们快去扶起他。"这样，孩子的爱心不知不觉就培养起来了。父母可以向孩子谈谈残疾以及残疾人，可以帮助孩子多从他人的角度看问题，对处于痛苦状态的人产生同情，进而培养他的爱心，说明取笑他人是幼稚无知的，也是缺乏爱心的。

（3）在生活中培养孩子的爱心

父母可以利用生活中的事例从侧面来教育孩子关心他人、关心动物，如在看电视的时候，如果出现动物弱肉强食的画面，不妨趁机对孩子说："多恐怖呀，我们人类可不能这样子！"相关调查表明，幼年饲养过小动物的孩子感情比较细腻，心地更加善良。如果不方便饲养小动物，也可以养一些花花草草，让孩子去照顾，这样更有利于培养孩子的爱心。

（4）让孩子知晓生活的真实

应该让孩子了解一些生活的真实情况，如父母工作的辛苦、生活的不易，让孩子从小就学着与父母一起分担，做一些力所能及的事情。只有勤快的孩子才会懂事，知道关心体贴别人。

2. 责任心

（1）培养孩子的独立意识

3～6岁的孩子独立意识逐渐增强，3岁表现为言语和动作的独立性，如“我自己来”，此时父母要多鼓励。四五岁的孩子能够自己穿衣脱衣、吃饭、洗脸、漱口、玩耍、独立睡觉等，此时父母要多放手并指导方法。6岁的孩子能完成更加精细的动作，如系鞋带、用筷子吃饭、洗衣服、梳头发等，此时家长要信任孩子并逐步扩大其独立做事的范围。例如，明明从2岁起妈妈就鼓励他在小床上睡觉，3岁时摆碗筷、搬凳子、扫地、收拾玩具等，进幼儿园自己穿衣、吃饭，整理被子又快又好，动手能力强，是小朋友中的榜样。而彤彤的所有事情都被爷爷奶奶包办了，虽然愿意干事情，但什么事情都干不好，吃饭要老师喂，午睡要老师脱衣服、穿衣服，小朋友都不喜欢跟她玩，嫌她笨。所以，父母的理解、放手、鼓励是培养孩子独立的基础，孩子独立了，才会养成积极、主动的探索欲望，快速适应新环境、认识新事物。

培养孩子独立意识要注意几个方面：一是家长做事民主，尊重孩子的独立人格，多与孩子商量，少打骂孩子。二是放手让孩子尝试。孩子小，很多事情想干但不如大人干得好，家长要肯定、鼓励孩子，并教会孩子方法，向孩子说明失败的原因，尝试多了就会成功。三是大人们教育方法要一致。孩子因为自身知识、经验、能力有限，不能全面分析问题，大人们要事先统一口径，共同引导孩子沿着正确的方向前进。如果确实不能改变孩子，也可以让孩子犯犯错，让他在错误中明白道理。

（2）培养孩子勇于担当的意识

任何聪明才智，只有建立在强烈的责任感的基础上才能迸发出耀眼的光辉。有担当的孩子有自尊，受人欢迎，将来容易办大事。而缺乏担当的孩子，只讲享受，不会尊重别人的感受，不受人欢迎。案例：小丽迟到了，老师问她原因，小丽说：“我妈妈没有叫我起床。”上手工课了，小丽忘记带工具了，说：“都是奶奶的错，没有帮我放进书包。”相信这样的孩子上小学了，也会把自己成绩差归因于爸爸妈妈笨。

培养方法：一是3岁的孩子主要发展自我责任心和任务责任心。也就是让孩子对自己事情负责，如自己的生活、学习、游戏、行为等。二是4～5岁发展他人责任心和承诺责任心，主要表现为幼儿到了幼儿园中班，要适应集体生活，要学会关心集体，为集体出力，关心他人，帮助他人；自己说过的话要记着，答应别人的事要做到。三是5～6岁发展过失责任心。过失责任心是指犯了错感到后悔。家长要及时提醒犯错的孩子认识到错误，并感到羞愧，从而激发孩子相应的责任心并决心改正。四是立规矩，规范孩子的言行。越早给孩子订立规矩越有效果，让孩子清楚该做什么该怎么做，如用过的东西要放回原处，自己的东西收拾整齐，做事有始有终，答应的事情要有所交代，承担的家务坚持做下去等。父母要坚持检查、督促孩子持之以恒、认真负责。五是承担后果。当孩子损害别人的东西要家长赔偿时，家长要扣除孩子零用钱或者少给孩子买原先说好的东西，当孩子乱丢东西时不要管他，让他尝尝找不到东西的后果；当孩子忘记带东西去幼儿园时不要管他，让他接受老师批评等。只有让孩子承担后果，他才会避免类似情况的发生，增强责任感。

案例：美国前总统里根小时候，有一次踢球不小心踢碎了邻居家的玻璃，邻居要求赔偿12.5美元。闯了祸的小里根向父亲认错后，父亲让他对自己的过失负责，小里根向父亲借了12.5美元，之后每逢周末节假日便外出辛勤打工。经过半年的努力，他终于挣足了12.5美元，还给父亲。他说："通过自己的劳动来承担过失，我懂得了什么叫责任。"

3. 自信心

自信心是孩子走向社会、乐于与人交往的重要品质。三四岁是幼儿自信心发展最迅速的时期，如能够独立吃饭、穿衣、完成指定任务时会产生"我能行"的自信心理。五六岁幼儿的自信心发展呈缓慢上升阶段，4岁和7岁是幼儿自信心发展的转折期。

案例：小杰和小飞都是3岁，俩人经常一起玩。老师发现，小飞自己的事情基本能自己做，还经常帮助其他小朋友，比较自信；但是小杰什么事情都需要老师帮他做，让他自己做就畏首畏尾，自信心不足。通过家访，老师了解到，小飞在家里父母会让他干很多事情，做事与解决问题的自信心逐渐增强。而小杰的妈妈也想培养孩子的独立能力，让小杰做事时他不是不愿意做，就是做了也做不好，后来干脆包办代替了，结果小杰事事依赖父母，缺乏自信。

培养孩子自信心的方法：一是给1～3岁的孩子布置一些他们努力一点就能完成的任务。这样孩子可以在一些简单的活动中体验到成就感。例如，小杰妈妈后来先教小杰脱衣服、鞋子、袜子，再到穿衣服、鞋子、袜子，并及时表扬，小杰逐渐体验到做事的乐趣。如果刚开始就布置任务难的事情，孩子容易受打击，影响自信。二是给3～6岁的孩子布置有适度挑战性的任务。除了让孩子完成必备的一些自理的事情，还要抓住孩子乐于挑战的时机，布置有适度挑战性的任务给孩子做。有不少家长向我反映，孩子的玩具多得不得了，但一到商场还是要买，买回来玩一两次又不玩了。其实这是玩具没有挑战性的原因。建议家长多买半成品或不是成品的拼装玩具，如积木、拼图，或直接带孩子玩泥沙、小石子，等等。

4. 延迟满足能力

延迟满足就是不要即时满足孩子的愿望，对他们进行自我控制能力训练，培养他们的耐挫能力。科学家经过30多年的跟踪研究发现，小时候延迟满足能力强的孩子在成长过程中能够抵抗住各种不良诱惑，坚持克服困难，最终取得杰出成绩。（观看视频）

培养方法：玩游戏时不要让孩子想玩什么就玩什么，要大家一起商量然后讨论决定。和孩子一起玩游戏，不要让孩子每次都赢。孩子想买玩具，可以建议迟点时间或者完成什么任务之后或等爸爸妈妈攒够钱再买。

（三）发展智能

幼儿的智力发展存在关键期，幼儿期是大脑可塑性非常强的时期，孩子越小大脑开发、智力提升的机会越大，抓住幼儿的智力发展关键期，根据科学的方法和策略，发展孩子的智力，就能达到事半功倍的目的。现代家长很重视孩子的智力发展，小小年纪就要参加早教班、黄金识字班、速算班、围棋班……确实，我也认为应该重视孩子的智力发展，但恰当的早期智力开发能促进孩子的健康成长，不恰当的早期开发对孩子的伤害也是很大的。

5岁的小刚常叹气："每天都要背唐诗，背不好了爸爸妈妈就会不高兴，开始还挺喜欢背的，可是现在一想到背唐诗就害怕。"早期智力开发并不在于对知识的掌握，其实孩子多背几首唐诗，多识几个汉字，这一点优势很快就会消失，长远来讲对孩子并没有什么特别的好处，孩子往往会因为父母刻意的、功利的要求而对学习产生抵触感，这就会因小失大。我有一位朋友，他去年送5岁的孩子去学习黄金速算，结果老师布置的作业很多，每天要完成一页口算题，强迫孩子完成作业又怕他讨厌学习，不强迫又怕他今后不重视作业，很后悔送他去学习速算。各位妈妈们要明白，对孩子智力的开发并不意味着幼儿教育小学化，更不是单纯的知识学习。我们老师经常会发现，有的孩子在入学前已经认得好些字，但入学后还不如学前未识字的儿童学得快。这是因为这些儿童虽然掌握了一些知识，智力却未得到相应的发展。有的孩子虽未学字，但却通过其他方式的信息发展了智力，因此入学后掌握知识很快。可见开发智力是需要技巧的。

1. 创造力

创造性思维不一定都是伟大科学家的发明创造，凡是思维健全的人都有人类创造性的能力，如宝宝发现了玩具的新玩法，有了新的想法，等等。案例：有一次铭铭说："我要撕扯！"爸爸妈妈觉得莫名其妙。很久才弄明白，原来铭铭看到外婆使用透明胶，要先撕开再用力一扯，拉下来粘盒子，不知道是什么东西，就给起了这个名字。大家都为他的创新叫好！而贝贝画了一个绿色的太阳和一个西瓜，觉得很美，奶奶看见了，开始教育贝贝："画得不对，哪里有绿色的太阳？西瓜的条纹不是横着的，是竖着的……"贝贝感到很难过，对画画一点兴趣都没有了。其实贝贝希望绿色的太阳不炎热，西瓜竖着放条纹就是竖的……

培养方法如下。

（1）营造宽松和谐的家庭气氛，多听孩子的想法

如书本上有一幅很多鲜花的画，小宝在花上加了一些黑点。结果妈妈批评小宝不懂事，不爱惜书籍。其实小宝画的小黑点就是想象成小蜜蜂在采花蜜，妈妈不问缘由就扼杀了孩子创新的种子。

（2）满足孩子的好奇心，鼓励孩子探索

爱迪生问妈妈为什么鸭蛋能够孵出小鸭来，妈妈说是因为鸭妈妈抱着鸡蛋增加了温度。爱迪生就自己尝试把鸭蛋抱在怀里孵蛋，结果失败了。后来，母子俩一起查百科全书，虽然没有结果，但是爱迪生却学到了许多关于鸟和蛋的知识。妈妈从不给爱迪生答案，而是和他一起查找资料，帮助孩子对科学产生好感，保持好奇，最终取得成功。

（3）开展创造活动，训练孩子的创造性思维

家长要允许孩子犯错，如孩子拆坏玩具，就让孩子组装回玩具；鼓励孩子多角度思维，如一个杯子可用来干什么，三角形的东西有哪些；鼓励孩子进行艺术创造，在游戏中培养创造力。

2. 注意力

越小的孩子注意力集中的时间越短。幼儿的注意力有以下两个特点：一是无意注意占主导地位，因为这个阶段孩子好奇心强，认识处于不稳定状态，所以看见那些他感兴趣的、符合当前需要的东西就会被吸引，如幼儿园上课时谁发出声响就会被谁吸引过去。二是有意注意开始逐渐发展，如你让他去拿东西，他就会赶快跑去拿。

培养方法如下。

（1）为孩子创设专心的环境

如孩子学习、阅读时，不要在桌子上放漂亮的文具盒、玩具，其他人不在旁边讲话。为孩子买书包、文具时尽量不买色彩鲜艳、味道香的，因为这既会影响孩子的注意力，也会影响孩子的身体健康。

（2）采用合适的教育工具、内容和方法集中孩子的注意力

如教孩子认字，可以选择图文并茂的彩图，讲故事时配上道具等。

（3）明确目标，教会方法

如观察两幅图，看谁发现不同的地方多。你和孩子一起比赛，教孩子用从上往下或者从左到右的方法观察，提高孩子注意的稳定性和集中性。

3. 观察力

观察是孩子认识世界、增长知识的重要途径，观察能力的高低会在很大程度上影响孩子的智力发展水平。研究表明，好奇心强、观察力强是天才儿童的突出特征。如有的孩子经常问：“我是怎么来的？为什么小明站着撒尿我却是蹲着的？天为什么是蓝的？为什么河水是绿色的，海水是蓝色的，我们喝的水却没有颜色？”有一个母亲很用心，她把孩子的问题都记录下来，能够解答的耐心解答，不会的就答应孩子去查找，查不出结果就告诉孩子暂时解答不出来，妈妈会和他一起努力找到答案。结果，孩子的问题一直记录到高中竟然有十多万个，而这个孩子也成了生物学科学家。

培养方法：

一是引导孩子有明确的观察目的和观察计划。如饲养小猫或种植黄豆，带领孩子每天观察，让孩子说，自己记录小猫或者黄豆的生长情况。又如将几个苹果放进黑色环保袋里，让孩子摸摸，猜猜是什么。不管孩子是否猜到，再让孩子闻一闻，说说是什么。拿出来看看是什么，什么形状的；跟什么很像，什么颜色的，跟什么颜色一样；再摸一摸什么感觉；尝一尝什么感觉；等等。通过这一系列的问题，孩子可以从味觉、视觉、触觉等不同方面认识苹果。当然每次认识新的物品都可以这样问问孩子，相信孩子会记住很多东西。

二是多带孩子外出接触不同环境中的东西，开阔孩子的视野和观察的范围。如春天去郊游，让孩子观察春天的花草树木是怎样的，春天的天气怎样，春天的河水怎样，让孩子说一说，画一画。

三是教给孩子观察的方法。没有人天生就会观察，家长一定要培养孩子爱观察的习惯。如小杰跟爸爸去铁路边，发现铁轨是一节一节连在一起的，他问："为什么不用一根长长的铁轨或者是铁轨连接处不留一道缝隙呢？"爸爸说："如果铁轨是一根长长的铁轨或者是铁轨连接处不留一道缝隙，那么铁轨就会在夏天由于高温膨胀变形，那样火车容易出事故。最好你自己观察一下，夏天铁轨之间的缝隙和其他时间的是否一样。"于是，小杰在爸爸的帮助下观察发现，铁轨之间的缝隙在不同的温度下是有变化的，早晨中午、春夏秋冬都有所不同，而且他发现，气温每下降11摄氏度，缝隙便会增加1毫米。经过一年的观察，他写下了铁轨热胀冷缩的观察报告，获得全国征文的优秀奖。

4. 记忆力

丰富的知识储备会促进孩子记忆力的发展。如让孩子记忆一篇关于农民耕地的文章，看见过农民耕地的孩子比没有看见过的孩子记忆快。培养方法如下。

（1）利用兴趣促进孩子记忆。有个妈妈发现孩子记忆力很差，但唯独对下棋着迷，喜欢看别人下棋，能够记住棋谱。妈妈发现孩子下棋下得好，智力不差，就表扬他，肯定他的棋艺，通过记忆棋谱的方法，提高了他记忆学习方面的东西，效果很好。

（2）激发孩子记忆的信心。先布置简单的内容让孩子记忆，及时表扬，让孩子认为自己能行，逐渐增加难度。

（3）给孩子创造记忆的机会。如小文妈妈经常利用各种机会让小文进行记忆。妈妈带着小文逛超市的时候，特意给小文讲述超市中物品的种类、特征和用途；逛公园时，向小文讲述公园的风景；回家后让小文将妈妈讲的转述给爸爸听；出门时讲路怎么走，两边建筑有什么特点，返回时让小文带路；等等。

（4）教会孩子记忆的方法，如重复记忆法、直观形象法、联想记忆法。

5. 表达能力

孩子2岁前家长要多教孩子说词语，3 ~ 5岁多教孩子说完整的话。上学前，要让孩子多听、多看、多说、多读，逐渐从言语习惯到掌握语法。

培养方法：

（1）多给孩子讲故事，怎样讲故事有助于提高孩子的表达能力，又能促进孩子心智的发展呢？

① 内容有意义。多讲一些有益于培养孩子正直、善良等良好品质的故事，千万不能讲一些妖魔鬼怪、动物吃人的故事来吓唬不听话的孩子，这样有害孩子的身心发展，使孩子胆小、怯懦而无所作为。

② 边讲边提问。讲故事的过程中或讲完故事后要适当提问孩子，引导他学会思考：这个故事你喜欢谁？为什么？小猫为什么不和小狗玩？下面会发生什么情况呢？无论孩子说得好与不好都要给予肯定并引导。

③ 语言要生动，动作要形象。讲故事抑扬顿挫，配上肢体语言，形象生动，孩子喜欢听。

④ 留个小窗口，如讲一半让孩子接下一半。

⑤ 图文并茂。孩子小，喜欢色彩丰富的图片，家长可以多引导孩子看图说话。

（2）多训练孩子说话，耐心听孩子说完话。亲子游戏：妈妈说“苹果是红色的，香蕉是……”爸爸说“香蕉是黄色的”，让孩子说“梨子是……”妈妈说“鸭子会游泳”，爸爸说“公鸡会打鸣”，让孩子说“老鼠会……”等。

（3）给孩子树立文明说话的榜样。孩子生活在一个说粗话的环境中肯定会说粗话，会说粗话的孩子是不受人欢迎的。

（4）让孩子多跟他人交流。很多孩子在家人面前大声说话，而一到外面就不敢声张，原因在于缺乏自信心。家长可引导孩子跟小朋友说话，再到跟大人说话，可引导孩子向他人问好，但千万不要强迫不想说话的孩子向他人问好、唱歌、表演节目，这样会让孩子更加害怕跟别人说话。

和孩子一起成长

一、教学目标

引导父母多学习家庭教育知识，和孩子一起成长。

二、教学对象分析

很多家长有教好孩子的愿望、教育孩子的意识，但往往扮演权威的家长角色去教育孩子，结果适得其反。本课主要让家长明白与孩子一起学习、一起成长的重要性，从成人和成长两方面引导家长教育孩子。

三、教学参考

《父母课堂》。

四、教学时间

30分钟。

五、教学形式

互动交流。

六、教学过程

今天，我要跟大家探讨的主题是和孩子一起成长。为什么要和孩子一起成长呢？因为大家都希望培养出健康、快乐、优秀的孩子，父母这个职业不需要学习、培训就上岗了，但并不是所有父母都能胜任这个职位，甚至有不少父母对孩子的教育出现偏差或者感到困惑。近几年，我国青少年一代出现了很多成长中的问题，如违法犯罪率增多，患有心理疾病的增多等，其中很大一部分原因在于家长疏于管教或者不懂得管教。因此，我国越来越重视对父母的成人教育。那么，怎样和孩子一起成长呢？在这里我主要讲两大方面：成人教育和成长教育。

1. 成人教育

教育的目的是培养出具有健康身体、健全心理、良好社会适应能力，持续学习能力强的人。文凭时代即将过去，“健康、能力”会成为孩子的终身财富。成人教育不但是要培养孩子健康成长为一个成人，更要成为一个具有良好人品的人。现在是国际化社会，特别需要具有诚信、大爱、责任心等普世价值的人才。所以，家长对孩子要进行成人教育。成人教育，需要树立几个观念。

（1）德育观

学校和家庭都要明确家庭教育的根本是什么。这个根本是做人教育，即人格教育。家庭教育的主题也可以说是“立德树人”。很多人都听说过这样一个故事：儿子看见妈妈做背篓，问妈妈在干什么。妈妈说奶奶太老了，妈妈要做背篓背奶奶上山。儿子说：“妈妈，你背奶奶上山后，要带回背篓，等你和爸爸老了，我就背你们上山。”孩子没有是非观，也不懂得分辨好坏，他对于爸爸妈妈老了就背上山，是一种模仿。所以说，家庭教育的特点是不教而教，不学而学。家长的人格教育最重要的是自己的言传身教，所以家长在做事情前最好多想想自己的言行举止会对孩子产生什么影响。如闯红灯行为，任何家长都不会教孩子闯红灯，但家长们自己会有意无意地闯红灯，这就会给孩子一种可以闯红灯的不良示范。又如当孩子出现说谎话、说粗话、不尊重老师、不按时完成作业等不良行为时，家长们有没有从自己身上找找原因呢？立德树人，首先要从家长的德抓起。

（2）尊重观

尊重首先是尊重自己，尊重他人。悦纳自己的家庭和工作，喜欢自己的家庭和工作，经常在孩子面前说家人包括孩子的优点，在孩子面前说自己工作的好处、同事的优点，这样才会在孩子面前树立健康的工作观，而不是只认为当官当公务员才是出路，近几年出现“最难就业年”“更难就业年”的原因主要是受一些家长的影响，大学毕业生的职业观念出了偏差，一毕业就想当老板赚大钱，坐办公室吹空调。其实，能够从底层做起的工作最扎实，今后更容易出成绩。我给大家讲一个“扔纸团教育儿子”的故事：一天，一位四十多岁的妇人领了一个十二三岁的小男孩走进一个花园，坐在长椅上。妇人好像很生气的样子，不停地和男孩说着什么。距他们不远处，一位六七十岁头发花白的老人正拿着一把大剪在园中剪枝。这时，妇人突然从随身挎包里揪出一把纸巾揉成一团，一甩手扔出去，正落在老人刚剪过的灌木枝上。老人没说话，拿起那团纸扔到不远处盛放剪下枝条的一个筐子里。老人拿剪刀继续剪枝，不料妇人又将一团纸扔了过来。“妈妈，你要干什么？”男孩奇怪地问，妇人摆手示意他不要出声。老人走过去将这团纸也拿起来，依然扔到筐子里，刚拾起剪刀，妇人扔过来的第三团纸又落在他眼前。就这样，老人不厌其烦地拾起妇人扔过来的六七团纸，始终没有露出不满和厌烦的神色。“看到了吧！”妇人指着老人对男孩说：“我希望你明白，你现在不好好上学，以后就跟这个老园工一样没出息，只能做这些低贱的下等工作。”原来男孩的学习成绩不好，妈妈生气地在教训他，面前的剪枝老人成了“活教材”。老人也听到了妇人的话，就放下剪刀走过来说：“妇人，这是集团的私家花园，好像只有集团员工才能进来。”“那当然，我是巨象集团所属一家公司的部门经理，就在大厦里工作！”妇人高傲地说着，拿出一张证明卡冲老人一晃。“我能借你的手机用一下吗？”老人突然问。妇人不情愿地递给老人自己的手机，一边仍不惜借机教导儿子：“你瞧这些穷人，都这么大年纪了连部手机也没有。你今后可要有出息啊！”不一会儿，有一个人急匆匆地走过来，拱手站在老人面前。老人对他说：“我现在提议免去这位女士在巨象集团的职务！因为……”“是，我马上按您的吩咐去办！”那人连声应道。巨象集团是美国一家著名的企业，其总部设在纽约曼哈顿，是一幢七十多层楼高的大厦。环绕大厦的正是那一片郁郁葱葱的花园绿地。妇人大吃一惊，她认识刚来的那个人，他是巨象集团人力资源部的高层管理人员。妇人拉着那个人惊讶地问道：“你……你怎么会对这个老园工那么毕恭毕敬呢？”“什么？老园工？他是集团总裁詹姆斯先生！”妇人颓然地坐到椅子上……老人走过来抚了抚那男孩的头，说：“我希望你明白，在这个世界上最重要的是要学会尊重每一个人，尊重每一种职业……”

其次是尊重孩子，尊重孩子的话语权。很多父母会因为自己的孩子听话而开心，因为孩子不听话而闹心，其实孩子不听话从某方面来说不是坏事，那是孩子自我意识增强的一种表现。如果家长总是教育甚至强迫孩子听话，那么孩子有可能变得唯唯诺诺，什么事情都不敢做主，乃至今后成不了大器；也有可能变得很逆反，你说东他偏要向西，你说对的他明知对也要做错。有一个孩子问爸爸，是不是爸爸总比儿子懂得多，爸爸说当然了。儿子说，为什么爱迪生发明了电灯而他的爸爸没有发明电灯呢？所以，孩子有说话的权利，也有讲道理的能力，父母如果一味要求孩子"听话"，并为此对孩子进行无端的批评和责骂，孩子就会出现更多的"不听话"。因为受委屈的人很少去反思自己有什么过错，被感动的人则更容易自省，并且因为感动增加内心的勇气和自信，同时增强自制力。也许孩子不听话会遭遇挫折，但这也是孩子成长的代价。教训会比经验更深入人心，当然，前提是确保孩子安全。经验说明，孩子越早因为不听话而遭受挫折，他就越早明理懂事。我们要培养的不是听话的孩子，而是讲道理的孩子。世界上只有一种分离是为了爱，那就是父母对孩子的爱，和孩子分离就是让孩子独立，让孩子独立就要尊重孩子的话语权，尊重孩子的行动权。

2014年5月3日《中国教育报》有一篇文章《学会放手是一种智慧》，讲的是当自己的孩子北大研究生毕业后去卖米粉时，母亲说自己会放手让孩子去闯世界。许多父母喜欢听话的孩子，培养出的总是完全按照父母意愿行事的乖孩子。孩子有自己的独立意志，会独立思考，有对生活的独立看法。孩子的独立意志往往会同父母的意志发生冲突。冲突来临时，父母的基本态度应该是尊重孩子的意见和选择，同时明确表明父母的态度。只有让孩子摔跤，孩子才能学会走路。

再次是尊重老师。家长是否尊重老师是孩子是否喜欢学校，喜欢学习的重要因素。因为在孩子的眼里，父母尊重老师就是尊重知识，尊重自己的学习经历和环境，他也会尊重老师，从而亲其师，信其道。尊重老师不是节假日送老师东西，而是发自内心地感恩老师，感谢老师的付出。如有一个孩子上三年级后各方面都有退步，为什么呢？除了没能很好适应三年级这个转折期的原因外，还有一个原因就是父母说过现在老师不比以前老师好，结果给孩子不好的暗示：老师不好所以我也会学不好。其实，每一个老师都有不同的特点，学生接受不同的老师教育就是要学习不同老师的优点，而不是拿这个老师的长处比那个老师的短处，同时每个年级都有各自的教育特点，特别是作业方面会从全批到半批再到抽查批改。一二年级老师重在拉着孩子走，三四年级重在推着孩子走，五六年级重在引着孩子走，中学重在孩子独立走，从时刻围着孩子转到逐渐放手的过程中，家长也要懂得放手，才能跟老师一起教会孩子独立。尊重老师，家长一定要发挥示范作用，听到孩子反映老师不足时不要着急附和，要一分为二看待孩子的发牢骚，多在孩子面前表扬老师的长处，多在孩子面前感谢老师的付出，即使发现老师确实有不周到的地方，也要教会孩子理解老师、宽容老师，因为老师也难免会有犯错误的时候。

（3）家庭观

请各位家长想一想下面的问题：在一个父亲、母亲和孩子的三口之家中，是应以夫妻关系为中心还是亲子关系为中心？先举一个例子：一个丈夫出差回来，老婆孩子去接他，他抱着女儿亲了一下。一同去的朋友老外问："你为什么不抱着老婆亲一下？"丈夫不知道怎么回答，后来他反思，人生下来是一个男人或女人的角色，结婚后是丈夫或妻子的角色，生孩子后是爸爸或妈妈的角色。但是很多家长当了父母后都忘记了夫妻的角色。很多孩子不是教育学习的，而是模仿学习的。父母的一切为了孩子转，好吃好用的留给他，买车是为了他，孩子会以为全家以他为中心，那么他今后也会成为以自己为中心的人，出现自私自利的行为。拥有正确的家庭观，家长应该同时做好几种角色，孝顺长辈是晚辈的角色，夫妻恩爱是夫妻的角色，关爱孩子是父母的角色，在适合的时候适当的场合要做好应该做的角色，这样孩子才会正确做好各种角色。

2. 成长教育

（1）努力做好自己

2014年4月刊《父母课堂》中一篇文章《和儿子一起成长》，介绍了被英国剑桥大学录取毕业后成为波士顿咨询公司顾问的夏杨的成长故事。母亲说自己在努力做好家长和妻子角色的同时，还努力追求个人的人生价值，从一般教师，到出国留学，再到自己办学校，始终在为追逐梦想而前进。我认识很多位母亲，一有了孩子，就全身心扑在孩子身上，工作上得过且过，甚至经常为了孩子迟到早退。其实，这样的家长会给孩子不好的影响，孩子会认为：父母都不努力学习、工作，凭什么要我学习？所以，家长们要努力去做最好的自己，才能要求孩子去做最好的自己。你要求孩子学习，你也要学习。你可以学习什么呢？学习如何炒菜，学习家庭教育知识，学习孩子的书本知识，学习人际交往的艺术，等等。你可以把你学习炒菜、阅读书本的心得跟孩子交流，让他感受到你也在学习。你要求孩子努力，你也要努力。你努力什么呢？努力工作，把自己在工作上的进步和成绩跟孩子说，让孩子以你为荣，向你学习。一个经常学习、工作努力的家长会营造积极努力的家庭氛围，孩子也会变得积极努力，和父母一起成长。

努力做好自己的同时要帮助孩子努力。著名的作家毕淑敏去外国友人家中做客，看到她女儿，就夸奖她太漂亮了。友人不喜欢，拉着毕淑敏到另外的房间让毕淑敏向他女儿道歉。因为漂亮是父母给的，不是女儿通过努力获得的，不能表扬，否则会误导孩子不劳而获的思想。所以，表扬成长中的孩子，要尽量表扬孩子的努力过程和经过努力之后获得的能力，而不要说“你真聪明”“真漂亮”“这件衣服多美”“你家真有钱”等这些外在的东西。

（2）重视过程

两个孩子A和B是同学，孩子A头脑灵活，学习效率高，成绩优秀；孩子B智力一般，学习刻苦，成绩中等。A家长经常为孩子的成绩骄傲，B家长曾经也为孩子的成绩提不上去而苦恼，后来想通了，自己孩子智力水平就这样，尽力就好，于是经常鼓励孩子努力学习，掌握方法，每天进步一点点。两人大学毕业后，分别进入不同的单位工作。五年后，B凭着自己扎实的基本功、勤奋的学习态度和优秀的业绩成了中层干部，并调入A单位做了A的上司。这个案例说明了什么？说明人生是长跑，需要的是耐力，持续的学习能力、良好的学习态度是人生最终走向成功的财富。很多家长抱着“不输在起跑线上”的观点看重孩子眼前的成绩，为了学习成绩忽略了对孩子其他素质的培养，这是一个大误区。一般来说，大学才是起跑线。中小学重点培养学习兴趣、学习态度和良好的品质，大学才是起跑、发力、加油的时候。可是很多孩子在中小学就已经消耗斗志，到大学反而不愿意动了，输在了起跑线上。

重视过程除了重视孩子的学习过程，还要重视孩子的成长过程。如果您允许孩子按质按时完成作业后可以做自己喜欢的、有益的事情，那么孩子一定会抓紧时间完成作业。孩子可以去玩、阅读、看电视、运动、跟大人讨论问题、郊游等。《父母课堂》杂志中介绍的一些有成就的学生都不是埋头苦学的孩子，他们的课外生活都很丰富。所以，家长要想办法培养孩子高效率完成作业，再支持孩子通过多种方式、多种渠道吸取课外知识，培养孩子多种兴趣。

（3）和谐合作

现代社会重视合作，绝大部分高科技产品都是多方合作创造的。人一生中要与两类人相处：一是与家人相处，二是与同辈人相处。家长要营造平等、民主的氛围，与孩子共同进步。因为知识的遗忘规律和专业的限制，很多家长反映孩子的课本知识自己都不会，更别说教孩子。最好的方法是坦然向孩子承认自己不懂或懂得但不会表达，请孩子每天回家教家长。这样做有几个好处：一是孩子更有兴趣学好知识，二是提高讲给别人听懂知识的能力，三是提高语言表达的能力，四是加强亲子交流的机会，五是促进家长的知识进步。如果发现孩子在讲解过程中出现模糊或者错误，不要挖苦嘲笑，而是委婉指出，比如说“我认为……你觉得呢？”如果他不肯承认，你可以举一反三证明，也可以在他的同意下打电话请教老师。家长与孩子合作还体现在郊游、购物、做家务等事情上。

与同学和谐相处是孩子应对社会发展的重要基础。我做班主任时遇到过这样的事情：一次下雨天小刘踢地上的水不小心弄到同学小谢身上，小谢不甘示弱，也踢水射向小刘，两人动了手，后来同学劝开了，我知道后也进行了教育。这是一件很常见的同学矛盾，他们也很快玩在了一起。但是两天后小刘母亲直接找到小谢骂了一顿，说小谢把小刘的手弄伤了，并要求小谢在全班同学面前向小刘道歉。小谢告诉妈妈后，小谢妈妈也来到学校找小刘骂了一顿，也要求赔礼道歉。那天我刚好在外面开会，接到通知后赶紧跑回学校。回到学校时，两个母亲正在学校教导处对骂。我立即到教室找到那两位学生，问他们是什么感觉，他们都不敢出声，最后小谢说太丢脸了。于是，我带孩子到两位母亲身边，让孩子分别跟母亲说现在的感受。后来，两位母亲都意识到自己的过分和失态，握手言和，回去了。这件事给孩子造成了一定的伤害，很长一段时间，班里面的同学都不跟小刘、小谢玩，因为同学们害怕他们的母亲。

家长们，你们一定会觉得这两个家长很没素养吧。确实，在我们的身边，经常会出现为了孩子而表现出缺乏素养的家长，他们以为这样是爱孩子，其实是害孩子，给孩子不好的示范作用。孩子跟父母在一起是受到呵护的我，跟同伴相处是一个自然的我。孩子跟别人打架是很重要的一个成长阶段，这是象征性游戏，目的是要学习与同龄人相处，为了成人做准备。孩子吵架有时候没有对错，很多时候根本不需要大人介入，他们会从吵架过程中明白怎样才会受同学欢迎，怎样才可以跟同学一起玩耍，怎样才可以跟同学合作完成任务。如果家长介入了，可能会对孩子造成长久的伤害。所以，如果孩子跟同伴闹矛盾，请家长们理性一点，事情不大可以让孩子们自己解决，事情大的让老师来解决。

家长负责任，孩子好人生

一、教学目标

引导父母负起教育孩子的责任，让孩子拥有美好的人生。

二、教学对象分析

很多家长以为送孩子上学，教育孩子是学校的责任，这种观念必须改变，学校有责任传道授业，家庭有责任培养孩子健全的人格、良好的习惯等。本课主要从培养孩子良好习惯的角度来说明家长应该承担的责任。

三、教学参考

《父母课堂》。

四、教学时间

30分钟。

五、教学形式

广播式讲座。

六、教学过程

大家好！今天我给大家讲的主题是“家长负责任，孩子好人生”。我曾从《父母课堂》杂志上看到一段话：只有担负起孩子教育任务的家长，才能成就孩子的好人生。用爱因斯坦的话来说，“教育就是当一个人把在学校所学全部忘光之后剩下的东西”。而习惯是忘不掉的。例如，不懂就问是学习的好习惯，见到人微笑是礼貌的好习惯，对人讲诚信、做事负责任是做人做事的好习惯，等等。这些东西积累多了就是素质。所以家长要帮助孩子养成良好的习惯。

在这里我主要讲三点：一是养成良好习惯的重要性，二是如何培养孩子的好习惯，三是培养孩子哪些好习惯。

1. 养成良好习惯的重要性

明代的思想家王廷相这样说：“凡人之性成于习。”由此，要认识到习惯的重要性。好习惯成就优秀的学生，良好的学习习惯是学生发展自主学习、合作学习、探究性学习的前提条件，唯有拥有好习惯才能获得良好的学习成绩和美好的人生。

2. 如何培养孩子的良好习惯

越早培养孩子的好习惯，家长可以越早放手孩子独立。培养孩子的良好习惯需要家长做些什么呢?

（1）以身作则

我曾听不少父母说：老师，我不懂教育，孩子就交给您了。请问有这种思想的父母，谁是孩子的父母？谁跟孩子相处时间最长？孩子长大后最应该孝顺谁？所以别想着孩子长大后自然会孝顺父母，只有会教育孩子的父母才会培养出既成功又孝顺的孩子。

有这样一个故事：两个孩子聊天，一个说“我们班的王小英最小气了，每次只吃别人带的零食，自己的都藏起来偷偷吃。我们不喜欢她”。另一个说：“我最讨厌我们班的余依依，她最势利眼了，只喜欢跟衣服穿得漂亮的小朋友玩，老是嘲笑其他小朋友，还老跟老师打小报告。我们决定不理她了。”父母听到后，严肃批评他们不该背后说人家坏话，应帮助朋友改正缺点，要记住每个人都有优点，也有缺点，要学会包容。结果孩子义正词严地说：“爸爸妈妈回到家里不也经常说哪个朋友好相处，哪个朋友很自私吗？为什么你们可以说，我们不可以说呢？”这就是父母的榜样作用。后来，这对父母才意识到了自己的问题，孩子身上有了某种缺点，很多时候正是我们自身缺点的反射，这时一定要先改变自己，才能改变孩子。否则，教育孩子一回事，自己做的又是一回事，孩子就会无所适从，最终挑选有利于自己的做。

以身作则不止体现在父母身上，还要父母和祖辈全家人在教育上和学校老师形成合力。怎样形成合力呢？首先，父母战线要统一，尽量不在孩子面前发生教育矛盾。如果发生观点矛盾，可以请教老师或者家教好的朋友，也可以征求孩子的意见。如一个爸爸希望孩子多冒险，锻炼胆量，但妈妈希望孩子乖巧点，保证安全。这没有对错之分，只是观念不同。他们没有争吵，而是征求读五年级的孩子的意见，孩子说自己不喜欢冒险，喜欢玩游戏、看书、旅游，最终父母与孩子达成一致。其次，跟老人统一战线。绝大多数祖辈都疼爱甚至溺爱孙辈，全然忘记自己当父母时的原则和严格。这时父母就要跟老人意见达成一致：意见不一致时以父母的意见为主。当然父母要多跟老人交流，让老人明白对孩子严格是为了孩子更好地成长。再次，父母要和老师形成合力，相信老师有能力教育好孩子，又要经常跟老师交流，向老师请教教育孩子的方法。如果发现老师有错，要委婉、艺术地向老师指出，形成观念上的统一，而不是在孩子面前说老师坏话，否则就会影响孩子向老师学习的信心。最后，父母错了要及时向孩子认错。父母不是神，教育孩子也会犯错，即使观念上没有错但处理方法上有时也会过激，如打骂孩子。勇于向孩子认错的父母更能赢得孩子的尊重，从而使孩子接受父母的教育。

（2）循序渐进

心理学研究表明，21天到90天可以养成一个稳定的习惯，一个周期内重点养成一个习惯再考虑下一个习惯，这就是“滚雪球”策略。有一个家长向我请教，说她孩子做事拖拉，上课不认真，作业不自觉，不会与同学相处，在培养孩子良好习惯上做了很多努力，但都不奏效。其实，这个家长想一口吃成个胖子是不可能的。一定要按循序渐进的原则，挑选一个最迫切需要改正的坏习惯，用3个月的时间一点一点地培养孩子良好的习惯。否则，照她那样培养，3年都培养不出一个好习惯出来。

（3）因材施教

每一个孩子都是独特的，父母要重点培养孩子的“智慧型习惯”。如希望孩子做作业做事情效率高就要“做事有计划”，可以用小黑板按照重要次序列出每天要完成的事项，每完成一项擦一项，也有的用一个备忘本列出计划，每完成一项打一个钩或画一朵小红花，每周每月总结红花朵数来奖励。如培养孩子“总结反思中整理知识”的习惯，要看孩子的思维特点和学习方式来引导孩子用文字还是用图像整理，要鼓励孩子自己提出最适合他的方法，这样他才会自觉自愿地修正自己的行为，养成良好的习惯。又如有的孩子一放学就做作业，有的孩子放学后要轻松一下再做作业，都是可以的。

（4）细节引导

我认识一个家长，他经常利用接送孩子的过程跟孩子谈话，从中发现孩子的思想、言行表现，及时指导孩子怎么做，培养孩子清楚表达、正确评价人和事的习惯。所以培养习惯不需要等待大段时间，如吃饭时教孩子认识食物，分享好吃的东西；散步时引导孩子观察；玩耍时教会孩子懂得规则；等等。记住，能对孩子产生深远影响的是平常每天和孩子的点滴接触。

（5）正向引导

面对孩子不做作业，一个家长说："孩子，爸爸相信你会合理安排时间，现在是7点钟，离睡觉的时间还有两个小时，你觉得什么时候做作业好呢？"一个家长说："你还不做作业？不准玩，再不做作业就不准睡觉。"孩子喜欢哪一种说法呢？家长平时要多引导孩子怎样做，而不是禁止孩子怎样做。正向引导还需要家长自己有好习惯，如果父母有讲粗话、吸烟、赌博、懒散等不良习惯，孩子会因模仿而形成这些习惯，所以父母在说孩子的不良习惯时首先要反省自己是否做到了孩子的良好榜样。正向引导并不是说不能批评孩子。批评要讲究时间、地点和方法，不当着外人的面教训孩子，尊重孩子的自尊心，孩子认识错误后还要引导他如何改正。

（6）奖惩结合

刚入学的孩子家长要以鼓励为主，及时对孩子的良好表现给予肯定，如微笑、夸奖，孩子会不断强化该行为。北京教育专家吴剀认为对低年级孩子可采用"代币制"激励，如培养孩子专心做作业的习惯，做到了就奖励一朵小红花，积累5朵小红花，可换一颗五角星，积累了5颗五角星，就兑现事先约定的奖励，如陪孩子玩、买书本文具等。注意所规定的行为要具体、单一、可行，奖励红花要及时、细致，最终的奖励要对孩子有吸引力，最好以精神奖励为主。孩子犯错时要给予适当的、不涉及人格侮辱的惩罚，惩罚是一种责任教育，让孩子觉得接受惩罚是自己不良行为的自然后果，从而不敢再犯错误。

3. 培养孩子哪些好习惯

（1）遵守规则的习惯

给大家讲一个真实的例子，2012年4月13日19点30分左右，山东省东营市胜利一中14岁的初二女生李欣玥因不想按学校要求剪短头发，从五楼自家窗户跳下，后抢救无效，永远离开了父母、老师和同学。对此，中国家庭教育专家孙云晓评价，学校是需要规则的，没有规则就无法办学，也不利于学生的社会化。当然，校规也要综合考虑大多数家长和学生的意愿来制定。青少年成长的过程是一个社会化的过程，他要逐渐适应社会的各种规范、要求，还要学会用合适的手段来表达自己的诉求。比如，对学校制定的规定可以有不同意见，但如果只是少数人的意见，就需要服从大多数。悲剧之所以发生，是因为李欣玥习惯了以自我为中心，一旦自己的要求没有得到满足，就采取自己认为很对、很伟大的方式。学校的校规只是一个导火线，即使没有这一导火线，李欣玥的悲剧迟早也会发生，因为她一直存在以自我为中心、不考虑规则的思维，潜伏着过激行为的隐患。所以，家长们一方面要教会孩子遵守合理的规则，说明其合理性；另一方面也要教育孩子如果觉得有些规定不合理，学会用正确的方式捍卫自己的权利，而不是选择逃避或以死抗争。

遵守规则除了遵守学校校规、班规，还要遵守家规，如家里对作息、财务、休闲、社交等方面的习惯。培养孩子良好的作息习惯首先要调整整个家庭的作息习惯，否则你让孩子在晚上10点前睡觉而孩子睡了一觉还看到你在熬夜看电视、上网，就很难有效果。同时，要引导孩子遵守社会公共秩序和交通规则。

（2）学习习惯

小学阶段，老师们会发现有很多聪明伶俐的学生，他们上课时往往能很快掌握新知识，课后很快完成作业，成绩也很优秀。老师和家长看到成绩优秀的结果都比较放心，反而不怎么计较他们学习的态度和过程。其实，这些孩子可能没养成良好的学习习惯，他们一旦遇到难题就会很快放弃，即使聪明过人的孩子考上好大学，他们的优秀也只体现在做试卷上，而在工作上如果遇到纷繁复杂的事情则很难应对。所以，如果小学能够养成良好的学习习惯，今后孩子读中学、大学学习方面都会让家长很放心。

问各位家长一个问题：每天晚上会陪孩子做作业吗？有家长问过我，孩子作业时是否要全程陪同。我说一年级孩子要全陪，帮助孩子读题目，引导孩子做作业专心、找准关键词、科学利用时间等；二三年级孩子半陪，观察孩子的学习习惯及时引导，当孩子有题目不懂时给予帮助，了解孩子掌握知识的程度等；四年级以上的孩子，如果习惯良好就不陪，但要定期抽查孩子对知识的掌握情况，如果习惯不好则一定要培养学习习惯。注意，不管全陪还是半陪，家长都不要帮助孩子检查作业，要引导孩子自己检查作业，让孩子承担作业对错的结果，避免孩子养成作业的依赖心理。

学习习惯有三点：

① 尽早培养孩子的“三步学习法”：预习、学习和复习。预习是预先了解新课知识，多提问题，上课时带着问题去听课，效果更好。学习是指老师讲授新课时，要跟着老师的思维转，专心听，认真记，争取课堂上全部弄懂新课知识，不懂的问题当天就问老师解决。复习是学完新课后，做作业前一定要让孩子看看书本内容，说说知识点，再做作业，会达到事半功倍的效果。一周内、一个月内还要复习，才能帮助孩子经常温故而知新。

② 作业优先习惯。要培养孩子先完成作业再去玩的习惯，孩子一放学可以放松、运动一下，回到家里吃晚饭半个小时后就一定要求做作业。动笔做作业前要做到两点：一是整理桌椅，去掉无关东西，避免孩子分神；二是让孩子看好作业，准备好相关学习用品，如笔、橡皮擦、字典、直尺、练习本等文具，切忌一边做作业一边找文具等；三是做哪一科作业先复习哪一科的当天知识，让孩子向父母说说学了什么，懂得多少，哪些还不懂，父母指导指导。开始做作业了，要求孩子看清楚题目、写字端正、计算准确等，培养孩子作业正确率尽量达100%的习惯。还要培养孩子又好又快地做作业的习惯。

③ 掌握学习方法。每期《父母课堂》都有“学习的赢家”栏目，家长们不妨多学习一下这些文章介绍的学习方法，用以指导孩子。我认为，语文和英语重点抓好四个字：听、说、读、写。现在有很多听读的软件或小程序，也可以用优盘从网上下载故事，让孩子在睡前、排队等候等时间段里多听故事，多听英语歌曲，培养孩子的语感。我有一个朋友在家里一有时间就播放《论语》《弟子规》等国学经典，还有英文歌曲，孩子从小听，好像不知道什么意思，但是一到学习古文诗词、英语的时候，总有似曾相识的感觉，学习后表现出色。说是指多表达，家长是孩子最佳的听众，一定要鼓励孩子从“敢说”，到“会说”，再到“能说”。“读”，就是阅读，会阅读的孩子不仅明理懂事，

还能够静下心来做事，以伟大人物为榜样树立远大理想；而不会阅读的孩子坐不住，总想走出去玩耍、打闹，甚至惹是生非。当然，家庭要营造阅读习惯的氛围才容易培养出喜欢阅读的孩子。关于“写”，孩子刚开始学会字的时候是很喜欢写东西的，所以一年级孩子的家长要多鼓励孩子写，从字、词、句开始，到一段，再到几段合成一篇。如果孩子写得慢，可以让孩子说家长代写，一个学期帮他编辑成一本书，孩子肯定会更有自信写。中高年级孩子的家长要鼓励孩子多写日记，每天跟孩子聊聊天，找出适合写的题材引导孩子写出来，即使写一句话也要给予肯定，目的是培养孩子多写的习惯。

数学的学习方法主要是联系生活实践。如认识了人民币，要多带孩子去超市用钱买东西。学习了加减法，要多问“左边有多少个人，右边有多少个人，左边比右边多多少人？一共有多少人？”等类似的问题。孩子学习了数量关系，如“总价=单价×数量”，家长就要带孩子买几个同类东西，让孩子求总价，或者买东西回来后问孩子已知总价和单价求数量。我的孩子读小学三、四年级时，我买了东西就经常让她计算总价，求所走路程，她觉得数学很有用，自己学了能够为家庭服务，被妈妈需要，很有成就感。后来学习理科都很有信心。

（3）责任习惯

一个人对人对事有责任，他才不会找借口，不会说谎。所以负责任要做到两点：

① 讲诚信。我有一个朋友反映孩子经常说谎，没完成作业对家长说没作业，对老师说忘记带作业本回家，与同学闹矛盾总说是别人的错。我教了一些方法给她也没有效果。后来一起搞家庭聚会，我找到了她孩子说谎的原因出于她自身：她当着孩子的面在电话里跟同学说自己出差没法见她；烧烤时总埋怨食材不好，吃东西时要求孩子讲卫生但她却随便丢纸屑，晚上同意带孩子去打球结果又约了朋友去逛街让孩子回家，等等。这样的家长又怎能培养出讲诚信的孩子呢?

② 让孩子勇于面对挫折，承担责任。里根总统小时候踢球弄坏邻居家玻璃，爸爸借钱给他赔偿，结果他经过半年辛勤打工才偿还清爸爸的债务。所以，孩子犯错是正常的，犯错后家长的任务不是帮助他解决问题，而是引导孩子自己解决问题，自己承担后果，如打架就要赔偿、道歉，违反校规就要接受惩罚。小时候敢于承担责任，长大了就会明理懂事，遵守法律法规。

淡定父母，能干孩子

一、教学目标

帮助家长教育孩子时保持“静待花开”的淡定心态，陪伴孩子成长，站在未来的角度看待孩子，培养出能干的孩子。

二、教学对象分析

很多家长只重视孩子的学习成绩，重视孩子外显的方面，一旦孩子成绩不理想、表现不好，往往就会心情烦躁，用不理性的方式方法对待孩子。本课主要引导家长在教育孩子方面站在未来的角度，淡定、理性地处理问题，培养出能干的孩子。

三、教学参考

《父母课堂》。

四、教学时间

30分钟。

五、教学形式

广播式讲座。

六、教学过程

家长们，大家好！今天我为大家主讲的题目是“淡定父母，能干孩子”。

什么叫淡定？我先给大家讲个故事：有个女孩在七岁刚上二年级的时候被诊断为视网膜病变，快则半年慢则一年的时间将会完全失明。请问各位家长：这种情况下该孩子的父母能够淡定下来吗？肯定倾家荡产都要带孩子上大医院，找老中医，谁说有办法就找谁。对，刚开始父母一听医生的诊断也不死心，一个月里接连上省医院、北京的医院去看病，判断结果都大同小异。很快，父亲冷静下来，他觉得如果继续这样奔波于各大医院，不仅夫妻俩失去工作，家庭倾家荡产，还会影响女儿的一生。于是，他们一边工作一边留意治疗信息，女儿照常上学，照样去学跳舞、唱歌。不同的是，晚上他们一家人去散步、娱乐的时间改为在家里玩捉迷藏，爸爸负责把家里家具的四角全都磨成圆角，电器套上布套。女儿蒙着眼睛抓妈妈，蒙着眼睛拿东西，再到蒙眼做家务，蒙眼写字。之后，父母带着女儿到小区里，去学校的路途中，学校校园里玩捉迷藏游戏。在这个过程中，父母也做到：一是不放弃治疗，在网上与其他患上这种疾病的孩子的家人结成网友，买有缓解作用的药给女儿吃；二是让女儿多认字，多陪女儿阅读，让女儿在阅读中找到快乐；三是每天带女儿运动，强身健体。两年后，比预计的时间晚了一年，女儿完全失明了。但是女儿已经完全不用眼睛就可以在家里做任何事情，能够单独去小区散步，去学校上课了。这个女儿长大后成了一个演说家，她每次的演讲开头肯定会说这几句话：现在的我能够正常工作、学习、结婚、带孩子、做家务，我要感谢我的父母，他们面对困难的冷静、淡定和智慧成就了一个能干的我！

家长们，这就是淡定。今天，关于淡定，我主要讲三个方面：一是淡定陪伴孩子成长，二是站在未来看待孩子，三是团结力量引导孩子。

1. 淡定陪伴孩子成长

现代家庭中有一个很大的问题，那就是父母可以为孩子付出生命，却不愿意为孩子付出时间和心思。生出孩子后，很多父母请老人带，请保姆带，自己乐得清闲自在。我觉得，在孩子小的时候请其他人帮忙带没问题，但是父母一定要做主角，只要在家就要多陪伴孩子。

在孩子小学阶段之前，父母如果多付出一些，往往会有四两拨千斤、打造一生基础的功效，这个付出是天下最划算的投资。如果把养育孩子的责任推出去，这种教养方式对儿童的损害可能不会立即呈现，但一些不良的影响将会永远铭刻在孩子的生命之中，日后将会给整个家庭带来麻烦。

有的父母可能会说，有钱人不用做事才可以在家里天天陪伴孩子，我们没钱要去挣钱才能供养孩子读书、生活。我认为，有钱是好事，可以提供更大、更高的平台支持孩子发展，有钱是一种资源，但没钱也可以是一种资源，也是可以淡定的。我认识一个单亲爸爸，他的妻子嫌他穷在女儿三岁时跟人跑了。这个爸爸自己读书不多，干什么事情都差在知识上面，所以他认识到教育的重要性，没有让女儿回老家交由老人带，而是坚持让孩子在城里上幼儿园。为了晚上陪伴孩子，他跟老板沟通好自己白天完成别人加班完成的任务，晚上就留在家里陪孩子。因为他平时工作勤恳，态度好，技术好，老板同意了他的请求。三岁的孩子正是好奇心强的时候，经常问爸爸为什么自己家里这么小，没有小车，没有妈妈，等等。这个爸爸老实说自己小时候贪玩读书少，长大了没有能力挣很多钱买房子、小车，只好租小房子住，买便宜的摩托车骑，妈妈是因为家里太穷而出去的，所以现在爸爸要努力工作挣多点钱，妈妈才会回来，才会拥有房子、车子。爸爸没有批评孩子，没有中伤妻子，而是把责任归到自己身上。孩子又问："爸爸，你读书少，我现在开始认识1、2、3了，你跟我一起读书，就有能力挣钱了。"这个爸爸眼前一亮：对呀，我为什么不跟小孩一起读书、学习呢？于是爸爸就和女儿一起学习，想读书的时候就到书店看书。有时候女儿想买玩具，爸爸就让女儿等一段时间，经老板同意晚上带女儿去加班，女儿了解到爸爸工作的辛苦，很少再要求买玩具。女儿读小学了，每天很快做好作业，回家里当爸爸的老师，爸爸当女儿生活上的老师，教女儿买菜、做饭、做家务，和女儿一起算账、理财。家里的电饭锅、电视坏了没钱修，爸爸工作之余就带着女儿去修理店铺请教师傅，这样不用花钱就修理好了家里的很多家电用具。农忙时节，爸爸带着女儿回老家帮爷爷奶奶种田。女儿小学和初中毕业，都被重点学校抢着录取，她时间管理能力强，综合能力强，班里面、家里面的事情样样管理得好，现在读高二，学习成绩基本在年级前50名。爸爸因为技术能力强成了工厂里面的厂长，买了房子开上了小车，还是每天跟女儿学习，他跟着女儿做各科的试卷，不合格时还要补考。可以说，这个爸爸淡定面对生活的态度带动了孩子，教育孩子更加坚强地面对生活，从社会的弱者成为社会的强者。

现实中有的父母往往把经营事业和养育孩子对立起来，不在乎和孩子相处的时间及质量，不去细腻体悟孩子的感受。这并不是说他们不爱孩子，而是骨子里面不认为和孩子相处是一件重要的事情，同时认为孩子还小。其实孩子从刚出生就是有思想、有感情的人，他们成长中的每一种境遇，其实都会在他心里留下深刻的痕迹。所以，既然孩子来到你的家庭，你就要对他负责，用心把孩子带在身边，并把和他相处当作一件非常重要的工作来认真对待，这是做好父母的首要职责。

听到这里，有父母特别是妈妈可能会说：我一有孩子就辞掉工作专心陪伴孩子，或者经常请假陪伴孩子，该表扬我吧。我认为，这种方法也不可取。陪伴孩子不是用时间来衡量，而是通过质量来体现效果的，即使你每天跟孩子见那么几分钟，但每次你都能关注孩子，倾听孩子，了解孩子，让孩子产生愉悦的感觉，这也够了。如果你辞掉工作，那么你会变得很无趣，因为你的整个身心都放在了孩子身上，孩子会被你的爱压得喘不过气来；如果你经常请假，工作敷衍了事，那么孩子就会受你影响，他将来也会对工作、对社会无责任感。

2. 站在未来看待孩子

站在未来的立场，我们才不容易急躁，才会淡定、从容。

（1）当孩子有成绩时不骄傲

我有两个朋友分别叫阿兰和阿梅，见面时阿兰经常说她读五年级的孩子的成绩，这次语文考了好成绩，带他吃了麦当劳，那次数学考得差了点，罚他抄写数学书；阿梅的孩子原来学习成绩一般，她很少说她孩子考多少分，而是经常说她孩子近段时间学习态度怎么样，掌握知识点怎么样，做作业情况怎么样，后来成绩竟然好起来了。阿兰问阿梅送孩子去哪里补课了，阿梅说补课不如补习惯，孩子学习态度好了，上课专心，作业认真了，成绩自然就会上来。我们经常会见到这样的情况：考试特别是期末考试，家长们都去向老师打听孩子的分数，对于孩子的成绩家长们认为比较满意时就兴高采烈地走了，当孩子的成绩不太理想时家长就缠着老师问原因问情况问提高方法。其实，正常情况下取得好成绩的孩子必然付出了努力，这个时候家长不能只关注成绩，一定也要和孩子分析他取得好成绩的原因，如孩子近段时间学习态度好了，遇到不懂的问题会主动问老师了，掌握了学习方法，避免了粗心大意，等等。这样做的好处是引导孩子明白：好成绩不是天上掉下来的，是自己通过多方面的努力得来的，今后在这些方面继续做好，才能继续取得好成绩。这样，未来孩子走上工作岗位时就不会想着靠分数，而是靠他的工作态度、学习能力等方面的素质。

所以家长们应该淡定面对孩子的考试分数，不管成绩好坏，考完试后都要重点引导孩子重视平时的学习兴趣、学习方法、学习态度和学习习惯的培养。我认识一个家长，他儿子读三年级，学习比较努力，但数学成绩总是不稳定。家长跟老师沟通，他儿子的数理逻辑思维不强，思维是很难补课的。后来家长布置给儿子一个购买日常用品的任务：每个周六儿子检查家里需要购买什么日常用品，做好预算和到哪里购买，家长带着他到商场选购。通过购买日常用品，儿子对数学充满了兴趣，通过物品的预算、价钱的计算，他了解了加减乘除应用题的原理，并且体会到了数学的用处，学会了理财，数学成绩很快名列前茅。该家长领会到了理论联系实际的学习方法，为了引导孩子阅读，每天给儿子讲一个故事或者报纸上的新闻，一段时间后让孩子给家长讲故事或新闻，逼着原来不喜欢阅读的儿子阅读和讲故事给家人听，到最后孩子就喜欢阅读了。同时，家长最好和老师一起培养孩子的学习习惯，良好的学习习惯有三点：第一点是做到预习提出问题、课堂解决问题、复习巩固知识，这是掌握知识的三个重要阶段；第二点是独立完成作业，自觉检查对错；第三点是掌握各科学习方法，如文科重在听说读写，理科重在联系实际发展思维等。只要家长们配合学校抓好孩子学习习惯的培养，重视学习过程，孩子的成绩就一定会有进步。

（2）当孩子犯错时不急躁

有句话说，孩子就是在犯错中长大的。如果在童年时压制他，不给他犯错的机会，那么长大后他就容易犯更多的错或者更大的错。我虽然不完全认同这句话，但是我很理解孩子犯错误。孩子越早犯错，家长就会越早引导，孩子成人后才能分辨对错。

孩子犯错误有几种情况：一是无意犯错，如好心办坏事；二是不知犯错，如男孩子捉虫子吓女同学，以为开开玩笑而已；三是被动犯错，如讲哥们义气；四是故意犯错，通过犯错误吸引老师和家长注意，如得不到老师、家长重视，故意在课堂上开小差；五是习惯犯错，养成了不良习惯，自觉、自立、自律不够强。所以家长面对孩子犯错误时一定要弄清楚什么情况，分析原因，才能对症下药。

孩子犯错误不可怕，可怕的是家长处理孩子犯错误时不正确的态度和方式方法。有的家长一听老师反映孩子不良情况不分青红皂白就对孩子拳打脚踢，让孩子对学校、对老师产生怨恨，有的家长教育孩子时总是挑孩子过往的错误重复唠叨，让孩子一见自己就烦，甚至还想犯更大的错误好让自己忘记他以前的错误，等等。正确的处理方式是让孩子认识到错误，为错误负责。

（3）当孩子烦恼时不慌张

孩子逐渐长大，逐渐有烦恼。当孩子烦恼时，会通过言谈举止表露出来，如果家长不能淡定处理，那就会惹出更大的烦恼。孩子的烦恼有如下几种。一是正常烦恼。孩子遇到不开心的事、没解决的事情等都会烦恼，这时父母最好不插手，给孩子锻炼的机会。如果孩子主动请教，可以提出看法，但最终由孩子自己思考、解决，否则孩子会不懂得处理情绪。二是逆反期烦恼。以前孩子一般进入青春期就会逆反，但由于媒体影响、食物催生等因素，一年级的孩子都会跟父母唱反调，有时像随时引爆的炸药包，你不动他都会自燃，你要动他那就爆发得更厉害。这时父母一定要淡定、宽容、平和对待，多听听孩子的想法，多换位思考理解孩子，多讲鼓励的话，孩子的情绪就容易平复。三是受父母影响产生的烦恼。举个例子来说，爸爸那天心情特别好，对孩子说："你赶快完成作业，我带你去兜兜风！"等到孩子努力把功课做完时，坐在电脑前的爸爸却说："算了，现在有点儿晚了，我有点累，改天吧。"大失所望的孩子不服气，磨着要爸爸履行诺言。这下子激怒爸爸了，他瞪着眼睛气呼呼地吼道："吵什么吵？你没听见我说改天吗？再不听话我就打你！"这时，委屈、无奈的孩子只好躲到一边哭。各位家长可以反思一下，原本是家长对孩子食言，最后却变成孩子大吵大闹、不乖、不听话。这样的孩子无法理解父母的朝令夕改，他将对人性感到失望，不懂得分辨是非，情绪经常不稳定，容易怀疑别人。所以，父母要尽量做到言出必行，不信口开河，答应的事情有改变也要跟孩子友好协商。

3. 团结力量引领孩子

教育孩子要团结一切可以团结的力量，如祖辈、邻居、老师、孩子的同伴、陌生人等。

（1）团结学校

怎样团结学校的老师和同学一起教育孩子？当孩子有进步时感谢一下老师，当孩子退步时请教一下老师、配合一下老师，当孩子出现问题时理解一下老师，你的孩子定然也会尊重老师，喜欢学校。孩子和同学之间会合作，也会闹矛盾，有矛盾的时候一定要换位思考，千万不能因为孩子矛盾大人积怨，否则孩子就多了一个敌人，少了一个朋友。

（2）团结亲戚朋友

团结亲戚朋友就是营造良好的环境氛围，统一战线教育好孩子，特别是爷爷奶奶、外婆外公。有一对父母不允许孩子吃麦当劳、饼干之类的食品，但是爷爷奶奶总是偷偷给孩子吃。后来，父母搜集资料给爷爷奶奶看，他们看到很多孩子吃垃圾食品后变肥胖，身体出现三高、痛风等图片和文字介绍后，都害怕孙子也会变成这样，表示以后不溺爱孩子了。聪明的父母会想办法团结祖辈，而不是数落，只有让祖辈明白怎样做才是对孩子好，他们才会跟你统一战线。

（3）团结邻居

有一个开小卖部的妈妈，小卖部里经常聚集一些三教九流的人，语言粗鲁，经常戏弄她的儿子，她儿子也养成了爱戏弄同学、说话不文明、行为随便的不良习惯。妈妈很着急，既不能赶走客人，又不能让孩子远离这个环境。后来，她学习了家庭教育知识后受到启发，买来一张小黑板，黑板上面写着“今天文明顾客”，谁说话文明就写上谁的名字通报表扬，并且连续上榜三次买东西打折。这一招果然有效，谁不喜欢表扬呢？而且表扬后还有奖赏！儿子的名字也常常上榜，学校反映其有礼貌多了。所以，认识一些正能量的邻居朋友重要，改变周边负能量的朋友也很重要，让他们的正能量感染孩子，比总是家长单方说效果更好！

（4）团结社会

不少人埋怨社会的丑陋、黑暗，其实社会就是大杂烩，既有光明也有黑暗，负面的东西也可以作为孩子的教育资源。家庭是引导孩子进入社会的重要场所，如果家长给孩子正能量的东西，那么孩子就会积极向上，追求真善美，反之如果家长经常骂社会，那么孩子也会对社会、对未来缺乏信心。引导孩子追求真善美，前提是家长要有一双慧眼。记得有一次，我带着女儿走过一个没有红绿灯的斑马线，等了很久都过不了，有人就发牢骚了。突然我做了一个实验，远远向一辆车竖起大拇指，结果那辆车停下来，打手势让我们过，这时其他车也跟着停下来，周围人连连向司机竖起拇指。自那以后，我开车带着女儿，看到斑马线有行人，我女儿常会提示我停车让人先过，而且那些行人也向我们竖起大拇指……所以，美德有时需要提醒，美德是可以感染的，美德也是可以让你感到幸福的！

团结社会的另一个方面是要让孩子尊重社会上的每一个人、每一种职业，如有的父母当老师、当医生、当工人或者从事其他职业的工作，但在孩子面前总说这个职业不好，孩子今后当牛做马都不要走父母的路。孩子就会疑惑了，爸爸妈妈这么痛苦，为什么不换职业？什么职业是好的呢？今后如果孩子很不幸干了你嘴里说的不好的职业，那么他就很难找到幸福感。所以不管你的职业如何，不管你是否喜欢你的职业，都要在孩子面前说自己工作的好处、同事的优点，这样才会在孩子面前树立健康向上的工作观。

我的讲座就到这里，谢谢大家的聆听！

中 篇

学校德育研究

让说理充满情趣

说理是班主任教育学生的必要手段，枯燥无味的说理让学生听起来索然无味，往往达不到教育效果；而充满情趣的说理却如一股清泉沁入学生心田，令学生回味久远，使学生信服，能够切实提高教育实效。班主任要让自己的说理充满情趣，必须注意说理的形式、表达方法和技巧。

一、幽默表达创情趣

1. 幽默让学生轻松接受教育

教育家斯维特洛夫曾说过："我一直认为教育家最主要，也是第一位的助手是幽默。"当学生有不良行为时，教师适当来点幽默性的说理，既能营造一种宽松的氛围，使学生在轻松愉快的心境下接受教育，改正缺点，也可加强教育的感染力，增进师生关系，确保教育顺利进行。例如，一次上课，我叫一个学生回答问题，台下有部分学生议论纷纷，令我没法听清楚他的回答，我真想狠狠地骂一顿随便说话的学生。忽然我灵机一动，为了吸引学生的注意力，我慢慢摸头，好像是在头上寻找什么东西，接着，用惋惜的语气对全班学生说："同学们，非常对不起，老师找遍全身也找不到第三只耳朵。为什么只给我两只耳朵？如果再多长几只耳朵，我就能够听清楚大家的七嘴八舌了，那该多好啊！我现在连一个同学的话都听不清楚。聪明的同学们，你们为我想个好办法吧！"学生听了我这充满人情味的笑话，便很快安静下来，在幽默带来的轻松中明白了课堂上别人说话要耐心倾听的道理。

2. 幽默让学生领悟深刻的道理

有些道理说起来容易做起来难，究其原因主要是这些道理还不能深入学生心中，不能被学生接纳，所以无法指导学生行为。大家都知道，外貌无可挑剔的人，世上极少，但总有人为自己的不完美耿耿于怀，对别人的不完美取笑戏谑。平时，班里面常常会有学生拿同学的外貌开玩笑，不懂得尊重别人，由此而引发出一系列矛盾，班主任也经常被这些琐事纠缠。一位身材矮小的班主任为了引导同学们树立信心，尊重别人，在刚与学生见面时就自我介绍说："我脾气好的时候，身高1.75米；我发脾气的时候，身高1.55米……"全班同学都被这个有趣的开场白所吸引，领悟到我们不应该为自己的不完美而自卑，更不应该取笑别人的容貌，而应该注重培养自身的品格修养，懂得尊重别人，欣赏别人。

二、寓言故事显情趣

通常一些学生一听老师说道理，就思想开小差，昏昏欲睡。主要原因是一般的说理教育枯燥无味、生涩难懂，学生不想听，老师说了也白说。如果能把深刻的大道理用有趣的寓言、形象的故事形式说出来，既能使说理充满情趣，容易吸引学生的注意力，也能让学生从生动有趣的故事中顿悟出深刻的道理，从而使学生理解透彻、记忆深刻。

针对很多学生在学校里常常为了一些微不足道的小事而争执的现象，我给学生讲了这样的故事：古希腊神话中有一位大英雄叫海格力斯。一天，他走在坎坷不平的山路上，发现脚边有个袋子，海格力斯踩了一脚，谁知那东西不但没被踩破，反而膨胀起来，成倍地扩大。海格力斯操起一根木棒砸它，那东西竟然长大到把路都堵死了。海格力斯无计可施，只好坐在路边唉声叹气。这时，山中走出来一位圣人，他对海格力斯说："朋友，快别动它。它叫仇恨袋，你不理它，它便小如当初；你侵犯它，它就会膨胀起来，挡住你的去路，与你敌对到底。"听了这个充满情趣、寓意深刻的故事，学生们明白了同学之间发生矛盾时只有宽容待人，多替对方想想，忘掉仇恨，自己的心境才会豁然开朗，朋友才会越来越多，生活才会充满快乐！

三、表达技巧调情趣

同样的说理内容，说法不同，表达的方式不同，会出现截然不同的结果，这是表达技巧的问题。充满情趣的说理，学生不仅乐意听，还印象深刻，易于领悟其中的道理，正确指导自己的行为。

1. 运用熟语添情趣

熟语就是人们耳熟能详的成语、俗语、谚语、歇后语，它是千百年语言智慧的结晶，它形象通俗，内容凝练，形式丰富，朗朗上口，是人们喜闻乐见的语言形式。在对学生进行说理过程中恰当地运用熟语，既能提高学生应用语言的能力，也能增添说理的情趣，营造宽松的说理气氛，让学生乐意接受老师的教育，明白深刻的道理，并自觉养成良好的道德品质。例如，一位同学数学比不上同桌，心里不舒服，老师与其谈话时用上了歇后语“百灵鸟碰到鹦鹉——会唱的遇上会说的”，说明人各有所长，要想进步就必须虚心好学，取长补短，才能像“拔节的竹笋——天天向上”（比喻有出息，有发展前途）。那位同学听了很受启发，果然调整了自己的心态，与同桌共同进步。

2. 巧妙嫁接调情趣

巧妙嫁接是一种调节情趣的方法。巧妙嫁接，就是用语、用意与众不同，因为与众不同，所以印象深刻，别有一番情趣。例如，一次小东追着文华打，文华跑到办公室找我，小东见到我虽然停止了追打，但还是紧握拳头，气愤之极。我先让小东喝一杯水，顺顺气，再让文华讲讲为什么他会被小东追打。原来文华去卫生间洗手出来，没有纸巾擦手，就五指伸开掸了掸，不小心把小水点溅到了小东身上，小东不听解释，以为文华是故意的，就追着要打文华。我见小东平静下来了，就笑着对他说：“你应该感谢文华无意中洒向你的毛毛雨，在这么热的天气里给你带来凉快。再说，这点毛毛雨也不算什么，下雨时，我们没带伞，总不至于要跟老天爷干一仗吧！”小东听了，“扑哧”一声笑了，说：“老师，我错了，不该为这点小事打同学。”文华也说：“我也有错，以后洗手要注意点。”

把学生的“溅水”与老天爷“下毛毛雨”巧妙地连接起来，语言充满情趣，形象生动，令人心悦诚服，让学生明白了同学之间发生误会时要互相谅解，才能大事化小，小事化了，避免不必要的争执和伤害。

四、生活事例透情趣

任何说理教育脱离了生活实际，都好比鱼儿离开水没有了生命之源，说理就显得干巴巴，让人听了不舒服。因此，班主任要善于发现和挖掘现实生活中有教育意义的事例，结合学生平时的表现，开展说理教育，让生活成为说理的依托，让说理充满生活的情趣，提高教育的实效。例如，现在有很多学生喜欢上网玩游戏，平时一有空就沉迷在网吧中，甚至逃课去玩游戏。为此，老师和家长屡屡苦口婆心，费尽口舌，对学生讲道理，但效果甚微。近段时间，我从报纸杂志上发现了许多披露青少年学生沉迷于网吧而失志丧命的真实事例，就利用周会课让学生传阅这些报纸杂志，再让个别学生讲述上网玩游戏给自己带来的种种不良影响，然后加上适当的点评。学生对一系列的生活事实感到震惊，并反思、明白了沉迷于网络游戏既害人又害己的道理，表示以后要约束自己打游戏。

实践表明，班主任在对学生进行说理教育时，能够注意从表达方法、表达形式、表达技巧等方面显示出各种情趣，会让语言更加生动，让说理更加有效，从而提高教育实效。

参考文献：

刘进. 如何使自己的话语充满情趣［J］. 演讲与口才，2004（1）.

特别的话给特别的他

谈话是班主任做好学生思想教育工作的一个重要途径，掌握与学生谈话的艺术是班主任搞好班级管理工作的重要条件。担任班主任多年，与学生谈话无数次，我总结出一个行之有效、事半功倍的谈话规律——特别的话给特别的他，就是与不同的学生谈话要注意选择不同的方式，创设不同的氛围，使用不同的语言。

一、和风细雨拉家常

性格暴烈、敢作敢为的学生素来被有的同学奉为“英雄”，他们常常顶撞老师，爱耍赖，摆“威风”。于是，面对他们的“威风”，不少老师会掀起“十二级台风和特大暴雨”，想淹没他们的气势。结果，他们却像礁石一样强硬，弄得老师下不了台。其实，老师大可不必动肝火，如果他们蛮横得不像样，让老师控制不住情绪，那就不要再继续谈话了。遇到这样的情况，我一般不正面与学生碰撞，先是不理他，让他觉得没趣而自觉收敛性子，等大家平静下来，找一个适当的时机（如文体活动时）约他去散步，边走边跟他拉家常，谈些他喜爱的、熟悉的事情，努力营造一种轻松、和谐、民主的谈话气氛，渐渐取得他的信任，再婉转地切入主题，在和风细雨拉家常的过程中，学生会逐渐认识到自己的错误，决心改过自新。

采用“和风细雨拉家常”的谈话方式，关键是要营造一种尊重、信任、平等的和谐气氛，师生之间平等对话，像随意地拉家常一样，先谈一些轻松有趣的话题，消除学生的戒备心理，再找时机使他认识到自己的错误，最后提出可行的建议，帮助他改正过来。这样，老师的话就能和风细雨、润物细无声地渗透进学生心里，达到良好的教育效果。

与性格暴烈的学生拉家常要注意以下几方面：

1. 打好腹稿

这类学生性格暴躁，性子急，易动怒而产生逆反心理，所以老师跟他们谈话时要预先打好腹稿，话题随意但不跑题，避免出现冲突，尽可能做到谈话有效果，如准备与学生拉什么家常，怎样切入主题，如何应对他的突发情绪等。

2. 平等对话

很多老师在跟学生谈话时，都喜欢把第一人称“我”说成第三人称“老师”，如“我认为”说成“老师认为”，“我们一起……”说成“老师和你一起……”等，几乎每句话都少不了“老师”两个字。这无形中拉大了师生之间的距离，容易挑起学生的对立情绪。我认为，老师与学生谈话时，一般情况下应该用第一人称，平等对话，相互尊重，更容易达到教育目的。

3. 特别的话只说给特别的他

这类学生看起来大大咧咧，好像满不在乎老师的批评，可是他们的自尊心却特别强，特别不想在同学面前挨批受骂，那种满不在乎的态度其实是他们破罐子破摔的表现。所以，老师要注意保护他们的自尊心，选择适当的时机、地点与其个别谈话，根据他们的个性特点，运用特别的语言开启不同学生的心扉，走进他们的内心世界，挖掘他们的闪光点，转化他们的不良行为习惯。

二、语出惊人悟道理

我在向学生调查时发现，学生最不爱听言之无物的讲话，最怕老师谈话时老生常谈、婆婆妈妈，尽管老师出于一片苦心和好心，结果学生既不想听也不领情。“语出惊人悟道理”的谈话方式是在谈话时避免老生常谈，老师引用特别的语言，据古论今，语出惊人，让学生在一种特别的思维中悟出道理。

对于一些思维灵活、反应快的学生，与他们谈话时能够做到“语出惊人悟道理”尤为重要。这类学生发散思维强，容易接受新生事物，但他们辨别是非的能力不强，常常受社会环境的影响，滋生出一些不良思想，自以为是。老师找这类学生谈话时要注意以下几点：

1. 学识渊博

这些学生求知欲强，创新思维灵活，话头醒尾，但逆反思维也强，在班集体里具有一定的影响力、凝聚力，他们常常为自己的错误自圆其说。这时，老师一定要是一个知古识今、精晓各类信息的渊博学者，语出惊人，站得高，放得开，想得通，具有全景视野、天马行空的思想和豁达的气度，让学生对老师萌发出一种仰慕之情，这样老师说的道理才具有吸引力、感染力、说服力。

2. 幽默风趣

幽默风趣，可以使老师冷静、机智地处理一些突发事件，调节师生之间的紧张情绪。如好表现的学生往往喜欢炫耀自己，有时故意破坏规定或以异常行为激怒老师，这时如果老师恰到好处地说几句幽默风趣的、意想不到的话，则能缓和紧张的气氛，使学生剑拔弩张的情绪平稳下来。随之而来的结果就是：老师在学生的眼里变得通情达理，可亲可敬，学生自己能很快从中悟出道理来。

如小鹏是一个思维活跃、成绩优秀但骄蛮任性的男孩子，令老师赞赏的是他在课堂上能够大胆想象、超常推理，常常会涌现出创新的思路和解题方法。但令老师头痛的是他又常常自以为是，目中无人，耻笑别人，影响课堂纪律。为此，我多次找他谈话，动之以情，晓之以理，但效果甚微。后来，在课堂上对他的无理取闹，我会适当地幽他一“默”，使他在诙谐有趣的气氛中理解我的宽容和苦心，从而认识错误，悟出道理，自觉收敛。另外，了解到他兴趣广泛，特别喜爱自然科学、天文地理等知识，我有意加强自己这方面的知识储备，课后找他谈话，与他海阔天空地神侃，他果然对我的语出惊人顿生敬佩之心，后来的说理教育就围绕他的特长、个性、前途展开。一段时间后，他的任性、蛮横收敛了不少，会冷静下来分析自己的思想和行为，能够尊重别人，得到了老师和同学的肯定。

三、义正词严讲原则

对于一些优柔寡断、意志不强、屡犯错误的“老油条”学生，多次谈话都无济于事时，不妨对他采用另外的方法：义正词严讲原则。这种谈话的要点是维护原则性，对学生直截了当讲明道理和规章制度，带着不容置疑的气势，帮助学生果断地改正错误。跟这类学生谈话时要注意几点。

1. 快刀斩乱麻

这些学生虽然很想改正错误，但意志不坚定，做事优柔寡断，易受人怂恿，出现反反复复犯错的情况。因此，与他们个别谈话时，老师要直截了当，快刀斩乱麻，谈话一开始就要集中火力，尊重原则，摆明态度，用坦率、坚定的词句阐明看法、道理，一针见血地指明他的缺点，使他在这种义正词严的氛围中增强意志力，下决心改正错误，遵守纪律。

2. 公正公平

对待这些反复犯错的学生一定要做到公正公平，稍有不慎都会使他们认为老师偏心而敌视老师，产生破罐子破摔甚至逆反的心理。老师必须像法官一样明辨是非，尊重原则，好的表扬，错的批评（当然要注意方式）。特别是有的学生很多时候做事出发点是好的，可方法错了，老师就更应该一分为二，引导他们正确办事，让学生觉得老师是公正严明的，从而信任老师，主动向老师承认错误，接受老师的教导和帮助。

如现已毕业的小李曾经是一个屡教不改的后进生，易受人挑唆，虽然没犯大错，但小错不断。与他谈话时，他诚惶诚恐，每次都痛哭流涕，表示要改正错误，可是不出两天，他的老毛病又犯了。我开始寻找转变他的教育契机。一次，他上英语课做手工，班长在班务日志上记下了这件事，课后，两人闹起了矛盾，而且都动了手。当两个人都站在我面前时，我先教育了班长，既肯定了他的工作责任心，又批评了他的打架行为。班长回去后，我看得出小李敌视的态度没有了，显然我对班长的公正教育已感动了他。接着，我直奔主题，语气坚定地指出他的违纪行为，说明只有改正缺点，才是他唯一的出路，否则谁也帮不了他。在他有所认识的时候，我又向他提出了一些切实可行的建议，并表示以后我会多帮助他、督促他。这次他一反常态，没有痛哭流泪，而是一言不发，只坚定地点点头。后来，他果然严格要求自己，遇到意志不坚定的时候会向我求助，我也经常找他谈话，帮助他，鼓励他。渐渐地，他变了，变成了一个守纪律、讲信用、爱学习的好学生，毕业后还常常来看望我，向我汇报他的情况。

所有的学生都是一个个有棱有角、个性独特、各具潜质的特别的人，在教育谈话的过程中，教师要充分了解和尊重不同学生的特别之处，说特别的话给特别的他，培养他们成为对社会有用的人。

参考文献

李汉生. 班主任工作艺术［M］. 北京：知识出版社，2000.

师生通信——搭起师生和谐关系的桥梁

今年接手一个乱班，课前乱哄哄，课堂乱嚷嚷，课后乱糟糟，想树立一个好榜样，怎么找都找不到。刚刚开学一个星期，我制定的“严抓共管”就败下阵来，简直无计可施。

教师节前夕，以前的一个学生给我寄来一封信，信中说他以前不懂事经常违反纪律给老师带来麻烦，这次借教师节向老师问好，希望老师原谅他以前的无知。我把这封信读给同学们听，他们听得很认真，好像也像信中人一样反省自己的言行。有一个同学说：“我从来没有写过信，也没有收到过信。”

学生的话让我突然顿悟，随着高科技的发展，人们的交流工具越来越先进，学生很少有机会收到信。如果写信给学生，让学生在收到信的喜悦中接受教育，效果一定会很好。于是，我从班里面挑了几个最惹事的同学入手，准备先给他们写信，跟他们交流交流。第一次写信，我没有用教训的语言教育他们，而是分别写了一些他们感兴趣的话题，肯定他们的闪光点，谈了我对他们的期望，并且郑重其事通过邮电局寄信给他们，贴上精美的邮票。在全班同学面前收到信时，他们简直难以置信。他们在全班同学羡慕的眼光中拆信读信，并小心翼翼地折好放回信封，一副自豪的模样。

很快，他们都给我回了信，信中表示自己要遵守纪律，希望老师督促他们，也希望老师能够继续写信给他们。如自称“捣蛋王”的阿明在回信中写道：“周老师，我从来没有想到您会写信给我，第一次收到信我真开心呀！同学们都很羡慕我，您还教我怎么写信，教我写信的时候遇到不会写的字就查字典。我是个讲义气的人，我以后一定不给老师捣乱，而且我的几个兄弟也要听您的话，遵守纪律，好好学习。老师，您还会给我写信吗？……”

虽然，那几个学生认为老师是看得起他们而对老师“讲义气不捣乱”，但这毕竟是一个好的开端。果然，他们从“讲义气”到“讲自律”，明理懂事了。而且，班里面的学生都盼望得到我的信，一个个情绪高涨，表现上进。师生通信，搭起了师生和谐关系的桥梁，班里面遇到的很多矛盾都在通信中得到了调解。两个月后，学生变了，同学之间不再为一些鸡毛蒜皮的事情闹矛盾了，变得遵守纪律，热爱学习了。

实践证明，师生通信，不失为班主任教育学生的好办法，与平时的主题班会、个别谈话等形式交替进行，可以大大提高教育实效。

一、师生通信，拉近老师和学生的距离，让师生关系更加和谐

师生互通书信，内容涉及学习、家庭、生活、情感等问题，使老师在解决学生的思想问题时更具针对性，也避免了部分学生羞于直接表达自己内心想法的尴尬。现代学生自主意识比较强，单凭严格的管理制度，不少学生会有抵触心理，不愿意听老师的训导，甚至会公然顶撞老师。此时，班主任及时写给学生的一封信会让学生的自尊心得到极大的满足，拉近师生间的距离。坦诚的书信交流，其实质是对学生的理解和尊重，老师可以从书信中捕捉学生的内心世界，引导学生逐步走向成熟，构建和谐的师生关系。而且，学生有很多不便于直接反映的问题，也可用书信的方式传达给老师，使老师掌握第一手资料，便于班级管理有的放矢，从而掌握班级管理的主动权。网络时代来临，师生还可以互通微信、QQ，达到平等交流的目的。

对于一些调皮的学生，书信交流会起到比单纯的训斥或责骂截然不同的效果。这些调皮的学生个性突出，可能是对爱的需求更强烈，可能受自卑心理影响，而故意表现得调皮捣蛋。在书信交流的过程中，大家都会比较冷静、理性，老师不会冲动指责学生，更多的是从关爱学生的角度出发，理解学生、尊重学生。因为调皮的学生缺乏爱，渴望爱，所以老师一个关爱的眼神，一句鼓励的话，一次真诚的微笑都会给学生留下不可磨灭的记忆和感动。

二、师生通信，便于师生总结反思，提高教育效果

我和学生通信，不但谈论班里面的事情，交流各自的看法，还进行心理健康的辅导，这种融洽的交流方式，使大家都能进行冷静的思考，提升教育效果。有的学生犯了错，主动写信向我承认错误，剖析自己犯错的原因，希望我

督促他改正；有的学生遇到一点挫折就萎靡不振，我写信鼓励他，肯定他的优点，对他提出希望，后来他每遇到烦恼就拿出那封信看看，信心增强很多；有的学生不服我的批评，写信给我喊冤，我就及时反思我的工作方法，用学生接受的方式教育学生；有的学生养成了写信的习惯，发觉老师做得好，会写信表扬老师几句，让我深受鼓舞……

写信教育学生，看起来要花一点时间，但比起以前对学生进行三番五次、苦口婆心的谈话，无论教育效率，还是教育效果都明显提高。

三、师生通信，提高学生的书面表达能力，增强学生的自立、自律和自信

小刘成绩差很爱说话，上课的时候总是和旁边的同学一起聊天，不但自己不听课，还影响了全班的课堂纪律。老师批评了他很多次，他依然我行我素。于是我写了一封信给他，信中表扬他语言表达能力强，如果把他的想法写出来，将会是一篇篇好文章。刚开始他不肯回信给我，说他写不出来。后来我跟他玩“写话”游戏，就是我和他在一起时大家不能出声说话，只能把自己想表达的话写出来。不久，他写了一封很流畅的信给我，说他的心事，说老师的爱心教育了他，他决心改变自己上课乱说话的毛病，还要求自己报答老师。之后我们常常通信，在我的指导下，小刘的作文突飞猛进，有几篇文章还在报纸上发表。往日口无遮拦的小刘开始写日记，变得爱思考、爱学习了。

不过，跟学生通信，也要注意以下两点：

（1）班主任写信给学生要一视同仁，注意不能顾此失彼。每一个学生都希望收到老师亲笔写的信，有的同学看到别的同学收到信而自己没有，可能会心理不平衡甚至会埋怨老师。但全班几十个学生，根据每个学生的特点和表现来写信，每个学生一两封，整个学期就差不多100封信，这是一个很大的工作量，会加重老师的负担。我的做法是在开学初给每位学生一封信，信的前半部分统一打印，内容是我对他们新学期的要求和总体期望，后半部分的内容是根据他们各自的特点肯定他们，赏识他们，并要求他们回信，提出新学期的计划，说说他们希望的班主任是怎么样的。接下来，我向学生宣布，以后我会给表现好的、有进步的同学写信，表现特别优秀的我还要写表扬信给他的家长。这样，学生想收到老师的书信，就要严格要求自己。

（2）老师写信给学生要注意语气。老师给学生写信最忌以一个威严的老师的形象出现，最好是能与学生像朋友一样交谈，这样最容易让学生接受。老师写信给学生主要是肯定学生的一些表现，鼓励学生继续努力，同时委婉地提出他还存在的一些不足，建议他今后努力的方向。对学生批评时要就事论事，语言要婉转，最好再提出改正办法。

通信，是搭起师生和谐关系的桥梁，它能帮助老师冷静、智慧地解决班集体的问题，它能给学生以平和的心境和想象的空间，能使学生梳理生活、思索人生、树立理想，能使学生跨越时空尽情倾诉，能使学生热爱生活、热爱学习，唤起学生内心的真情实感，引导学生重视亲情、友谊、道德、伦理等，从而增强自立、自律和自信，提高自身的基本素质。

参考文献：

凌志平. 通过书面语言交流做好聋校高中班主任工作［J］. 南京特师学报，2002（2）.

与科任老师构建教育共同体

多年的班主任工作中，我遇到过不少科任老师不太配合班主任工作的情况，主要表现在三方面：一是认为班主任工作是班主任一个人的事情，多一事不如少一事，于是不参与、不支持班级事情；二是有的科任老师任教多个班级，难以分出精力和时间涉及各个班级事务；三是班级学生在科任老师面前表现不太好，科任老师对学生的表现不满意进而对班级有看法，从而不乐意配合班主任的工作。

针对第一种情况的科任老师，班主任可构建教育共同体，制定提升学生综合素质和各科学习成绩的年度规划、学期计划，让科任老师明白班级建设、班风学风等班级事务关系到每一个科任老师，班级取得的每一个荣誉都是所有科任老师和学生共同努力的结果，从而转变科任老师的观念，使其产生与班级荣辱共进退的思想。针对第二种情况的科任老师，班主任要理解他们的精力和时间确实有限，尽量不用额外的事务去增加他们的负担，但可以经常利用点滴时间向他们汇报自己班级的事情，让他们清楚班级情况，取得他们的精神支持，营造“我们都是班级一员”的氛围。这样，必要时候他们会很乐意支持班主任工作。当然，更多的情况集中在第三方面，所以要特别重视教育班级学生。

一、初次见面：利用“首因效应”，建立良好的师生关系

一个班级能否健康发展，不但取决于班主任和学生，还有一个很重要的因素——科任老师团队的支持。因此，班主任作为班级第一责任人，最好利用师生第一次见面的机会隆重介绍科任老师：凸显科任老师的特色和优势，创设轻松、快乐、激情的见面会，邀请科任老师进入第一节班会课，组织学生和科任老师见面，隆重向学生介绍科任老师的特点和魅力。每介绍一个科任老师，就让该科任老师闪亮登场。见面会的仪式感既能让学生对科任老师产生敬佩

之情，也能让科任老师对学生产生关爱心理，从而营造师生团结友爱的人文氛围。

一个人最强的条件反射就是在被人喊出姓名的时候，如果科任老师最快认识学生就能促成他们建构良好的师生关系。为便于科任老师最快喊出学生姓名，班主任在开学初就请学生制作姓名桌签或者胸牌，能够让学生有存在感，也便于师生双方交流，互相留下好印象。后来，学生也给老师们制作姓名桌签，由值日生负责在讲台上放桌签牌。科任老师到班级上课时，总感觉自己是专家，讲课特别有精神，学生也跟着给予很好的课堂反馈，形成良性互动循环。

二、平时相处：利用“自己人效应”，促进师生互相信任

很多人都有这样的经验，在跟他人交谈时，说起自己与他人类似的经历时往往容易引起他人共鸣，产生亲切感与信任感，沟通效果特别好。这就是利用了“自己人效应”。怎样利用“自己人效应”来促进科任老师与学生良好相处呢?

一是多说“我们”，少说“你们”。每次在跟科任老师讲到班级情况的时候，我一般都是说“我们班级……”，让科任老师感觉这是我们大家的班级，从而一起关心集体。同样，在学生面前说某个科任老师的时候，我同样是说“我们的英语老师刘老师……”，让学生感觉这是我们班级的老师，从而把科任老师看成自己人。这样，科任老师和学生都会产生“我们的目标是一致的，我们的行动是一起的”的感觉。

二是多沟通，少猜测。很多科任老师由于要上几个班级的课而面对的学生多，对班级和学生情况不太了解，经常会从自己的角度出发，或者猜测事情的原因而去解决问题，这样不但不利于问题解决，还可能造成师生冲突。所以，班主任应该主动在科任老师和学生面前架起沟通的桥梁，让他们互相熟悉，感觉大家都是一家人。比如，当我在办公室听到科任老师一边批改作业一边说某某同学作业非常棒，某某同学上课状态不太好导致作业不佳，等等时，我首先会对该老师的话题共情，再接着该老师的话题一起来说说这些同学的其他情况，让该老师全方位了解他所提到的学生既有优点也有不足，并且适时抛出我的一些教育理念，如理性地看待学生的不足，处理事情先处理双方的情绪等，从而与科任老师取得教育的一致性，共同教育引导学生健康成长。

而在学生面前我则根据实际对科任老师反映的信息艺术地反馈给学生，尽

量不造成双方的排斥。比如，一位英语老师向我反映某学生小飞经常不完成作业，要我管管他。在跟该老师交流的时候我发现小飞喜欢哼唱英文歌曲，于是在准备一次年级组联欢晚会时我邀请他申报一个英文歌曲节目，并请英语老师每天抽点时间指导他。在这个过程中，小飞觉得英语老师重视他，继而对英语学习产生了兴趣，作业问题也迎刃而解。联欢晚会后的班级分享会时，我特别邀请英语老师进班级接受班委会颁发的“优秀指导老师奖”，让英语老师特别感动。后来我们班组织很多活动时，该英语老师都积极提出建议和配合指导，并在我出差的时候主动申请帮忙带我们班级。

三、偶发冲突：利用“第三法”，双赢解决师生矛盾

当科任老师与学生发生冲突时，用“第三法”来做好调解员，不仅能化解他们的矛盾，还能促进他们的良好关系。什么是“第三法”呢？这是美国著名心理学家戈登博士创建的一种方法，他把利用权力方案来解决冲突的方法称作“第一法”，“第一法”通常是拥有权力者赢；第二法是纵容的解决方式，通常是拥有权力者放弃赢的机会。这两种都是“非赢即输”的方法，容易破坏双方的关系。而“第三法”是一种没有输家的方法，是一种双方对最终的解决方案达成共识的冲突解决方法。简单地说，假如师生之间出现需求冲突的情况时，可以寻求某种能令双方接受的解决办法，这种办法不需要使用任何权力来迫使对方服从，能同时满足双方需求，促进双方解决问题，从而受到大家的欢迎。“第三法”具体操作方法是界定需求—寻求方法—评估方法—挑选方法—执行方法—效果评估。

有一段时间，好几个科任老师向我倾诉学生作业完成质量不好，认为学生只为完成我布置的作业而耽误了他们几个科目的作业，而心有怨气，因此在学校开展文化节的时候不肯配合指导我们班学科性的活动。不过，当我找班级学生调查情况时，学生却很无辜地反映，近段时间除了我任教的科目减少作业量外，其他几个科目的作业数量和难度都加大了，他们要花时间参加学校文化节的各种活动，自然耽误了做作业的时间。可是越是没时间完成作业，科任老师越是增加作业量，称之为“惩罚性作业”，这样就更难以完成作业了。我明白了，这是科任老师和学生之间因不了解而造成的矛盾。于是，我挑选了一个合适的时间，邀请几位科任老师和10位学生代表到学校的谈心室，给他们讲解了

第三法的基本原理和操作步骤，征得他们同意之后，我作为一个调解员，来帮助他们解决矛盾。

1. 积极倾听，界定需求

根据马斯洛需求层次理论，人类所有行为的背后都对有一种需求去驱动，但很多人并不知道或者不懂得表达自己的需求，更没有意识去弄清楚他人的需求，所以人与人之间常因为不清楚对方的需求而造成矛盾。

经过积极倾听、深入交流和分析，最终确定科任老师的需求是学生尊重老师的工作，认真完成作业，掌握学科知识。而学生代表的需求是老师尊重学生的时间，精简作业量，让他们能够有时间和精力完成作业，也有时间迎接学校文化节。如果能够同时满足他们的需求，那么双方矛盾自然消除。

2. 头脑风暴，提出策略

明确需求之后，他们双方都可以提出他们能够想得到的办法来满足需求。这个过程中要注意几点：一是不评价任何方法，要让他们多发表看法；二是尽量把能想到的方法都说出来、记下来；三是尊重每一种方法，且不用解释想法。结果，科任老师提出了上课认真听课、课后优先做作业等5种方法，学生代表们则提出了课堂上高效听课最好留点时间做作业、没完成作业时请老师限时完成作业、不布置惩罚性作业以免恶性循环等13种方法。

3. 评估策略，选择策略

当他们分别提出方法之后，我请他们都说说“喜欢的方法和不喜欢的方法”，要求他们积极倾听对方的想法，只要有一方不喜欢的方法就画掉；引导他们从是否能够满足双方的需求来评估每一个方法，检查哪些是看来可行、可接纳的解决方法，对于一些不可接纳的方法也可以加以修改，使得它可以被接纳。最后，他们经过商量、修改，确定了几个双方都可接受的策略：

（1）打造高效讲课、听课的课堂，完成学科任务后可让学生做作业。

（2）学校开展文化节这段时间，布置作业前科任老师互相通气，精简作业量，保证总作业时间不超过1.5小时。

（3）学生结成学习互助小组，小组长负责督促小组成员完成作业，谁没完成作业要跟进到位。

（4）对没完成作业者可限时完成作业，老师不连带全班布置惩罚性作业；连续3次没完成作业者报给班主任和相应的科任老师，老师们根据实际情况帮助教育。

（5）学科代表收集学生对作业量和作业难度的反馈，报给科任老师，便于科任老师把握作业量和作业难易度。

（6）老师们尽力指导学生备战学校文化节学科性活动，让学生更加高效地完成任务。

将这6条双方可接受的策略记录下来后，我打印出来形成一份协议，张贴在教室的醒目位置，请全体同学和科任老师表决同意。结果大家都同意以上方法。

4. 执行方案，定期总结

为了使得双方较好地执行方案，他们选择由我作为责任人，每天一小结、每周一总结，及时反馈情况。一有不满意情况立即向我提出来，我找时间沟通，保证双方按照协议执行。

5. 效果评估，及时修正

刚开始几天，个别学生不太重视，出现没完成作业的情况，科任老师对这几个学生限时完成作业。学生报告给我之后，我立即请组长帮扶他们，使他们全部都能够限时完成作业，科任老师对最终能全部完成作业的情况给予了肯定。学生看到科任老师没有像以往那样布置惩罚性作业，感觉到老师的变化，于是开始自我反省。我也在其中“推波助澜”，全班同学都重视起来，不但自己优先考虑完成作业，还对有困难者及时提醒督促，或者指导帮助，或者和他一起请教老师。

第二个星期连续5天，我们班学生都能够完成作业，而且课堂小测试成绩都提高了。后来，由于师生经常沟通作业布置和作业完成情况，我们班的学生作业完成率和效果在全年级是最好的，在科任老师的帮助下，我们班在学校文化节中各项活动的成绩名列前茅。科任老师也积极支持我们班级的活动，在组织学生班会课、家长会时都主动为我们出谋划策，真正营造了“班级一家人”的良好氛围，取得了双赢的效果。

开口心开教育的实践探索

教育是以心开心的教育，老师要走进孩子的心，首先要想办法打开孩子的“口”，达到“开口心开”的目的。开口心开教育的内涵有两点：①开口，疏导情绪，促进沟通；②心开，启迪心灵，开发智慧。“口”和“心”相互促进，“开口”有助于“心开”，“心开”自然会“开口”。在班主任工作方面，我进行了开口心开教育的实践探索，效果很好。

开口心开教育要遵循几个原则：一是以学生为本原则。了解学生需求，站在学生的角度去考虑问题。二是求同原则。要善于运用同理心，适当进行自我披露，取得学生的认同和信任。三是积极心态原则。利用积极的语言，引导学生开口，充分挖掘学生潜在的能力，促进学生心开。下面，我主要从班级管理和个别教育两方面谈谈开口心开教育实践的做法。

一、开口心开班级管理，促学生自我管理

班级是学生成长的重要环境，学生通过在班级的学习和交往活动获得社会性的发展。可以说，班级是学生除了家庭之外的另一个家，在这个家里面，学生是主人。一个班级就是一个微型的社会，需要对班级经常性活动的开展提出具体的要求，用以规范班级各项工作的有序展开。有序的班级管理有助于班级形成良好的班风、学风，促进学生健康向上发展。开口心开班级管理主要是让学生发挥主人翁的作用，敢于开口，大胆建言，营造科学民主、开心乐观、积极上进的班级氛围。

1. 制定班级公约

实用而有效的班规需要遵循三个原则：一是师生共制定；二是师生同遵守；三是内容具体，针对性强，操作性强，宁缺毋滥。首先，召开全班民主商

量会，根据班级实际，由每个学生先在小组内提出班级需要遵守的公约，再由小组挑选共性的公约放到全班层面讨论，师生表决通过班级公约；其次，结合学校的常规检查，由班委会建立相应的检查与奖惩制度，并知会全班同学，保证制度落实的有效性；再次，用两三个星期作为试行期，在此过程中师生共同遵守，体验班级公约的可行性，及时发现问题，调整制度，直至形成适合本班实际、易于操作的班级公约，并坚持执行下去。

班规要依赖合乎逻辑的奖惩制度执行下去。一个孩子在上课时捣乱，老师罚所有学生站堂或者不讲课；几个孩子违反纪律，老师取消了集体活动；某孩子没写数学作业，老师罚他不准上体育课；等等，这些就是不合乎逻辑的惩罚。听话的孩子默默接受处罚，但是私底下却会恨老师，他们会想某某犯错，为什么我要受到处罚，从而认为老师的处罚不公正，产生“反正我遵守班规也一样受处罚”的想法，接下来他们就会不在乎班规。所以，老师们要做到：对不正当行为进行最严厉的惩罚，就是不准当事人参加发生不当行为时所进行的活动。如开展活动时某学生捣乱，那么请他站到旁边，规定一定时间不参与活动，之后再及时找他谈话，让他写反思。

2. 开展“开口心开”微班会

“开口心开”微班会的主要特点有：一是时间短，易于操作；二是一事一议，就事论事；三是主题集中，有话可说；四是时效性强，效果明显。我们班一个星期召开的微班会有3～5次，每次时间在5～10分钟，可以安排在早读、自习甚至课前进行，主要话题可以是发生在学生身边的、容易引发争议的事情，如“课间十分钟之我见”“同学矛盾我来处理”等；也可以是社会上的热点、难点问题，如“老人跌倒扶不扶”“校园安全有保证”等。有一次课间，在走廊上玩掷球游戏的学生不小心掷了一个纸球到我后脑勺上，我顿时感觉头有点晕。于是我举行了安全主题微班会，班上学生个个都谴责玩掷球游戏的学生，要帮我讨回公道。接着我提出一个问题“假如掷球给我的是你，我要求赔偿，你会怎么想？”引发了学生的深思。后来，大家在积极发言的过程中明白，这一次很庆幸老师被球掷中头部没出现大事，但是安全事故不是靠庆幸来避免的，只有每个同学在生活中、玩耍的过程中遵守规则、注意安全，才能够保证大家安全、健康地生活和学习。10分钟的微班会，学生畅所欲言，打开心扉，在交流中明辨是非，了解真善美，也提高了自我反思、自我管理的能力。

“开口心开”微班会除了在全班举行，还可以在小团体、宿舍里面进行。现在的独生子女在集体、宿舍里面都容易将家庭场景搬过来，以自我为中心，如果不及时组织这些独生子女进行情绪、行为疏导，他们之间就会经常闹矛盾。我经常组织小范围学生的“开口心开”微班会，围绕小主题，鼓励他们每个人把对事情、同学的看法真诚地说出来，及时解决同学之间的矛盾。通过真诚沟通，每个人都能了解同学的忌讳和对其他同学的期待，也有机会修正自己的生活习惯和自己片面、偏激的看法，调整自己与同学的关系，营造宽松、包容的气氛。

3. 营造正确的班级舆论

舆论就是在集体中占优势、为多数人赞同的言论和意见，是控制个体或集体的一种力量。马卡连柯认为：学生集体里的舆论力量完全是一种物质的、实际可以感触到的教育因素。正确的舆论是班集体不成文的行为规范，是学生自我教育的“物质”，也是形成和发展班集体巨大的正能量。班集体舆论对学生的影响往往比班主任个人的力量大得多、有效得多。一些班级班风正、学风优，关键在于班集体营造了良好的舆论，积极上进的同学大家拥护，违反纪律的同学大家谴责，大部分学生在重大事情上都有较强的辨别是非、善恶和美丑的能力。我带的很多班级只要有一人做了好事、获得荣誉，同学们就会真诚地向他祝贺；只要有一人做了错事，受到批评，班干部就会主动找他了解情况，帮他分析不足，让他认识到他的行为对自己、对同学、对班集体的影响。这样营造了“正确的言行得到支持和发扬，错误的东西及时得到抵制”的氛围，班级多次获得各种层次的优秀班集体称号。

互相起花名、互相谩骂导致同学之间发生矛盾的事情经常让班主任感到头疼，而正确的班级舆论能够让学生真诚地相处，和谐地交流。我曾带过的一个班，开学初学生总是互相起花名并因此闹矛盾的事情不少，讲道理、个别教育，效果都不好。后来，我重视班级正确舆论的引导，大力表扬文明有礼、尊重宽容、积极向上的同学。在一次开心的交流中，我问同学们想不想给老师起花名，他们笑着说早有人给我起了“老周”的花名。我说：“古时候只有德高望重的人才可以尊称‘老’，所以，我喜欢这个花名。你们希望弄点新意，喜欢给同学起花名，现在，我们就来给大家起个可爱的、有意义的花名吧。比一比，看谁起的花名最有意义，最能得到他本人的认可。”于是，大家七嘴八舌，大胆说花名。最后，跑步冠军敖翔从“牛肠”变成“小刘翔”，跳高能手耀锋从“要疯”变成“高峰”，数学公主蓝琪从“烂泥”变成“蓝精灵”……

二、开口心开个别教育，促学生自我成长

个别教育是班主任教育学生的重要途径。当学生违反纪律时找他谈话，不管老师说什么，学生经常以沉默对待，主要原因在于老师没能走进学生的心里。实践证明，开口心开个别教育能够站在学生的角度考虑问题，利用积极语言让学生开口，了解学生心理，引导学生明辨是非、分析问题，促进其自我反思、自我成长。

1. 利用“自己人效应”，让学生袒露心扉

很多老师都有这样的经验，在跟学生交谈时，说起自己的经历往往容易引起学生共鸣，沟通效果特别好。其实这是利用了“自己人效应”。何谓自己人效应？就是教师在成长环境、学习经历、兴趣爱好等方面让学生觉得与自己有相似性，能对自己产生亲切感与信任感，与自己融为一体。

一是利用“自己人效应”取得学生信任，营造良好的沟通环境。曾有一个女生转学到我任教的班级，刚开始很不适应寄宿生活，因为思家心切，开学几天经常一个人坐着默默流泪，既不与同学交流，也不积极参与班级、学校活动，课堂表现、学习、交友、生活等方面处于弱势状态。我找该生个别谈话，说：“你想回家，说明你爱爸爸妈妈，爱你们的家，是一个敢于表达爱的女孩！我比你大时，也因为想家而哭鼻子呢！”该生很快就打开了话匣子：“老师，你也会哭鼻子呀？我知道这样不好，可我就是不自觉地想爸爸妈妈，想在家里吃饭睡觉，还想以前的同学，课余时间想，上课的时候也会想。”她肯说出心里话，说明她信任我，于是我就把我当时想家的心情跟她交流，与她形成认同感之后，再教她克服心焦的办法，如多交朋友多倾诉，多参加集体活动转移注意力，树立长期目标和短期目标，为实现理想专心学习等。很快该生调节好了情绪，成为各方面都优秀的学生。当遇到情绪、思想、行为等方面不稳定的孩子时，利用“自己人效应”让学生产生“认同感”，取得学生的信任，就容易营造良好的沟通环境，走进学生的心里，达到事半功倍的教育效果。

二是利用“自己人效应”批评学生，让学生心服口服。批评学生如果不能引起共鸣，不但起不到效果，还会激发学生的逆反心理。我的办法是顺着他们的心思说话。如对没完成作业的懒学生说：“我当学生时，也不想做作业。”

他们正中下怀，连说“对”字。“不过，不完成作业总被老师批评也不好，我想了个办法。”引起他们的共鸣后，我说：“办法就是及时完成作业或者少做作业。”于是，他们为了及时完成作业或少做作业，上课就认真听讲，下课后直接跟我讲题目的解题思路、过程和结果，或者挑选我为他们量身定做的“精题”。他们一旦掌握了知识，作业就不重要了。总之，用好“自己人效应”，把学生与自己视为一体，就能够有效地与学生交流，从而达到理想的教育效果。

2. 利用“将来优秀”法，让学生积极向上

绝大部分学生都希望自己品学兼优，个别学生给我们不求上进的感觉主要是由于没有养成良好的学习、行为习惯，缺乏家长和老师的长期监督和鼓励，有的甚至一直受到家长或者老师的批评，便破罐子破摔。利用“将来优秀”法，可以让学生发现自己的潜力，感受到老师的信任，从而积极向上。我曾教过这样一个留守儿童，他好像对一切包括荣誉、批评都无所谓的样子，上课想听就听，想睡就睡，作业想做就做，通知家长也没用。有一次，学校召开“雏鹰之星”颁奖大会，当念到我班同学上去领奖时，我发现他鼓掌特别起劲。于是，我在班里面表扬了获奖的同学，也表扬了真心为获奖同学鼓掌祝贺的同学。放学后我请他帮忙拿东西到办公室，装作漫不经心地问他最喜欢班上的哪些同学，他说出了几个品学兼优的同学。我先表扬他的审美观点跟老师一样，再对他说：“其实，我发现你也有一些与他们相同的优点，如热爱班集体，乐于助人，遇到事情会想办法，等等。”他的眼睛亮了亮，但很快又变成了不在乎的样子。接着我问他：“你想不想成为他们？”他不出声。我说：“只要你按我的方法做，很快你就会成为他们。这个方法是，你喜欢他们哪一个优点，就想象自己也有这个优点，逐渐向这个优点努力。一个星期拥有一个优点好吗？”不等他回答，我就帮他制订计划，从最容易培养的优点入手，如读书大声、排队快速、上课不迟到等开始。在我的鼓励下，渐渐地，我看到了优点越来越多的他……

参考文献：

［1］刘权华. 三维聚焦，六点合一——一种有效班级常规管理策略［J］. 班主任，2014（2）.

［2］陈虹. 给老师的101条积极心理学建议：积极语言HAPPY［M］. 南京：南京师范大学出版社，2012.

班主任“日月谈”，构建德育共同体

——周雪燕工作室特色成果

一、工作室概述

广东省中小学名班主任周雪燕工作室成立于2015年，至今已经是第二周期。工作室主持人一直致力于团队建设，组建了全市省、市名班主任工作室联盟，抱团发展，从开展班主任“每月谈”活动，到班主任“日月谈”活动，构建了德育共同体，提升了团队班主任专业能力，带领团队活跃在全市各县区各中小学中，起到了很强的示范辐射作用。期满考核时，被省教育厅评为“优秀工作室”。

工作室自成立以来承担了全市中小学班主任专业能力的培养培训工作。近三年来工作室组织了10多场全市大型德育培训会，主持人和成员、学员对各级各类班主任培训超过200场，支教帮扶18所农村留守儿童示范点学校，足迹遍布全市各县区各乡镇中小学，得到了教育部门的肯定和同行的认可。

工作室通过班主任“日月谈”活动，促使全省、市工作室联盟187位班主任积极开展“每日学生谈”“每周家长谈”和“每月教师谈”活动，提高谈话艺术，促进班主任专业成长。另外，工作室还通过班会课巡回展示、微信会议、主持人报告团巡回讲座等形式，引导成员、学员专业提升，使得他们快速成长。

工作室的成员和学员都来自市级工作室的主持人和成员，大家分工明确，积极创新工作，成绩显著，有1人被评为“省特级教师”，2人被评为“南粤教师”，2人被评为“省、市名班主任”，5人被评为“市名班主任培养对象”，7人被评为“市优秀班主任”，多位成员文章发表，主持人出版专著《跟随学生一起成长》。

二、主要特色成果——班主任“日月谈”活动

（一）活动背景

近几年，我市教育部门和工作室联合开展班主任座谈会，了解到我市班主任工作总体情况良好，同时发现：教师工资待遇不断提升，外部教育环境越来越好，但还是有不少班主任抱怨工作任务重、压力大、回报低。实际上这些班主任缺乏他人的肯定、专业的支持和心理的疏导，从而影响了工作积极性。而一些同样待遇的老师爱岗敬业、积极学习、主动作为，恰恰他们是具有了一种内在的力量：实现专业成长，赢得工作成功，这种成功感反过来促使他们积极工作。不可否认，待遇是工作的基础，但是待遇与工作动力的关系并不是成正比的，而是呈倒U形的。因此，工作室推动市教育局开展了两项工作：一是为了更好地发挥省级工作室的示范辐射作用，建立市级名班主任工作室，组建省、市工作室联盟和层级式管理（图1），省级工作室结成总联盟，并分别与当地市级工作室结为属地联盟，这样便于人员的规范管理、活动的有效开展和德育共同体的构建，有利于品牌活动的宣传推广；二是为了让工作室活动持续化，成果的形成系列化，班主任得到专业帮助和心理支持，工作室联盟共同开展班主任“日月谈”活动。阳江市省、市名班主任工作室层级式管理示意图如图1所示。

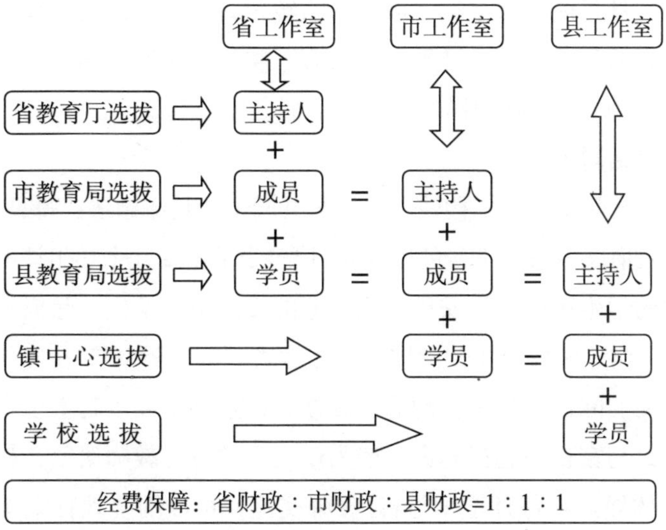

图1　阳江市省、市各班主任工作室层级式管理示意图

（二）形成过程

班主任“日月谈”活动经历了两个阶段。

第一阶段：2015年5月开始开展班主任“每月谈”活动。采取集中面谈或QQ群交流的形式，围绕话题或案例每月定期开展一次。主持人每月初提供话题，班主任集中交流或者在QQ群上发言，分析问题、提出对策、交流讨论、提出不同看法等。每月底由专人汇总整理，上传到阳江省、市名班主任工作室网站，同时与《阳江日报》“教育周刊”栏目合作刊发优秀稿件。截至2016年年底，工作室积累了16次班主任“每月谈”汇编资料，在《阳江日报》发表了4次谈话内容，引起了全市教育界的关注，很多班主任和家长纷纷希望加入工作室团队开展更深入、更广泛的教育话题交流，构建更大的德育共同体，引发更高深的德育思考。

第二阶段：2017年5月拓展为班主任“日月谈”活动。其内容包括“每日学生谈”，每日至少与1名学生谈心；“每周家长谈”，每周至少与1位家长恳谈；“每月教师谈”，每月至少与1位老师交谈，原来的“班主任每月谈”活动保留为现在的“每月教师谈”活动。这样可有效发挥工作室全体班主任的传帮带作用，指导当地班主任和任课老师懂得与学生、家长交谈，促进学生更加健康地成长。

（三）特色内容

班主任“日月谈”活动从一般的谈话转变为专业的谈话，按照谈前准备、谈话记录、谈后反思的模式开展，主要有三类谈话对象、四种谈话类型和六个谈话步骤（图2）。具体内容如下。

1. 三类谈话对象

一是“每日学生谈”，构建师生成长共同体。具体做法：每日至少与1名学生谈心，一般情况下按照学号的顺序每日与1个学生或几个学生谈心，如果有特殊学生或预约学生可以优先安排，在专业的交谈中与学生一起成长。二是“每周家长谈”，构建家校合作共同体。具体做法：每周至少与1位家长交谈。根据与学生谈心的实际情况与家长沟通、反馈，以达到全面了解学生，邀请家长一起教育孩子，与家长一起提高家教能力。三是“每月教师谈”，构建教师教育共同体。具体做法：每月至少与1位教师交流，可以围绕教育案例，与同事同行分享好的经验，请教困惑的地方，与同行互相成长、互相支持。“每月教师谈”既可以是根据实际与同事或其他教师交谈，也可以在QQ群上和工作室教师进行案例谈。一般都围绕同一个问题开展与学生、家长和教师的多方交谈，便于从不同方面、不同视角来看待问题，从而积极解决问题。

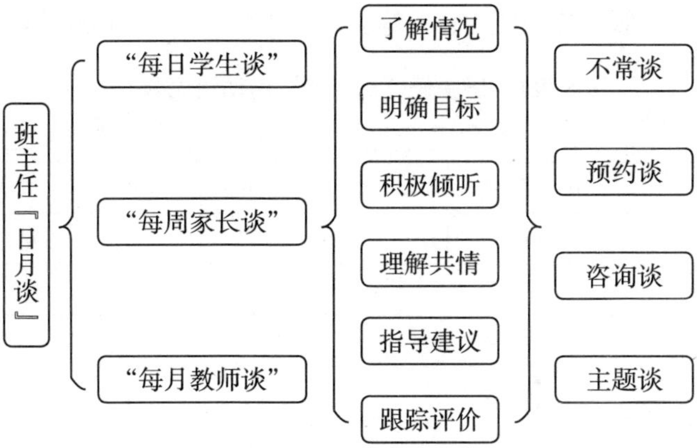

图2　周雪燕工作室特色活动

2. 四种谈话内容

一是平常谈，主要为了交流感情，促进了解。二是预约谈，主要针对有困惑的个体或小群体。三是咨询谈，针对需要心理疏导的个体，要求班主任有心理咨询专业背景，否则要请学校心理咨询师来谈话。四是主题谈，是为了提升思想和能力，围绕热点、难点、案例来交谈，谈话的形式可以是面谈、电话谈、网络谈（微信、QQ等）、书信谈或者绘画谈，等等。

3. 六个谈话步骤

一般是按照“了解情况—明确目标—积极倾听—理解共情—指导建议—跟踪评价”六个步骤进行谈话，也可灵活把握。

“日月谈”活动从一般的谈话转变为专业的谈话，按照“谈前准备，谈话记录，谈后反思”的模式开展。谈前准备包括了解背景、制定目标、预设方法等，谈话时采用专业的谈话技术和方式方法来进行交谈，谈后记录好班主任“日月谈”活动谈话表（表1），重点记录谈话过程，做好反思，总结经验，改进不足之处，作为今后跟踪、提高谈话效果的资料。

每月30日前由各市级工作室收齐“日月谈”表格，择优提交全市工作室公共邮箱。每月提供各类谈话表格至少1篇供班主任参考学习。同时其他省、市工作在“日月谈”活动的基础上细化、深化，拓展成具有自己工作室特色的某一类谈话，形成全市系统性的特色成果，变成“日月谈+”活动，如“德育作业大家行，实践活动多方谈”，让学生、家长、教师和社会等多方交谈，合力育人；“家长课堂谈”，让家长当“坛主”，家校合力育人；“教师悦读谈”，以书为媒悦读交谈，提高专业能力；等等。班主任“日月谈”活动谈论表见表1。

表1　班主任“日月谈”活动谈论表

学校：________　班主任：________　对象：________　时间：________

姓名		性别		年级		方法	
地点		时长		形式		媒介	
背景分析							
交谈目标							
谈前准备							
交谈过程							
谈后反思							

注：

（1）“对象”为学生、教师或家长。

（2）为保护对象隐私，对象如果是个人作为档案可以保留真实姓名，但如果上交作业则只写姓氏，如学生为小陈，家长为陈妈妈或陈爸爸，老师为陈老师；如果是小组交谈可以写出某某等几人；如果是集体，则写班级（班会课、家长讲座可属此类）。

（3）“时长”指谈话一共所用时间。

（4）“形式”指平常谈、预约谈、咨询谈、主题谈等。

（5）“方法”指利用一般方法、言语跟踪、正面管教、合理情绪疗法、非暴力沟通等技术来交谈。

（6）“媒介”指借助的谈话手段或工具，如讲故事、音乐、影视、绘画等。

（7）“交谈过程”指与谈话对象的具体对话内容。

（9）“谈后反思”指谈话之后反思谈话效果，并且进行跟踪，了解谈话效果。

（四）特色创新

工作室带领全市所有省、市工作室结成联盟，共同开展“日月谈”特色活动，统一要求，以优带优，促进更优，避免了单打独斗的散乱局面。各工作室又可在此基础上细化或深化开展自己的特色活动，便于抱团发展，凸显特色，形成系列，扩大成果。

1. 开展“日月谈”活动，改变了班主任对谈话教育的认识

一是不等问题出现才找学生谈话。学生最怕被老师找去谈话，家长最怕老师打电话，因为多是有问题才找来谈话。“日月谈”活动要求班主任每天至少找1个学生谈话，谈话成了学生期待的特别时光。家长也会因为教师谈话内容和方式的改变而愿意与教师合作。二是知道了影响谈话效果的根源。班主任找学生、家长谈话大都以为自己付出了时间和精力，学生、家长就应该按照自己预期的效果发展，一旦结果不理想就会埋怨学生屡教不改，家长不支持、不配合。“日月谈”活动开展后，班主任知道了很多时候谈话效果不理想是因为自己的沟通方式存在一定欠缺。

2. “日月谈”活动，为提升班主任沟通技能开拓了新的途径

谈话是教师最常见的教育手段，但不一定都有效果。“日月谈”活动提倡专业谈话，要求因人而异、因事而异、因时而异开展谈话，具有一般谈话不具有的特点：一是谈前准备，谈后反思；二是记录过程，提升技能；三是同一问题，多方交谈。坚持进行“日月谈”活动的班主任经常会反思自己的语言能带给对方什么感受，总结经验，改进不足。这样，既能提升沟通技巧，又能提高班主任的口头和书面表达能力。

3. “日月谈”活动，为增强班主任工作实效提供了多种方法

以往班主任总是为经常找学生谈话没有效果而产生无力感，现在，“日月谈”按照“谈前准备，谈话记录，谈后反思”的模式开展，班主任意识到了专业谈话的作用，在谈话前就会做好准备，预设一下谈话过程和效果，计划用什么方法来进行谈话。对于一些失败的谈话案例多分析，多请教，多学习，能够尝试用多种方法去解决问题。

（五）效果影响

1. 创新形式，构建了德育共同体

（1）“每日学生谈”，构建了师生成长共同体

班主任每天至少找1个学生谈心，不管是了解情况、交流感情的平常谈，还是解疑释惑、纠偏纠错的预约谈，都可以促进师生成长。有一个偏内向的学生反映以往很少有老师找他谈话，但是自从老师都找学生谈话后，他也跟老师有了“亲密的交谈”，觉得自己被看到了，感觉很棒。很多班主任总结活动时都谈到以前说话很随意，不知道轻重，但自从“谈前准备，谈后反思”之后，他们知道了什么样的话会出现什么结果，学会了预设目标、组织语言去谈话，更懂得了“每日学生谈”是因材施教的好办法。

（2）“每周家长谈”，构建了家校合作共同体

“每周家长谈”既可以围绕学生的同一问题，把教师、学生、家长甚至社会等多方凝聚一起，在平等尊重的原则下走向相辅相成、融合共赢，有利于形成共同的愿景，达成共同的目标，又可以从提高家教能力的角度与家长交流，还可以请教家长对于某类问题的看法，实现了真正的家校合作。

（3）“每月教师谈”，构建了教师教育共同体

“日月谈”活动开展之后，很多班主任懂得多找同事或其他教师谈话，把自己的优秀案例推荐给他们，把自己的困惑案例请教他们，互相支招，互相肯定，互相支持，互相疏导。把办公室同事的谈话看作“群英谋略”，构建身边专业的教育共同体，激发了班主任的工作热情和积极性。

2. 重视交谈，提升沟通效果

开展“日月谈”活动之后，从老师们提交上来的谈话表格可以看出，他们学会了在交谈前分析对象的背景情况，制定交谈目标，做好了交谈准备，有的还预设了一些启发式问题来帮助谈话对象分析事实、读懂内心，取得了较好的谈话效果。一个老师总结活动时说：“通过活动，我初步具有了通过现象看本质的能力，反思中有所悟有所得，经验慢慢地积累起来了。”还有的老师从与学生随意谈话的记录中发现了不足，开始积极主动地学习沟通知识和技能，提高了专业水平。

3. 赢得肯定，激发工作积极性

从班主任“每月谈”到班主任“日月谈”，工作室带领市级工作室联盟抱

团发展，赢得了各级教育部门的肯定，大大激发了班主任工作的积极性，至今共收到“每日学生谈”159篇，“每周家长谈”138篇，“每月教师谈”491篇。工作室事迹在2017年10月29日《阳江日报》上刊发，工作经验在省名班主任工作室交流会上介绍推广。班主任“日月谈”活动得到了一些学校的认可，阳东一中、阳东二中在本校班主任工作中进行推广，让学生和家长都感受到了班主任谈话的变化，师生关系、家校关系都进一步增强。更重要的是班主任的专业能力得到了提升，工作业绩得到了肯定，自信心、成就感增强，促进了自觉自为的工作积极性。

三、未来建设构想

1. 提高“日月谈”活动成效

2018年初，市教育局发文《阳江市教育局关于开展班主任工作系列主题活动的通知》（阳教思函〔2018〕8号），在两年时间内组织工作室班主任进行正面管教、非暴力沟通、TET教师效能训练等培训学习，再由工作室指导当地班主任，提升整体班主任的谈话技能，从而提升“日月谈”活动成效。

2. 拓展“日月谈”活动为“日月谈+”活动

工作室倡导班主任根据实际灵活开展“日月谈”活动，做出自己的亮点、特色并加以推广。如面对特殊学生可采用绘画交谈技术；把“日月谈”发展为“谈话叙事”，从中找出积极的故事来引导对象解决问题；把“日月谈”变为“日月坛”，教师、学生和家长谁都可以当“坛主”开讲坛，让谈话发挥更强、更大的教育引导作用……

3. 扩大“日月谈”活动的影响力，推广至全市中小学校

工作室联盟的德育共同体成员来自全市各级各类学校，我们先探索、研究、发展“日月谈”活动，形成特色、总结成果、取得成效之后在本校本地推广，再面向全市开展巡回讲座，扩大活动的影响力。

及时修补第一扇“破窗”

近日，朋友打电话向我诉苦，说寒假还没放几天，她儿子的作息规律已经打乱，早上基本不用吃早餐，夜间基本不睡觉，日夜完全颠倒。对此，我给她的建议很简单，就是及时修补第一扇“破窗”。

“破窗原理”大家都知道，这是政治学家威尔逊和犯罪学家凯琳提出的一个理论，他们认为：如果有人打坏了一幢建筑物的窗户玻璃，而这扇窗户又得不到及时维修，别人就可能受到某些示范性的纵容去打烂更多的窗户。久而久之，这些破窗户就给人造成一种无序的感觉，结果会造成整个环境的恶化，甚至滋生犯罪。

我就遇到过“破窗”没有及时修补而需要后面花很多时间来维护的现象。那个学期刚开始，我因为要参加一项比赛而耽搁了对班级各项事务的及时规范，等到发现学生课堂无章法、平时纪律无规矩时已经是开学一个月后了。于是，我赶紧重组班委、商定班规、安排人事……即使这样，还是花费了很长时间才扭转局面。因此，后来的班级管理中，我非常注重第一时间制定规则、严明秩序，营造良好的教育教学环境。发现学生出现问题，只要及时修补第一扇“被打碎的窗户”，就能引导学生走向积极的一面。如放长假回来前几天就培养学生良好的习惯，上课时及时制止第一个走神、说话的学生，及时根据规则处理违规的学生等，防止“破坏”扩大。

其实，校园里的“破窗原理”很常见。学生早上进入班级，如果比他早到的同学在认真读书，那么他会跟着专心读书；反之，如果比他早到的同学在嬉戏打闹，那么他也会加入玩耍的行列。同样，摆放桌子时，若前面的同学摆放凌乱，则后面的同学也会任由桌椅凌乱，但如果从开始就很整齐，学生就会一直整齐地摆放东西。所以，班主任或者值日老师要从第一个学生开始严格要求，规范他的言行举止，那么管理后面的同学就会事半功倍。同样，孩子入学第一天如果规范要求，那么后面的管理也会事半功倍。

家庭中出现的“破窗原理”也不容忽视，如果朋友在孩子放假第一天出现无序的作息生活时及时提醒，严格要求，那么孩子后面肯定不会出现日夜颠倒的情况。针对现在孩子第二扇“破窗”还没出现的情况，家长就应该及时想办法帮助孩子修补第一扇“破窗”。考虑到寒暑假是孩子休息、放松的时间，不一定完全遵照回校的作息，而可以在有弹性的时间内，家长和孩子商量，由孩子制定一个具体的、可操作性强的寒假计划，包括休闲、娱乐、学习、运动、阅读、睡觉等，明确什么时间做什么事情，这样既能够让孩子在假期里面得到放松，也不会出现越来越多“破窗”的情况。

家庭教育就是人格教育

暑假将至，受应试教育的影响，很多孩子出了学校的课堂，就进入了培训机构的课堂，暑假失去了休养生息、开阔视野、增长课外知识的意义。从很多对社会做出一定贡献的伟人、名人的成长道路中我们可以看到，一个人的成功起决定性作用的往往不是学科分数，而是他的人格魅力和品质、能力。所以，家长不能只关心孩子的学业、分数，更要花精力关注孩子的品德修养及健康的、健全的心理和人格的养成。家庭教育要区别于学校教育的学科教学，利用好假期优化家庭教育环境，对孩子进行人格教育。

一、引导孩子怎样做人

家庭教育的任务主要是立德树人。家庭教育的特点是不教而教，不学而学，家长对孩子的人格教育最重要的是自己的言传身教。如虽然家长不会教孩子闯红灯，但家长们自己有意无意闯红灯，这就会给孩子一种可以闯红灯的不良示范。假期里，孩子受家长的影响更大，所以家长要自己先做好人，才能引导孩子做好人，如具有向善之心，同情弱者，帮助困境之人，孝敬长辈，感恩他人；承担社会责任，对自己、家庭、社会、国家、地球负责；坚定人生信念，热爱生活，直面挫折，相信正义终将战胜邪恶；培育高雅情趣，欣赏艺术、书香、大自然，脱离低级趣味；等等。

二、引导孩子怎样做事

引导孩子做事要从孩子的具体日常生活抓起，把笼统的要求孩子孝顺父母、文明有礼、认真学习、勤快做事等变为具体可行的要求，如让孩子回家、离家跟父母报告，跟人打招呼微笑问好，完成预习、复习、做作业等学习任务，每天整理房间、收拾碗筷等，这样就会让孩子知道怎么做。同时，要培养孩子良好的生活习惯，如作息有规律；要培养孩子良好的学习习惯，具有良好的听课、作业、订正、反思、整理习惯；要培养孩子良好的行为习惯，教孩子怎样待人接物、诚实守信、遵守规范；要培养孩子良好的思维习惯，如辩证、多元、不走极端；等等。

三、引导孩子怎样与人相处

新时代，合作意识与能力是人的重要素质。有不少孩子与同伴相处经常会闹矛盾，这与家庭教育中孩子以自我为中心有很大的关系。所以假期里，家长要多带孩子走出家门，或请孩子同伴进家门，创造多种机会让孩子与同伴相处。当孩子们有矛盾冲突时，家长最好不要干预，而是让孩子们自己解决问题，在解决问题中明白与人相处的艺术：理解宽容、遵守规则、少数服从多数、讲道理说服等。

四、引导孩子怎样读书

不少家长让孩子从小到大只干一件事，就是学习，学习，再学习，等到读大学需要认真学习时孩子就不想学习了。其实，家长关键要多陪孩子读书，听孩子说读书感受，跟孩子互动读书，引导孩子学会读书，爱读书，读好书。孩子一旦喜欢读书，那么就容易变得明理懂事、积极向上，就会自觉学习，对自己的人生负责。

教师是教育发展的基石

“教师是立教之本、兴教之源。”习近平总书记在致全国教师慰问信中对教师在办好人民满意教育、实现民族复兴进程中的重要作用做出了新的精辟论述。如果说人民群众是社会发展的基石，那么教师就是教育发展的基石。办人民满意的教育，需要好教师。那么，什么样的教师算是好教师呢？日前，我在全市教育系统“立教为民、立德树人”主题演讲比赛现场深刻地感受到了好教师的魅力。

一、具有高尚师德的教师是好教师

阳春一中年轻的张莹教师从“教育的支点是什么”的问题开始，发出诘问：教育的支点是金钱吗？她在迷惘之中看到了这样的教师：放弃优厚待遇选择坚守三尺讲台，奉献青春的潘老师，常年以校为家、爱生如子、创造了辉煌教育事业的滕老师，带病坚持辅导学生的龙老师……从这些老师身上，张老师看到了他们的坚守、师爱、奉献和忠诚，因此明白了“教育的支点是师德”。具有高尚师德的教师几十年如一日爱生如子、为人师表、淡泊名利、甘为人梯，他们的快乐在于引导学生快乐成长，他们的幸福在于学生成人、成才、他们的梦想在于帮助学生圆梦。

二、授人以渔的教师是好教师

“授人以鱼，不如授人以渔”，好教师不是给孩子知识，而是引导孩子去获取知识。阳江三中李湘粤老师在演讲中满怀感情地说，学生身心健康才能学有所成。因此她在《清明缅怀》的语文课上，通过讲述自己还没来得及把第一份工资孝顺外公的经历，来引导学生认识清明节的意义：通过缅怀已故亲人，珍惜现在机会孝顺长辈。阳东一中何月子老师在风趣幽默的语言、铿锵有力的语调中，讲述了他们学校的叶老师用智慧和创新引导学生创造了辉煌的成绩，向现场所有教师讲述了一个道理：授人以渔的智慧教师最能够重视个性，从而挖掘学生的潜能，因此最受学生欢迎！

三、不放弃每个学生的教师是好教师

“作为一名特殊教育学校的普通党员教师，我每天面对着的是一群生活在无声世界里的聋哑孩子。他们无声，但社会不能失语……”市特殊学校魏振腾老师在平实的语言中向听众乃至所有人发出了有力的呐喊！魏老师践行着“为了一切学生，为了学生一切”的格言，为了帮助受伤的聋哑学生做手术出力出钱献爱心，最终使该学生痊愈；为了减轻学生家庭负担主动协调、联系，争取社会力量帮助聋哑青年圆了工作梦。魏老师说：“我要通过自身的付出，让学生走出无声世界，让他们感受社会的温情。”在我们身边，不仅是魏老师，还有很多老师面对弱势、特殊的学生不抛弃、不放弃，想尽一切办法帮助、引导这些学生自信、自强，并积极带动身边的老师、学生和社会人士关爱这些学生，让他们生活在阳光之中，成长为阳光之人。

我们相信，这些好教师一定会带动、辐射更多的好教师，为办好人民满意的教育添砖加瓦！

开学第一课隆重推出老师

“哎，今天上学第一天真没意思！说说你们班怎么样？”

“还不是老三样：发发书本，说说要求，提提希望！”

“我们班更无趣，竟然上新课啦，一点过渡都没有！”

放学了，几个学生三三两两聚在一起，说起开学第一天的经历很是无奈。确实，经过差不多两个月的暑假修整，孩子们对新学期必然有一定的期盼，这期盼就体现在第一天的校园经历上。如果第一天还是像以往在校时间一样上课、下课，按照老模式、老套路说说道理，孩子们对新学期会是多么失望呀！根据多年的班主任经验，绝大部分学生都会对新学期充满信心，并决心比以前更努力从而获得更好的发展。开学初如果班主任能够针对学生的这些心理创设平台，寄予希望，那么学生就会获得满满的信心和动力。

一直以来，我非常重视开学第一课的设计和实施。严格来说，我的开学第一课不是一节课，而是一天的课，因为这一天的课有很多第一次：第一次师生互相认识，第一次安排座位，第一节班会互动等，这些第一次都直接影响学生对老师、对班级的总体印象。

一、隆重推出老师

不少班主任认为老师和学生刚刚接触，一定不能让学生小看自己。这样想是对的，但是，有的老师用恐吓、高压的政策来树立权威，让学生害怕自己就不妥当了，甚至还会起反作用。有的老师利用自己的才艺如唱歌、跳舞、画画、体育运动或者一些绝招等来吸引学生，这样很不错。只是，没有才艺来打动学生，或者一般的才艺不足以打动学生，怎么办呢？我的开学第一天的第一节课就是包装推出老师。

二、精心介绍自己

心理学有一种首因效应，即人对最开始接触的人和事最有印象，也就是人们常说的第一印象。第一印象一旦建立，对其后信息的组织、理解有较强的定向作用。所以，班主任如果给学生的第一印象是好的，那么就会起到“亲其师，信其道”的作用，反之，班主任的工作就很难开展。

在开学第一课精心制作PPT来介绍自己，你一定会俘虏学生的心。要使PPT有效果，不能单纯弄几张相片、几个证书来糊弄学生，我的看法是做好以下几个方面：

（1）重视声情并茂的演示效果，图片、文字和视频不能缺，既要吸引学生观看，又要引起学生共鸣。

（2）先介绍自己。可以把你获得的奖励、取得的成绩、参加的活动艺术地穿插进去，让学生把你当一会儿“神”，从而崇拜你；同时要晒晒自己的生活照、旅游照、师生照等，让学生知道你还是“人”，从而亲近你！

（3）介绍自己的学生。老师的最大成绩就是教出好学生，以自己教过的学生来给自己增添教育魅力，对现在的学生来说可以起到一个很好的示范作用，同时向现在的学生表明自己的教育观点。有的老师可能会说，我教小学，学生读到高中就忘记我了，哪里知道他的未来好不好？也有的老师说，我教的都是普通学校的普通班，学生考上的都是一般学校，有什么好说的。这就是老师的观念问题了。我一般很少介绍我教过的成绩很好的，能够考上最好初中、高中和大学的都很少说。我最喜欢向学生介绍的是几类我教过的学生：一是热爱生活的人。我的学生当中，有通过自己努力当上政府公务员、律师、医生和老师的，也有结合实际做生意的、打工的，其中有一个女孩特别让我佩服。她读书成绩很好，但命运弄人，她高考失利没考上理想的大学，大学毕业后进厂打工。可是她热爱生活，参加同学聚会时不卑不亢，后来不断进修学习，成了技术过硬的厂长。二是自尊自爱自强的人。我有个学生在商场当保安，不管走过的是小车、摩托车、单车还是行人，他都毕恭毕敬、敬礼问候，并服务周到指挥车辆停放，受到多人赏识，后来当了商场经理。三是敢于推销自我，争取机会的人。有个学生读书时爱好篮球，高中毕业后他专门去参加了篮球职业培训，学成后主动找单位和机构推销自我，碰壁多次后不气馁，终于有个机构留下他教孩子篮球，现在成了这所机构的明星级教练……学生听了介绍之后，在他们的心里已然播下各行各业出人才的种子。他们经常会抛下以往“远大空”的理想，第一次结合实际来审视自己的梦想。

三、做个有意思的班主任

才艺不是每个人都具有的，但让自己做个有意思的人却是可以做到的。在开学初让学生觉得你是个有意思的人，不但可以让学生亲近你，还可以营造一个有意思的班级氛围。我主要通过几个方面来体现自己的“有意思”。

1. 小活动，大德育

不定期地组织学生开展小活动，就可以收到大德育的效果。如果刚接手的新班学生不熟悉，气氛比较闷，可以先用几分钟带领学生玩玩“一拍即合”的游戏（室内每8人为一行，室外每10人围成圆圈）：每人向左右伸出双手，左手食指向上，放在同学手掌下面5厘米处；右手掌心向下，并放在右边同学食指上面5厘米的位置。老师朗读一篇文章，当文章中出现某一指定字眼时，成员的右手要快速抓住右边同学的食指，左手则要尽量避免被人抓到。被人抓到的学生出列，其他学生继续。学生玩了这个活动之后，通常会开心大笑，气氛活跃。这时候再让学生说感想，引出该活动的主题。这样不仅能够活跃气氛，还可以训练学生的专注力。

跟学生一起开展活动，班级凝聚力会很强，师生关系也会增进。当班主任在某些活动中显示出高水平时会赢得学生的崇拜，但当班主任没有表现出较高水平仍然会跟学生一起玩时，更能赢得学生的喜欢。

2. 小变化，大作用

记得刚接手一个班风涣散的班级时，很多学生趁开学第一天我不熟悉他们，课前备课纪律很差。于是，在一节课前我对他们说：“你们看到讲台上有两个周老师吗？”学生听了很奇怪，有的还觉得惊悚，连一些打打闹闹的也停下来。等学生都安静了，我继续说：“现在，讲台上的确有两个我，一个是坏我，这个坏我说：这班学生不听话，不要给他们上课了。另一个好我说：不行，学生虽然不听话，但你是老师，你给他们上课，他们就会明理懂事了。同学们，你们说说，我是听坏我的话还是听好我的话呢？”很多学生大喊：“当然听好我的呀！”我回他们：“很好。相信你们也遇到过自己身上好我和坏我在争论的情况。现在你们的好我战胜了坏我，我也要听好我的话。上课！”

心理学家弗洛伊德的精神分析理论认为，人格结构有三个层次：本我（快乐的我）、自我（现实的我）、超我（理想的我）。本我经常扮演坏我的角色，来阻挠超我（好我）的行动，这时候自我就要平衡两者的关系。我用好我和坏我的形象说法来引导学生，效果非常好。以后每次遇到学生纪律不好的时候，问一句“让好我还是坏我做主？”就成了学生调整自我、约束自我的暗号。

3. 小故事，大道理

很多老师反映，道理没少讲，可是作用却没多大。这就说明“讲道理”的教育方法有待商榷。法国著名思想家卢梭说，有3种教育方法会给孩子带来不良影响，它们分别是讲道理、发脾气、刻意感动。即便这句醒世箴言已流传百年，但这3种教育方法恰恰是很多中国家长和老师身体力行、运用最纯熟的。一个人从小在家庭、学校接受太多“大道理”，往往就会成为讲道理爱好者。在他们的经验和认识中，教育者和受教育者的关系就是告知与被告知的关系；所谓教育，就是“明白人”对“不明白人”说话。所以他们对孩子表示负责和爱，就是大事小事都要告诉他们如何做。不过，这种单边主义思维方式最容易让人陷入教育困境。教育是门艺术，讲究的是简单和艺术。改变“讲道理”的固有思维定式，变通一下，效果就会好得多。

我发现，小孩子喜欢听故事，大孩子也喜欢听故事。那次开学第一天早读前，我班孩子没事干，竟然欺负低年级孩子，后来低年级孩子找来了更高年级的孩子报复。报复之前我班孩子找我求救，我就在第一节课上给他们讲了一个“求救”的故事：一次，苏格拉底蹚水过河，一不小心，跌入一个深坑。他不会游泳，只好在水中一边拼命挣扎，一边大喊“救命”。这时，一个正在河边钓鱼的人听到呼喊声不仅没有伸出援助之手，反而收起钓鱼竿，起身就走。幸亏苏格拉底的学生及时赶到，才救了他。学生七手八脚地帮助苏格拉底换掉衣服，异口同声地谴责那个见死不救的钓鱼人道德太低下。

不久之后，那个钓鱼人过河，一不小心，也跌入了深坑里，他同样不会游泳，只好一边拼命挣扎，一边大呼“救命”。恰巧，苏格拉底和他的学生在河边散步，听到呼救声就飞跑过去，用一根长竹竿把那人救了上来。等看清救上来的人的面孔，苏格拉底的学生就后悔了，说：“如果知道落水的是他，我们无论如何都不会救他的！”

苏格拉底为落水人换掉湿衣服，平静地说：“不，救他，正是我们和他的区别。”

他们听完故事后，我让他们谈感想，他们很快就意识到自己的问题。是呀，我们很多孩子会受到“人不犯我，我不犯人，人若犯我，我必犯人”的教育，在与同学相处的过程中，容不得别人占便宜，一遇到被别人有意或无意“欺负”等，就要想办法更多地报复别人，以求得心理平衡。“小故事，大道理”让学生明白：很多时候我们怀着善心、宽容，就能赢得别人的友谊和尊重。

作为班主任，平时要多积累故事：从报纸上、杂志上、网络上寻找，改编故事，根据学生的表现创造故事等，有了故事素材，在学生需要明白道理的时候恰到好处地讲故事，往往能够达到很好的效果。

四、隆重介绍科任老师

一个班级健康发展不但取决于班主任和学生，还有一个很重要的因素——科任老师团队的支持。因此，班主任作为班级第一责任人，在与学生建立了良好的关系之后，还要善于挖掘科任老师的特色、优势，采取恰当的方式，创设轻松、快乐、激情的见面会，邀请科任老师进入你的第一节课，组织学生和科任老师见面，让学生对科任老师产生敬佩的心理，让科任老师对学生产生关爱的心理，从而营造良好的班级人文氛围。

考差了是不是很丢脸？

初三女孩小丽学习努力，成绩优秀，每学期都被评为“三好学生”，一直受到老师的赞赏。但近段时间情绪有点低落，注意力易分散，学习效率有所下降，考试前会紧张，睡觉睡不好。有一次化学考试，监考老师来了，小丽突然说头晕，要求回宿舍休息，最终导致缺考。

老师建议她来找我，她在妈妈的陪同下来到心理咨询室。小丽穿着干净整洁的校服，看上去有些紧张，表达清楚，思维连贯，理解能力较强。原来，她在前一次月考时一直以来成绩比较好的化学考试失利，导致总分成绩排在年级10名之外。老师评讲试卷时她认为老师和同学都看不起她，因此心里不舒服，觉得很丢人。自那以后她一上化学课就不自然，注意力容易分散，每到考试前，就会心里烦躁、紧张，担心考不好老师会批评，害怕今后考不上重点高中和重点大学。她母亲反映小丽学习上一直很努力，成绩也很好，希望她今后考上重点大学，继续读研究生、博士生，找一份受尊敬的稳定职业。

小丽的情况表明她是考前焦虑情绪的一般心理问题，主要原因在于一次化学考试失利后，主观认为老师和同学瞧不起自己，觉得丢人，担心考不上重点高中和重点大学，存在一定的认知偏差。所以，经过协商，我选择阿尔波特·埃利斯的合理情绪疗法来帮助她改变认知偏差，缓解她的焦虑情绪。合理情绪疗法认为，引起人们情绪困扰的并不是外界发生的事件，而是人们对事件的态度、看法、评价等认知内容，要改变情绪困扰不是致力于改变外界事件，而是应该改变认知，通过改变认知，进而改变情绪。因此，我们进行了以下几个咨询步骤。

（1）建立良好的咨询关系。良好的咨询关系是谈话的基础，所以刚开始我就肯定了小丽的求助意向，表达了对她出现考试前焦虑的理解，让她明白很多同学都会遇到这种情况。同时，通过与其母亲交谈，我了解到父母以前对女儿的要求严格，期望值也高，让女儿心理压力大，难以承受失败；平时见女儿乖巧、懂事，不太关注女儿的情绪情感。这次女儿情绪不良，母亲意识到有点问题，但不知道怎么引导，所以陪女儿来咨询。经过交流，母亲表示要改变以前对女儿的高要求和高期望，平时多与女儿沟通、交流。我逐渐推荐一些与认知相关的心理学书籍给母亲阅读，以便母亲更好地教育引导女儿。

（2）帮助小丽领悟自身的不合理信念，认识到要改变自己的情绪困扰，首先应该改变认知。在帮助小丽初步了解合理情绪疗法后，我跟她有了以下对话。

我：你好！我很理解你目前的心理处境，每一个与你有类似经历的人都可能与你有相同的感受。请你想想是什么原因导致了现在的这种状况。

小丽：就是化学考差了。

我：这是学习过程中经常会发生的事情，我们称之为诱发事件，但它可能并不是直接引发你出现不良情绪的原因。

小丽：那是什么原因呢？

我：是你对这件事情的看法。人们对事物都有一些自己的看法，有的是合理的，有的是不合理的，不同的想法可能会导致不同的情绪结果。如果你能认识到你现在的情绪是你头脑中的不合理想法造成的，或许就能控制你的情绪。

小丽：那是怎么回事呢？

我：我们举个例子，假设你正准备吃一个你喜欢的口味的冰淇淋，但是你发现别人在没经过你同意的情况下用勺子舀出了一部分。此时你会怎样？

小丽：会很不开心，甚至还会发脾气。

我：现在我告诉你他是看到冰淇淋上有一个蚊子，帮你去掉了，让你吃到干净的冰淇淋，你还会不开心甚至愤怒吗？

小丽：肯定不会，还要感谢他呢！（笑了）

我：你看，同样一件事——他弄少了你的冰淇淋，但你前后的情绪反应却截然不同，为什么会这样？那是因为你前后对这件事的看法不同了。

小丽：原来是这样！可是我的考试成绩确实不好呀。

我：就你的问题来说，其他同学也可能遇到。请你说说这次化学考试还有其他同学像你一样考得也不理想吗。

小丽：有呀！有的比我还差呢。

我：不止你一个人化学考试不理想，说明考试失利是常见的事，但并非每个人都像你现在的情绪，你知道为什么会这样吗？

小丽：好像那几个同学确实没怎么样，为什么会这样呢？

我：如果你对考试不理想带有一些不合理的想法，就会导致不良情绪的产生。但是反过来，如果你改变了这些不合理的想法，那么你就能够控制好你的情绪。

小丽：我有不合理的想法吗？不合理在哪里呢？

我：那我们来了解一下怎样区分合理信念与不合理信念。心理学认为，合理信念符合基于事实、使自己愉快、更快达到目标、不找麻烦、很快消除情绪困扰5条标准；而不合理信念则相反，猜想、使自己烦恼、难以达到目标、主动寻找麻烦、难以消除情绪困扰等。根据这些标准，请你回去完成一个作业：分析自己的信念是否合理，寻找自己的不合理信念。

（3）引导小丽与自身不合理信念辩论，从而改变不合理信念，缓解考试前焦虑情绪。这次谈话，我先检查了小丽的家庭作业，发现小丽领悟力很强，能够找到让自己情绪困扰的一些不合理信念。以下是我与小丽的部分谈话。

我：请你说说让你感到紧张的事情是什么。

小丽：考试前我很容易紧张。

我：做作业和考试的基本目的都是检查对知识的掌握程度，我想了解一下，你做作业会不会紧张？

小丽：做作业不会紧张。但是考试成绩会排名，我担心考不好，想想就会冒冷汗。

我：我能理解你的心情，那么你这次考试成绩在年级排第几名呢？

小丽：我才考19名，太丢脸了。这样下去，不就完了吗？

我：照你这么说，那排在你后面的同学都没希望了？

小丽：那倒不是。

我：他们也都像你一样不开心吗？

小丽：好像不都是。

我：这样看来，别人可以有失败的记录，是不是你就不能有？

小丽：可是我以前从来没有考过这么差、这么失败呀？

我：你说你从没失败过，但能代表以后总是事事成功吗？能保证以后每做一件事都如你所愿吗?

小丽：那倒不能。

我：不如你所愿就会觉得一生都完了吗?

小丽：可能是这样的吧。

我：那比如你想一夜变成知名影星，你不能如愿，你也会很沮丧吗?

小丽：（笑）那当然不会。

我：这就是说，生活中不能如你所愿的事情会有很多，考试也是如此，这次考试虽然不能如你所愿，但并不等于你就失败了。

小丽：可是考这个成绩，老师和同学都看不起我呀。

我：你从哪里觉得他们看不起你?

小丽：（仔细回想）……反正考差了就会被瞧不起。

我：照你这样说，你也瞧不起考试排名在你后面的同学了?

小丽：不是啊。

我：你前面说考得差就会被瞧不起，后面说你不会瞧不起考得差的同学，你前后的说法似乎存在矛盾，你能解释一下吗?

小丽：（沉默）……看来不是这样的。你的意思是我没有瞧不起同学，同学也可能不会因为考试失利瞧不起我?

我：你说呢?

小丽：我明白了，老师和同学看不起我未必是真实的。

我：对，你的领悟力不错！现在我假设一下，如果老师和同学真看不起你，你会怎么样?

小丽：如果老师和同学真看不起我，我，我还是会不开心。

我：被人看不起而不开心是很正常的事情，要求别人必须看得起自己才是不合理的信念，你明白吗?

小丽：我有点明白了，你的意思是我不能要求别人对我怎么样，是吗?

我：你的领悟力很好！正是你的不合理信念，才给自己带来了情绪困扰，找出并改变这些不合理信念，你就可以摆脱考试焦虑。

小丽：我知道了，老师，谢谢您！

谈话中，小丽逐渐暴露出一些不合理的观念，如考试不理想老师同学会看不起自己，担心考不上重点高中、重点大学，等等。我一方面引导她与这些不合理观念进行辩论，同时建议她在实际情境中加以验证，如问问老师和同学是否真的看不起她，了解一下父母对这次考试的看法等。另一方面跟小丽父母交谈，引导父母明白自己在教育孩子的过程中由于自己的错误认知而带给孩子一些不合理信念，希望父母和女儿共同改变这些错误认知，从而消除不良情绪。

经过几次谈话，小丽情绪好转，注意力集中了，对学习也充满了信心，考试前不再出现冒冷汗、紧张等焦虑现象了。

考前焦虑是中学生经常会遇到的事情，原因往往是自己赋予考试太多的意义，从而让自己陷入情绪困扰。面对这样的学生，老师们可以运用合理情绪疗法，帮助学生分析不合理信念，改变非理性观念，引导他们改变认知，增强信心，会有效缓解学生考试焦虑的不良情绪。

参考文献

郭念锋. 国家职业资格培训教程心理咨询师（三级）[M]. 北京：民族出版社，2005.

如何提高班主任培训的实效性

上面老师讲得声情并茂，下面老师听得昏昏入睡；上面老师你讲你的课程，下面老师我拨我的手机……这些现象在很多特别是乡镇班主任培训会上比较普遍。我们曾在不同类型的班主任座谈会上了解到，绝大多数班主任都希望通过“请进来，走出去”的培训形式，多学习专家的理论知识以及优秀班主任的实践经验。但是为什么组织他们参加了学习培训会，又会出现玩手机、迟到早退中间溜、不愿学或者学不下去等情况呢？如何提高班主任培训的实效性？

一、班主任培训的现状分析

随着教育的发展，班主任的角色越来越重要，工作岗位越来越受到教育部门的重视。因此，各级教育部门都重视并积极开展班主任专业培训和教研活动，将其纳入继续教育规范性培训，提供必要的培训经费。培训内容包含班主任工作的理论基础、实践技能和人文素养等方面。据调查，班主任培训存在以下现状。

1. 培训内容缺乏针对性

现在绝大部分班主任培训都摆脱了以前内容高大上、理论书本照本宣科的情况，但还是存在以下几个问题：

（1）培训主题和内容大多从主办方出发来设计，追求时代感，贪多求全，不切合班主任的实际。

（2）培训对象不分类别、不分层次、不分地域，既有小学也有中学，既包含时代感强的城市也包含信息闭塞的乡村，既有理论水平高、实践能力强的优秀班主任也有很少参加培训的一般班主任等，对象参差不齐，培训内容众口难调。

2. 培训形式单一

为了利用资源，扩大受众面，参加培训的人员动辄几百人甚至上千人，培训的形式只能是“你说我听”的讲座，很难激起受训者的兴趣。

3. 班主任自身原因

虽然班主任希望“请进来，走出去”多参与培训，但一旦有机会参加培训，反而会出现不习惯的现象：

（1）不习惯从老师角色转变为学生角色。当学生要专心听、认真记，对于平时很少记录、背诵，特别是年龄大的班主任就容易出现一边听一边打瞌睡的现象，年轻一点的就会开小差，如玩手机等。

（2）不习惯静下心学习、思考问题。很多班主任平时工作任务重、内容烦琐、压力大，工作上基本是按部就班，按经验处理班级事务，动脑学习、思考的节奏跟不上去。

以上分析说明，班主任参加培训时出现的开小差现象不仅有其培训设计方面的问题，还存在班主任自身方面的问题。因此，要提高班主任培训学习的实效性，要从组织培训的教育部门和班主任自身两个方面双管齐下。

二、开展形式多样的班主任能力建设培训

班主任队伍是中小学教师队伍中的一支重要力量，一名优秀的班主任可能影响学生一生。我市2015年初申报的“阳江市中小学班主任能力建设”项目被确定为2015年度省级学校德育能力提升项目，结合实际以及项目实践的推进，我们开展了一系列班主任能力建设培训，旨在形成系统化、常态化的地方班主任培训和校本培训模式，提高班主任整体专业素质。

1. 建立班主任专业培训体系

从学校到县区，再到地市的教育部门都应努力构建本系统的班主任培训体系，落实系列性的课程培训，促进班主任专业成长。近几年，我们定期对班主任进行调研，了解班主任的工作情况和需求，如在工作中有什么困惑，喜欢参加什么样的培训，希望在哪些方面得到指导等，开展了两次全市性的班主任培训。培训后我们对培训效果进行了反思，认为要提高班主任培训的实效性，应该转变培训方式：一是要根据班主任的能力和需求举办不同的培训班，如初级班、中级班和高级班，或者像心理健康教育培训A、B、C证一样，让不同层面

的班主任获得相应的理论知识和实践能力；二是在培训过程中，应该积极引导班主任学会基于实践进行反思、学习，从而积累具有生长性的经验性的知识；三是应该基于班主任实际开展如案例分析、读书沙龙、经验分享等各种形式的培训，从而形成班主任发展共同体；四是应该基于当前实际，采取有利于激发班主任积极性的形式，开展班级建设策略、师生共同成长、心理健康教育等专题化的培训。

2. 促进班主任专业自觉

很多班主任都会有这样的经历：成功教育好学生，内心会感觉快乐，并促使自己喜欢工作，喜欢继续尝试成功教育的方式方法。如果班主任能够从培训中学到成功教育学生的方式方法，能够解决工作中的实际问题，那么他们就会觉得培训是有用的，从而内心里面喜欢参加培训。我在培训班主任的时候，会预先了解参加培训班主任的情况和需求，针对他们的需求设计一系列的案例分析，如在初级班的时候主要分析班主任利用开学初、一个月后、学期中、学期末等几个重要时间段来建设班集体的技巧：巧记学生名字、科学编排座位、建设学生团体、艺术联系家长、营造班级文化、处理学生不良情绪，等等。班主任在分析案例的过程联系自己的工作实际，借鉴别人的有效做法，思考适合自己的方法，感觉培训增强了自己的见识和水平，提高了成就感和自我效能感，非常喜欢这样实操性强的培训。

当然，借鉴别人实操性的技能只能解一时之困，并不能长久解决信息化社会纷繁复杂的教育问题，最有效的办法就是组织班主任参加系统性的升级式培训，引导他们从借鉴经验做法，到思考背后的理念，再到形成自己的亮点特色。随着班主任的需求日渐提高，他们就会认识到专业素养是现代班主任的基本要求，专业发展是现代班主任的成长路径，从而希望得到系统化、专业化的培训，逐渐成为专业自觉、专业自信的班主任。

同时，为了让培训的影响更加持久、更有效果，我们建立了阳江市中小学网站、名班主任工作室QQ群、微信群、班主任博客等电子平台，在培训中、培训后组织大家互动交流，分析问题，分享经验，通过征集论文、随笔的形式，促使他们总结并推广成果。

3. 组织丰富多彩的培训形式

培训是班主任成长的重要途径，教育部门若想实现班主任专业的持续发展，就必须不断创新培训方式，融合多种方式开展培训，增强培训的实效性，吸引班主任积极参与培训。根据培训者、培训方式等方面的不同，我对常见的培训形式进行了一些分类，分析了各种形式的优缺点，促使我们培训部门扬长避短，组织多种多样的培训班来提高班主任参与培训学习的兴趣，增强班主任的理论素养和实践能力。各种培训形式对比一览表见表2。

表2　各种培训形式对比一览表

类别	形式	优点	不足	适合类型
培训者不同	请进来	1. 学校培训面大。 2. 针对性强，互动性强，实效性强	请进来的专家少，内容量少	1. 全员培训。 2. 主题培训
	走出去	1. 专家人数多，专题广，内容信息量大。 2. 促进校际之间交流，互相学习。 3. 感受外地教育特色	学习成本高，一般是班主任代表参加，学校培训面不广	1. 骨干培训。 2. 区域培训
	校本培训	1. 发挥校内资源优势，花费少，容易组织，能持久开展。 2. 互帮互学，激励先进，鼓励进步。 3. 针对性强、可操作性强、实效性强。 4. 形式灵活，便于形成富有特色的校本培训体系	局限于校内班主任间交流、学习，缺乏外来知识和理念的渗透，造成教育的同质化倾向	1. 校内系统性培训； 2. 持续开展的培训。
培训方式不同	讲座	1. 传授的知识量大。 2. 培训面广	针对性、可操作性、实效性等方面不强	参与人数多的培训
	研讨	1. 互动交流性强。 2. 针对工作中的案例、问题等分析，一事一议，针对性强、可操作性强、实效性强	1. 培训内容少。 2. 参与人数少	1. 骨干培训。 2. 教研组研讨

续 表

类别	形式	优点	不足	适合类型
培训方式不同	集中+分散	1. 集中培训面大，分散培训多利用网络进行。 2. 知识量大，内容广。 3. 结合各种作业进行，促进班主任积极动脑思考。 4. 网络评分，激励班主任努力完成任务	1. 作业有可能抄袭完成。 2. 网络培训难以评价真实效果	1. 全员培训。 2. 网络培训
	工作室	1. 以师徒辅导形式培养，针对性强、实效性强。 2. 以点带面的形式实现省级、市级、县级、校级等层面的班主任培训，发挥地方优秀班主任作用，层层推广工作经验	1. 如果工作室主持人不主动作为，培训将流于形式。 2. 培训面需要一层层推广，效果会打折扣	各级建立名班主任工作室，团队形式培训
	课题研究	1. 以师徒辅导形式培养，针对性强、实效性强。 2. 更加系统地围绕实际问题提出解决对策，提高理论素养，促进班主任专业能力提升	1. 培训内容少。 2. 参与人数少	1. 骨干培训。 2. 名班主任培训

除了上述培训形式之外，我们各级各类教育部门和学校的领导还应根据本地班主任工作实际，创新培训形式，想方设法调动教师参与其中的积极性和主动性，而不是用行政命令强制教师学习。例如，江苏省大丰市幸福路小学开展“校本点评”培训活动，由学校领导或优秀教师对班主任的班级建设、教育随笔、教育个案、读书学习等工作进行点评，注重激励、引领、纠偏等功能，激发了班主任的“共生效应”，让他们在专业成长中相互影响、相互促进，并让优秀班主任带领年轻班主任，发挥优秀教师的示范辐射作用。

三、探索地方班主任培训和校本培训模式

最初，我市教育局建立了5个市级名班主任工作室，共100个班主任，在两个省级名班主任工作室和省级名班主任的带领和组织下，开展了一系列培训。除了常规的讲座、研讨、课题等形式的培训，我们也探索了一些具有亮点和特

色的培训模式。

首先是班主任“每月谈”活动。活动内容主要是每个月定期组织班主任集中在一起，围绕班主任工作中的热点、难点问题进行交流、探讨，寻找有效的解决对策。活动原则有3个：一是每人开口原则，保证人人参与；二是凸显主题原则，保证发言质量；三是反思总结原则，保证培训实效，如5月份班主任“每月谈”活动的主题是“如何处理期末一个月前的慵懒情绪”。阳西一中陈玲长的反思总结如下。

（一）基本情况

本期班主任“每月谈”的教育情景是：“临近期末离考试还有一段时间，学生在学习上往往有松懈的情绪，你作为班主任怎样处理？”班主任们纷纷就此做了发言，归纳起来主要有以下方面：

（1）在教学法上下功夫，把教学内容留在考试之前完成。

（2）与学生谈话，分类指导，给予鼓励。

（3）家校沟通，充分发挥家长的作用。

（4）目标激励。

（5）班级文化熏陶，发挥主题班会的育人作用。

（6）班主任工作与学科相结合。

虽然有些老师的提法相同，但是具体做法有异。例如，同样是目标激励法，不同的老师在操作过程中有不同的做法。具体到我的做法，一是目标激励法，把每一个学生的目标都按统一的格式写出来，贴在墙上，以便大家相互监督；二是与学科结合。我明确地告诉学生，虽然课本内容学习完了，但是我们还有研究性学习的任务，要求学生收集时政热点，并结合课本知识进行分析。

根据各位班主任的发言，我把他们在处理这件事时的做法进行了归类，主要划分为以下方面。

（1）妈妈型：老师像妈妈一样具有亲和力，善于和学生沟通，服务好学生。如有的老师在学生表现好的时候，便给他煲汤或做凉茶，获邀其到家里包饺子。

（2）知心姐姐（大哥）型：如有位老师和学生打成一片，和学生就像哥们一样，经常和学生到外面K歌，对学生的教育不知不觉地渗透到日常生活中去了。

（3）导师型：我们阳西工作室的“家长”林老师就是典型的例子。林老师工作有思想有方法，在学生中树立起了较高的威信。学生犯了错误，在林老师的循循诱导下，豁然开朗，很快认识到了自己的错误，学生对其真是又爱又恨，又怕又敬。

（4）亦师亦友型：这种类型的班主任主要是高中班主任。

以上各种类型无所谓错与对，适合就好。

（二）我的反思

这一次活动，通过与同行分析交流经验，真是让人受益匪浅，现反思如下。

1. 班主任工作要科学

在交流中，虽然大家都积极发言，但是有个别人的做法欠推敲，存在着不科学的地方。我们的工作是不是应该做到既合情，又合规律；既合理，又科学？毕竟班主任工作要建立在科学的基础之上。

2. 班主任要善于总结和反思

其实我们每一个老师对待工作都有一套方法，但是平时往往疏于总结和反思，我也一样。就拿这一次“每月谈”活动来说，面对主持人提供的教育情景，感觉自己有很多话要说，但是又不能自信、完整地表达出来，真是书到用时方恨少！这就是缺少总结和反思的结果。反思如同前行路上的驿站，休整再出发才能精神百倍、方向正确。只有不断地记录和积累教育工作中的体会、经验，才能使教育工作更加地深入进行，才能不断提升自身的理论水平和教育能力。在以后的教育中我要不断地总结每一次教育活动的亮点和创新之处；分析不足之处，想改进和应做之法，不断积累育人经验。

3. 班主任要善于分享，在同伴互助中成长

每一个人的能力都是有限的，每一个人的点子也是有限的，我们要通过名班主任这样的平台，与全市骨干班主任的专业对话和经验分享，积累更多工作方法，我想我们离班主任专业化的成长也就不远了。

班主任“每月谈”活动形式多样，有“主题式”活动：给出一个主题交流讨论，主持人做一个与主题相关的讲座，提供相关的一到两个情景答辩抢答，最后邀请嘉宾点评或总结。也有“无领导论坛”活动：提供一个辩题，由各工作室挑选5个代表参加，专人记录每人发言时间和次数。最后由主持人总结、点评各人在“无领导论坛”中的表现，如在主题为“开学如何开头”的6月份班主任“每月谈”中，有老师认为开学前要向原班主任了解学生情况，便于开学更快更好地开展各项工作；有老师则认为开学前不要向原班主任了解学生情况，而是通过自己开学初的检查，对学生有新的认识，让学生有新的开始。最后，大家总结：教育形式无对错，关键是是否符合教育规律，能否促进学生的身心发展。

随着班主任“每月谈”活动的深入开展，我们还将利用BBS、E-mail、QQ（群）、博客、钉钉、微信等网络交流载体，提高班主任交流的广泛性和实效性。

学校还开展了班主任“微晨会”校本培训活动。我市市级名班主任工作室的班主任遍布各地城区和乡镇学校，为了发挥他们在本校的示范引领作用，我建议他们在学校开展班主任“微晨会”培训活动，每天早餐后到上课前的10～15分钟内（各学校可根据实际安排），同一个年级的班主任在年级组集中，轮流说一个自己工作中的案例，大家围绕案例分析原因，说做法以及理由，找出科学的、适合的解决对策。活动坚持下来，每周5次，每个学期100次，差不多可以研讨100个案例（同一个案例如果有了新的想法可以重新再研讨），既能增进班主任之间的交流，形成集体研讨的科学探究精神，又能提高班主任解决问题的能力，针对性强，操作性强，实效性大。

绝大部分班主任都是喜欢学习的，只要教育部门能够针对班主任的需求，开展形式多样、针对性强、实效性强的培训，班主任就能从中得到成长，促进专业发展，带动学校教育的发展。

师生共同管理班级

“老师，你说我们是班级小主人，我们可以为班级做哪些事情呢？”听了我称他们为班级小主人，孩子们很热情，很积极，都想为班集体做事情。我说，凡是班级里面的事情都是他们可以负责并且要有所担当的，如维持课堂纪律，组织班级活动，处理班级事务，建设班级文化，加强同学交流，等等。那么，这些事情的设计、制定、安排在什么时候落实呢？学生在学校的大部分时间是在班级中度过的，班级是他们学习、活动、交往的主要场所。作为班主任，要让每位学生在班集体中快乐并充实地度过每一天，抓好班级常规管理十分必要。师生共同管理班级，那引导学生管理班级的最佳场所就是课堂。因此，我们在开学第一个月的班会课基本就是围绕班级常规管理、班级文化的主题开展。

一、制定班级发展规划

班级发展规划是基于班情现状，师生共同制定的关于班级未来发展的规划，包括明确的方向、周密的计划和具体的措施。制定班级发展规划的程序一般是望、闻、问、切。

1. 望

望就是观察，观察学生的日常行为、课堂表现、做事能力、学习主动性等。不少班主任接到新班的第一个做法就是找原来的班主任和科任老师了解班级情况，特别是两头学生的情况，及时掌握信息。而我却不走寻常路，我认为找原班主任了解情况会先入为主，束缚我对学生的看法，不利于还处在成长中的学生的发展。我接手新班级时，一个学生在开学第一天很主动，搞卫生、发书本、点人数……我请他暂时负责班级的全面工作。结果，他出色地完成了任务。竞选班干部时，他想当班长，可是同学们大都不选他，理由是以前的他太调皮了。后来他当上了副班长，同学们说简直是奇迹，他从以前的屡教不改变成了现在的优秀班干部。由此，每次接新班时，我都明确向学生表示：我不想了解他们的过去，只重视现在，希望他们新学期都重新开始，都有新的发展，用自己最优秀的行为打动同学和老师，成为最好的自己。于是，每次我都能见证一些学生改头换面的新变化。

一般我会用两周时间观察学生，尽量用细节来记录学生的表现，并且及时利用小纸条反馈给学生，与学生及时互动，以促进学生更好地发展。例如，夏丽看到小纸条（“那天在走廊上你一看到我就露出甜美的笑容，我能够感受到你的文明有礼”）后，从不敢接触老师到会主动问候老师了；“卓航，今天的数学课上，你看到同学们选择了3个答案都错了之后，很快选择另外一个答案，说明你利用了选择题的排除法来做题目，为你点一个赞！”受到肯定之后，卓航开始主动交数学作业，并且申请当数学小组长。

2. 闻

闻就是聆听。真正的沟通是从善于聆听开始的。教师由于受传道授业解惑的职责影响，在学生面前往往占有绝对话语权，而很少花时间去倾听学生。其实，倾听是教师了解学生最好的办法。心理学意义上的倾听是在接纳的基础上，积极地听，认真地听，关注地听，以共情的态度深入学生的感受，并在倾听时适度参与，积极引导。比如，一位学生向我反映自己很想努力学习，可是成绩就是不好，为此她认为自己笨。我对她说：“你有觉察自己问题的能力，有改变现状的愿望，这说明你开始想积极地解决问题了。接下来，你再来思考几个问题：你曾经努力学习提高成绩了吗？想想你那次是怎么努力的？现在你认为自己怎么做就可以把成绩提高一点点？”果然，该生以自己的成功经验，来激发自己的潜能，同时了解到成绩不够理想源于自己的不够努力和不懂方法。

3. 问

问是为了全面深入地了解学生，了解班情。向学生了解他们对自己、对别人和对学校学习生活所持的态度以及相应的习惯做法，对班级常规管理、老师的育人理念、自己未来发展等有什么看法；向家长了解孩子的成长过程、兴趣爱好、总体表现情况，以及家长对孩子教育的理念、方法和培养方向；向原班主任了解班级的总体表现，做了哪些有效的班级管理模式，开展了哪些学生喜欢的班级活动等（问总体，不问个体，避免先入为主）。

4. 切

切就是针对情况制定班级发展规划。通过前面几个步骤，班主任对全班学生有了全面了解，并尝试开展教育工作之后，就可以制定班级发展规划了。班级发展规划一般包括以下方面：

（1）学校概况和发展规划。

（2）班级概况以及变化。班级学生基本情况（男女结构、城乡结构、留守儿童比例等）、班级变化以及学生个人发展目标。特别强调学生个人发展目标中，学生自己描述在本班学习期间的发展目标（可以让学生填写表3）。

表3　学生个人发展目标表

<table>
<tr><td>姓名</td><td></td><td>性别</td><td></td><td>出生日期</td><td></td></tr>
<tr><td>爱好（可多写）</td><td colspan="5"></td></tr>
<tr><td>期初自我评价</td><td colspan="5"></td></tr>
<tr><td>努力方向</td><td colspan="5"></td></tr>
<tr><td>学业目标</td><td colspan="5"></td></tr>
<tr><td>具体努力措施（习惯养成、时间安排等方面）</td><td colspan="5"></td></tr>
<tr><td>期末总结</td><td colspan="5" rowspan="2"></td></tr>
<tr><td>教师意见</td></tr>
</table>

（3）班级发展目标。班级发展目标就是根据社会、学校的期望以及班级本身的任务而确定的预期发展结果，是班级成员共同的期望和追求。班级发展目标能够体现班级教育理念、班级文化、努力方向等。例如，有一个班制定班级目标是“规范、明理、成长”，近期目标是培养学生的良好习惯，营造正确的舆论，建立班级制度，创建良好班级文化等。又如，有一个班主任接手新班级后觉得班级学生不够大气，制定的班级目标是做一个“大写的人”，围绕这个目标制定学年、学期、每月目标。

（4）根据班级发展目标制定学年、学期、月计划。计划一般解决如何把目标落到实处的问题，包括常规工作如何做，特色工作怎么做，利用班级哪些资源，面对问题如何解决，等等。

（5）其他方面。根据班主任特色来制定。

二、组建班委

班委会是协助班主任开展班级工作的得力助手，在学生中起着带头模范和管理的作用。

1. 常规组建班委

班委会主要由正副班长、学习委员、纪律委员、体育委员、劳动委员、文娱委员、宣传委员、生活委员、小组长等成员组成，当然小学有少委会，中学还有团委会。组建办法有：

（1）全班动员，营造气氛：召开班会课全班动员，强调班干部的意义和作用，希望大家踊跃争当或竞选班干部。

（2）观察学生，善用人才：特别是低年级学生不太懂得根据自己的实际来竞选班干，这时就需要班主任注意观察，了解学生特点，科学安排班干部分工。

（3）细化职责，便于操作：班干分工越细，越有操作性，谁干什么，干得怎么样一目了然。我的经验是分为几个部门，如学习部包括各科学习委员和小组长，宣传部包括对外宣传部（黑板报、班报、撰写宣传稿）和班务通知部（传达学校、年级组、老师通知）等。细化职责，多人担任，这样做可以达到“人人有事做，事事有人做”的效果。

（4）设立值日班长或值周班长：为了照顾还没有当上班干部的学生，让表现好、比以前有进步的学生当值日班长或值周班长，与班长一起管理一天或一周班级事务，包括集队集会、卫生、上课纪律等，并且记录班务日记，可以激励更多的学生为班集体服务。

（5）定期召集，培训提升：每星期召集各部门部长会议，每月召开所有班干部会议，聆听班干部的想法，肯定好做法，针对问题给予培训指导，提升班干部的能力。

（6）个别指导，肯定鼓励：班干部各有特点，有的积极，有的蛮干，有的讲究方法，针对不同班干部要有不同的鼓励方式，使他们既肯干事，又能干事。

2. 班委改革

班干部的职责是为班集体服务，但是受家庭、社会上个别不良风气的影响，有的学生会把当班干部看成“当官”（官的职责应该是为人民服务，但是在不少人眼里“官”的含义也变味了），重名不重实际。因此，有的班主任开始改革“班干部”的叫法，我尝试用“志愿者”代替班干部，把班级事务详细列出来，每个学生都可以申请为某个项目的志愿者，如读书志愿者、劳动志愿者、生活保健志愿者、图书馆志愿者、爱心雨伞管理志愿者等岗位，学生依据自己的能力和特长自主选岗，也可定期轮岗。在志愿者岗位上，学生找到了平等、奉献的快乐，一些原本性格内向的学生也乐于与同学、老师交流了，变得更加阳光自信。同时，“奉献、友爱、互助、进步”的志愿精神也会从小种在学生的心里。

三、建设班级规范

班级规范作为班级人际交往与互动中持续的参照标准，能够调整班级群体要求与个体需求之间的关系，引导、约束班级成员的言行，有利于班级发展目标的达成。班级规范可分为两大类：一是成文的形式规范，即班规，如班级制度、课堂规则、学习纪律、学生守则等，具有外在的强制约束性；二是班级成员在活动与交往中形成的非形式规范，如舆论、风气、传统等，这些规范没有明文规定，却具有内在约束性。

1. 制定班规，要四个条件

一是师生共制定。可先由班主任指导班干部及学生代表拟出讨论稿，提交全班共同讨论，再进行修订。

二是师生同遵守。班规是班级的规章制度，教师是班级成员，不仅指向学生，也应指向教师。

三是内容合法，程序合法。班规内容不能违背国家、学校相关规定，不能违背学生身心发展特点，要简洁、易于操作。同时制定班规的程序要合理合法，最好成立班规制定小组，包括教师、学生、家长代表，班规草拟后广泛征集学生、家长和任课教师意见，再全班讨论通过。在执行的过程有增减时，也要按照程序通过。

四是人人知晓，有规可依。班规制定好后一定要印发给每个学生带回家让家长知晓，这样对学生的奖惩就有章可依。如果遇到班规里面没有列出来的事情，可以由班主任、任课教师、学生代表和家长班委会开会处理，或者根据实际增加班规。

2. 落实班规

班规要依赖奖惩制度执行，惩罚要合乎逻辑。哪些处罚是不合乎逻辑的呢？如一个孩子在上课时捣乱，老师罚他站堂；学生违反纪律，老师取消集体活动；学生没写完作业，老师罚他不准上体育课，等等。听话的学生默默接受处罚，但他们会想：别人犯错，为什么要我受罚？因为认为老师的处罚不公正，学生会产生“反正我遵守班规也一样受处罚”，那么他们就会不在乎班规。所以，老师们要做到：对不正当行为最严厉的惩罚就是不准违反班规的学生参加发生不当行为时所进行的活动。如上课或者开展活动时某学生开小差，那么请他站到旁边，不能参与听课或者活动，跟他说明要怎么表现好再让他参与，课后再布置他写规定字数的反思。

制定了班规，组建了班委，还要有老师的督促、检查和总结，班风、学风才能稳步发展。我的办法是每天放学前用5分钟时间进行“十问”：先让学生用一分钟自我十问，再由老师抽查学生是否做好十问，既引导学生自我反思总结，又便于老师了解学生表现情况。“十问”包括：

（1）今天我仪表端庄吗？（着装、头发、指甲、排队姿势等）

（2）今天我认真读书了吗？

（3）今天我遵守纪律了吗？

（4）今天我学到了什么知识？

（5）今天我独立思考了什么？

（6）今天我讲安全了吗？

（7）今天锻炼身体了吗？

（8）今天我合理安排时间了吗？

（9）今天我干了哪些好事情？

（10）明天，我怎样做才会更好？

3. 形成良好的班级舆论

班级舆论有赖于老师的言传身教。有一位广受敬重的老师，她曾在开学第一天告诉全班学生，如果学生表现好，班级取得全年级第一名的成绩，她就会在学期末统考后请他们去吃麦当劳。但她几乎每天都以取消他们吃麦当劳的资格来威胁行为不良的学生，许多学生甚至为了确保参加资格而做了额外的付出。学期末，他们班果然拿了全年级第一名的成绩。成绩公布后，大家都兴奋地等待老师宣布去吃麦当劳。可是，老师却说：“这次的分数不算，得下个学期继续考年级第一，才会请他们吃麦当劳。”学生听了后个个表情颓唐。老师不信守承诺不只把她一个学期里为孩子们所做过的所有好事都毁了，更让学生对校方和成人大失所望。所以，老师要为人师表，树立榜样，营造良好的班级舆论氛围，带领学生建立积极、正向的班级文化。

用心做人，有为做事

现在的孩子家庭生活普遍比较宽裕，家长虽然重视教育，但部分孩子的德育方面却不尽如人意：过分自我，对他人冷漠；学习马虎，做事草率；追求时髦，缺乏务实；高分低能，依赖家长等。为此，我校以德育为先，确立“只有先做好人才能做好事”的教育理念，加强对学生爱心、责任心、信心、耐心和慧心的培养，引导学生用心做人，有为做事，培养全面发展的新型人才。苏霍姆林斯基说：“教育——这首先是人学。”当今社会是“人的时代”，是教育人心灵、培养人和谐发展的时代！“用心做人，有为做事”的教育模式就是坚守德育教育最基本的“人学”，坚守培养人才最基本的素质，对准人的心灵，发展人的能力。

一、爱的教育，引导学生做爱心事、做诚信事

夏丏尊先生在翻译《爱的教育》时说过这样一段话：“教育之没有情感，没有爱，如同池塘没有水一样。没有水，就不称其为池塘，没有爱就没有教育。”我们开展爱的教育，就是要在平常的学习、生活当中融入人世间最普通也是最伟大的爱：老师之爱、学生之爱、父母之爱、儿女之爱、同学之爱……让学生明白，每一种爱都不是惊天动地的，都是实实在在的，只要用爱去感受生活中的点点滴滴，就会成为有爱心、有责任心的人。

1. 在“爱的教学”中，让学生感受爱

爱是人类永恒的话题，是人类最基本的情感。在教育中，爱更是教育的灵魂和生命。对孩子进行爱的教育，是教育的关键，也是教育的基本要求。爱需要教育，教育也需要爱。陶行知说：“真教育是心心相印的活动。唯独从心里发出来的，才能打到心的深处。”“真教育”让教师把目光投注在“人”的身

上、在课堂上。每个老师都从各自学科的特点出发，挖掘文本爱的思想，开展爱的教学，关注学生的和谐发展，以学生的生命活力为基础，提倡人的生命与自身、自然、社会、他人整体和谐，尊重学生的个性差异，把学习过程变成学生生命个体的精神漫游，激发学生热爱生命的情感，提升学生爱的能力，共同打造和谐人生。

2. 在“爱的故事”中，让学生学会爱

现在的孩子自呱呱坠地就被爱的光圈笼罩，家里被父母宠着，爷爷奶奶捧着；学校里被老师悉心关怀，时刻沐浴在爱河中。但这并不意味着他们学会了爱父母、爱长辈、爱他人，体会到了父母工作的辛苦，长辈抚育自己的艰难。培养学生爱的情感，是学生情感教育的重要内容。为此，我们每个星期定期开展“爱的故事”主题活动，让每个学生说说发生在自己身边爱的故事，分析故事中谁把爱奉献给谁，说说自己被爱和施爱的感受。在这个活动中，班主任会特别引领学生先学会感动，再学会感恩，然后指导学生怎样去爱自己、爱别人、爱集体。

3. 在“爱的行动”中，让学生主动做爱心事、做诚信事

戈登在《学习的革命》一书中说过：“教育的最高境界应该是达到三个和谐，即学生与自身生命的和谐，与周围生命的和谐，与大自然万物的和谐。”这三个和谐是我们通常所说的三爱，即爱自己、爱社会、爱自然。再高一个层次就是对自己负责、对他人负责、对社会负责，对环境负责。我们根据不同年龄学生的特点，分级组开展主题为“心会跟爱一起走”的课外体验活动，让学生感受父母、他人和集体对自己的关爱，也体验自己去爱父母、他人和集体的快乐。通过活动，引导学生主动做爱心事如乐于助人、孝顺父母、感恩他人，教育他们言行一致，讲诚信，对自己做的事情敢于负责。在学生的心中植入爱，他们就会在享受爱的同时把爱撒向人间。

二、细节教育，引导学生做实在事，做有益事

“一屋不扫，何以扫天下？”一个不注意小事情的人，一个没有耐心坚持做好一件事的人，永远不会成就大事业。只有把小事做好，坚持做，做下去，做深刻，才会把事情做到最大。我们学校开展了“小纸片传情达意”活动，每位老师特别是班主任都要做有心人，仔细观察学生的表现和变化，根据实际需

要在小纸片上写几句肯定、鼓励或者警示的话送给学生，以此引导学生从小事做起，关注每一个细节，从小事做起，做实实在在的事情，做有益于集体的事情，扎扎实实地培养学生成为有爱心、责任心、信心、耐心和慧心的人。

开展“小纸片传情达意”活动后，每个老师的办公桌上都放着一沓小纸片，随时写上评价语送给学生。班主任会根据学生的平时表现，及时肯定良好行为，鼓励进步行为，提醒犯错行为，还会在学生生日当天及时送上祝福语等。任课老师则会根据学生课堂表现和课后学习态度利用小纸片跟学生交流。有的老师在小纸片上画简笔画，配上简单的一两句话，形象生动，诙谐有趣，寓意深刻，更加吸引学生。写在小纸片上的虽然只有几句话，作用却很大，不但能够及时评价学生的表现，肯定学生好的方面，指出不足，引导学生努力的方向，还能有针对性地提高学生的道德行为能力。

通过小纸片，师生关系变得更加和谐，老师利用小纸片“传情达意”，说的都是学生平时的细节表现，如“小锋，看到地上有纸屑你会主动捡起来，是个很有责任心的环保小卫士！”“阿亮，昨天你和同桌闹矛盾，如果能谦让一下，你就是一个有爱心的孩子！”这些评价个性化、多样化，有针对、有实效地引导学生当有心人，做有为事。学生在小纸片中感受到老师的尊重，体会到老师的肯定和重视，得到老师悉心的教导，心里感觉特别温暖，都盼望得到老师的小纸片。有的学生把老师写的小纸条装订起来，作为自己的精神食粮，有的学生还主动写纸条给老师，向老师倾吐心声，与老师交流。

三、有为教育，引导学生敢想敢做，勇做创新事

现在很多家长对孩子呵护过多，不许孩子独自活动，不许孩子和陌生人讲话，该放手时不放手，另外，很多学校从安全出角度发，不开展郊游活动，禁用或拆解封存一些体育设施如单杠、双杠、跳山羊等，剩下的只有分数，孩子们都习惯依赖家长和老师，遇事缺乏信心和勇气。一个人，没有处事的决断力，行动优柔寡断，只会贻误时机，庸碌一生；没有敢为天下先、勇于承担风险的胆略，任何时候都成不了大业。

当有心人，做有为事，就是要先培养学生成为一个有爱心、责任心、信心、耐心和慧心的人，在学生能够明辨是非、具有良好道德品质的基础上再引导学生善于思考、大胆创新。当然，敢于创新不是匹夫之勇，不是无知的莽撞

或蛮横，它需要建立在足够的知识和丰富的实践经验的基础上。我们联合家庭和社会，积极创设增强孩子信心、锻炼孩子能力的环境，给孩子更多的自主空间与时间，如开展“我的生活我做主”“体验社会一天”“走进田野和森林”等活动，通过这些实践活动来历练孩子，让他们经受一定的风雨洗礼，体验成功与失败、挫折与伤痛，那样，他们才能更茁壮地成长，拥有健康自信的心态，笑傲险阻，勇于创新，成长为有所作为的人才。

为了提高学生明辨是非、敢想敢做不蛮干的决断力，我们分年级开展“评道德故事，立道德行为”主题活动，针对学生的平时表现，在班会课上向学生展示合适的主题故事情境，让学生去猜想故事结局或者选择做法，通过不同的选择引起学生的道德认知冲突，引发学生进行讨论，让他们接触到更高层次的道德推理方式，在多元化的思想角度下提高学生明辨是非的能力，使学生养成良好的道德行为。如有一个故事：三（1）班东东跑得慢、力气小，他很想参加运动会，为班级争光。让不让东东参加运动会呢？不让他去，他会伤心；让他去，会影响班级的团体成绩。如果你是三（1）班的同学，你会怎么决定？这个故事存在两难选择，关爱同学还是爱惜集体荣誉，只要学生从爱心出发，说明自己的理由，老师都给予肯定。当然，老师可以根据学生的接受能力谈及当今社会主要以竞争为主，每个人要想表现自己为集体争光最好是发挥自己的特长。在评道德故事的过程中，班主任相机培养学生的慧心、胆识和创新精神，提高学生的道德判断能力和行为能力。

参考文献

[1] 周南照，孙云晓. 走进学习时代丛书［M］. 北京：北京出版社，1999.

[2] 苏霍姆林斯基. 给教师的建议［M］. 杜殿坤，译. 北京：教育科学出版社，1984.

[3] 孙云晓. 21世纪教师和父母必读［M］. 北京：北京出版社，2002.

和谐教育，坚守本色

全国著名教育改革家魏书生到广东阳江做了一场教育报告，魏老师那看似平实的教育故事却蕴含着深刻的思想，那看似通俗的语言却包含着广博的知识，带给我一种强烈的震撼。多少人嫌苦怨累的教学工作，在魏老师眼里却是痴迷沉醉的享受；多少人不愿干的教育工作，在魏老师眼里却是轻松愉快的事情。2014年第30个教师节前夕，习近平总书记考察北京师范大学时勉励广大师生要做有理想信念、有道德情操、有扎实学识、有仁爱之心的“四有”好老师，这是对教师职业精神的高度概括。从拜读魏老师的教育专著到聆听他的教育报告，我认为魏老师不但身体力行了这四个方面，还用实际行动补充了一点：“和谐教育，坚守本色。”

一、和谐教育

在现代教育理念中，教育不是单一存在的，而是随着社会的变化而发展的，所以教师要适应社会多元化的发展，坚持和谐教育。从魏老师的教育态度和教学效果来看，他的和谐教育体现在与自己和谐、与社会和谐、与学生和谐等方面。

1. 与自己和谐

与自己和谐，就是能够在工作中找到教师职业的尊严和幸福，树立“教书育人是一种幸福”的思想。魏老师有多次转行机会，但最终还是选择当老师，他1986年起任辽宁省盘锦市实验中学校长兼书记，后任盘锦市教育局局长，兼任全国教育科学规划领导小组成员、全国中学学习科学研究会理事长、全国中语会副理事长等38项社会职务。但他始终不离教学第一线，一直坚持上语文课，当班主任。有人说魏老师高尚，但魏老师认为自己不算高尚，因为他喜欢教育教学工作，喜欢和学生打交道，在教育的过程中他能够体验快乐和幸福。这就是魏老师与自己和谐的职业道德感。而在我们的周围，不少老师认为备课上课、批改辅导等琐碎的教育教学工作是辛苦的，很羡慕那些不用上课的教育行政人士，因此对待自己的工作敷衍了事、麻木重复，乃至于职业倦怠，无所建树。

朱永新教授说过："挖掘你生活中、你职业中的内在魅力。因为我们每个人生存和发展的基本东西是他的职业。你是厌倦它还是喜欢它，对整个心理的发展，对你的幸福感、成就感的获得，都是至关重要的。你不爱这个职业，这个职业也不会爱你。你不爱教师这个职业，你就不能从教师这个职业中获得乐趣。"魏老师也说："许多事情是没办法选择的，但你可以选择态度。"所以，既然我们选择了教师这个职业，就应该把教育工作当作一种为之终身追求的事业，树立"快乐工作，快乐奉献"的教育理念，在快乐奉献的同时收获成功、收获幸福。

2. 与社会和谐

在工作中遇到挫折时，主观努力解决是关键。魏老师说得好："埋怨环境不好，常常是我们自己不好；埋怨别人狭隘，常常是我们自己不豁达；埋怨天气恶劣，常常是我们抵抗力太弱；埋怨学生难教，常常是我们自己方法太少。"确实，平时我遇到不顺时就推卸责任，埋怨周围环境和别人，却很少从自身方面找原因，不善于改变自己来适应周围的环境。魏老师"多改变自己，少埋怨环境"的话让我懂得：教师要与集体和谐，与自然环境和谐，与他人和谐，才能够引导广大学生与社会和谐。与社会和谐，教师就会适应社会所需，带领学生关注社会，引导学生尊重社会各行各业的人，培养各行各业所需的人才。

我们老师都有这样的体会：很多后进生，只要我们不放弃，多引导、关爱他们，他们就会健康成长，在工作后心存感恩，奉献社会。学生桃李芬芳是我们当老师最大的欣慰。所以，老师在教育教学的过程中，应该以人为本，尊重每个学生的个性和特长，赏识每个学生，引导学生尊重社会上各行各业的人，让学生从小就明白每个人都会因为自己的特长成为对社会有用的人，从而树立成为各行各业人才的理想。

3. 与学生和谐

很多老师不能与学生和谐相处，因为总以为自己高于学生。其实，学生与老师的关系是平等的，老师与学生的尊重是互相的。与学生和谐相处，重在关爱学生，尊重学生。“崇高而无私的爱心”是魏老师身上熠熠闪光的灯塔，照亮了很多学生内心深处颓废、阴暗的角落。他有着海洋般宽广的胸怀，能容纳和理解学生所有的错误。他从不挫伤学生的自尊心、自信心，总能公平、公正地善待每一个学生。对待学生的错误，他也从不体罚，而是让学生表演才艺或做件好事来改正错误。在充满爱的教育中，学生从内心深处信服、崇敬和爱戴他，从而能够主动认识自己的缺点和不足，在魏老师伟大人格魅力的熏陶下，敢于承担责任。

魏老师与学生和谐还体现在两个字——“商量”上。他做班主任，凡事都和学生商量，没有一件事是他主观臆断的。他们班上的班规班纪，没有一条是他定的，都是全班开会，然后学生讨论，最后全体通过，就定下了。学生就在“商量”的过程中得到了锻炼，提高了实践能力和创新能力。反观我自己，平常总是说要提高学生的创新能力，但往往是按照自己的经验授意学生去完成任务。所以，我也要学会魏老师“商量”的真谛，真正跟学生沟通与交流。

二、坚守本色

在报告会中，我印象最深的是魏老师经常讲“坚守”两个字，他强调教师要坚守教育教学一线，坚守中华传统教育理念，坚守住自己和名师的教育教学经验，如尊重关爱学生、民主治班、科学管理等。在几十年的教学工作中，国家进行了多次课程改革，魏老师都是守住自己的老办法，教出的每一届学生都取得了瞩目的成绩。

1. 坚守平常心，坚持做每一件小事

魏老师多次提道：“我们要用平平常常的心态、高高兴兴的情绪，快节奏高效率地做平平常常、实实在在的事情，享受为国家、为人民、为集体、为他人尽到责任的快乐。”魏老师说很多人大事做不来小事不肯做，自己则是大事做不来小事赶快做。教育很简单，就是把简单的事干得高高兴兴，把工作当享受，把教育当享受，把学习当享受。教师要爱平常的日子平常的事情，把小事做好，坚持做，做下去，做深刻，就会把教育做到最大。魏老师的教育、教学活动似乎如浅浅溪水不见漩涡，不见巨澜。其实，那才是深潭，包容着入木三分的哲理。调座位、收书费是很普通的鸡毛蒜皮类的小事，可是他却能从中挖掘出教育学生的大道理来。几十年间，他从不轻易放过这些小事，他深刻思考：“更重要的是在这种紧张有趣做事的过程中，培养了学生个人与他人、与集体密切协作的品质，培养了学生的效率感。”就因为做好了一件件小事，夯实了教育的一项项基础，魏老师的教育事业才实现了实实在在的辉煌！

2. 坚守松、静、匀、乐

魏老师的养身之道是“四字经”：松、静、匀、乐。“松”就是身体轻松。魏老师一身兼数职，常超负荷工作，但他却认为自己比天天绷紧肩膀的体力劳动者轻松多了，所以热爱工作。“静”就是心静，在浮躁的现代社会守住自己，远离觥筹交错。“匀”就是呼吸均匀，看淡名和利，珍惜、尊重生命。“乐”就是用快乐的态度对待世事。魏老师不但自己松、静、匀、乐，还倡导老师松、静、匀、乐，引导学生松、静、匀、乐。他希望老师守住心灵的宁静，以一份平和的心态面对工作和生活，收获快乐和幸福；他更希望学生静下心来学习，潜下心来创新，收获快乐和成功。

魏老师正是以他那博大精深而又朴实无华的教育教学思想，震撼了当代的教育界。我想，魏老师那看似朴实的教育思想实际上就是最高境界的教育追求，我们要学习魏老师那和谐的教育理念、强烈的求知欲、坚定的事业心，坚守教育事业，静下心来育人，潜下心来教学，做松、静、匀、乐的幸福教师！

老师，谢谢您允许我爱

前几天，我收到一张来自北京的明信片，打开一看，是我曾教过的一个学生刘志广寄过来的。明信片上只有一句话："老师，谢谢您允许我爱！"刘志广去年考上了北京师范大学，临行前特意到我家里感谢我，当时他也说了这一句话，他还说读北师大、立志当教师也是受了我的影响，他要做一个传递爱的教师。

一张明信片，一句感谢语，勾起了刘志广的一段故事。

我的得意门生刘志广严重偏科，数理化名列前茅，其他科目特别是英语惨不忍睹。我教数学，他的数学成绩好得没法说，但我又是班主任，常常为他的综合分上不去而着急，所以要经常提醒他多花时间学习语文、英语等其他科目。有一天中午午睡时间，我到教室取东西，一推开教室门却发现刘志广和隔壁班一个女学生并排坐在凳子上，看样子很亲密。一看到我，他们慌乱地调整座位距离，看着我不知所措，我也看着他们，惊讶、愤怒、伤心……什么情绪都冒上来了。理智让我压住这些情绪，我挤出一个笑脸对他们说："你们俩一个文科好，一个理科好，互相学习，取长补短，不错不错。"他们听了，忙点头，女学生趁机跑了。我也让刘志广回宿舍了。

一连几天，我没有找刘志广谈话，因为还没有想出什么方式跟他谈，而刘志广每次碰到我都不敢看我，上课也是精神游离的样子。

我知道要尽快找刘志广谈谈。于是，我约刘志广到学校的植物园里聊天，我对他说："大部分孩子到了青春期，都会对某一个异性动心，老师也不例外。我告诉你一个秘密，初二的时候，我曾经偷偷喜欢过一个男生……"一直低着头的刘志广抬起头惊奇地看着我，我接着说："你一定感到很吃惊吧。当时我既想看见那个男同学跟他说说话，又怕见到他，担心他看穿我的心事笑话我，为此我经常责骂自己道德败坏。直到看到一本书，书中说道，中学生对异性的好感、喜欢是一种自然的心理，是人生中最美好的感情！我才丢下了心理包袱，敢于从容地看那个男同学了……”我停下来，刘志广着急地问：“那后来呢？”我说：“还是那本书的一段话让我懂得了什么是爱：‘你喜欢的异性身上一定有自己缺乏的或者欣赏的东西吸引你，如长相漂亮、成绩优异、善于写作，如善良、大方、宽容……同学之间如果都这样关注和欣赏，我想那一定是一种令人向往的局面。但是要记住，这种欣赏和喜欢不算是爱情，这是纯洁的友谊之爱。’看到这段话，我原来忐忑、自责的心很快就坦然了，知道了我喜欢男生的心理原来是正常的友谊之爱。现在，我把这段话写在一张卡片上，送给你！”

刘志广的情绪完全放松下来了，他说：“老师，我真的喜欢慧玲。”我说：“我认识慧玲，她学习好，品质好，做事积极，又乐于助人，谁不喜欢她呢？你也是一个积极进取、学习优秀的孩子，谁不喜欢你呢？你们肯定都被双方的某个方面吸引，才会互相喜欢，是不是？”刘志广点点头，说了一大堆慧玲的优点。

通过交谈，我知道了刘志广和慧玲是从两个星期前参加一个学习研讨会之后才交往的，他们在一起主要是交流学习的心得，刘志广会辅导慧玲的数理化，慧玲会辅导刘志广的语文和英语。

我对刘志广说：“你们能够互相学习、互相促进，那就好！”刘志广很惊喜：“老师，您同意我们好吗？”我笑着说：“如果你们的友谊能够促进你们自身的发展，我有什么理由反对呢？但是，我要提醒你的是，你优秀的数理化成绩得到慧玲的欣赏，如果因为两人的交往影响了你的成绩，那么你将会得不到慧玲甚至别人的欣赏。所以，我希望你以学习为重，发挥自己的强势科目，还要学好自己的弱势科目。”

看到刘志广还有点懵懂，我接着说：“我还得提醒你跟慧玲的交往注意几点：一是你们都要把主要精力放在学习上；二是考虑到安全、学校纪律等问题，不要单独约会，大方地向对方请教问题，以免造成不必要的误会；三是你们要制定目标，互相比一比谁的成绩最好，共同进步。”刘志广懂事地点点头。

我知道，跟刘志广的谈话只是一个引子，要想引导青春期的孩子把握好萌动的心，正确处理异性交往关系，还需要做很多工作。于是，我开始了一个学期的班级规划：一是根据本班学生的实际，分阶段开展几个主题班会课和主题教育活动，如“成长中的男生和女生”“异性交往，你懂得多少”“男女搭配，干活不累——团体户外活动”等有关异性交往、两性知识的主题活动，让学生了解性知识，了解青春期发育两性身体、心理的变化，把握好与异性交往的尺度。二是经常跟刘志广交流，了解他的思想动态，及时引导他，鼓励他跟其他同学交往，学习其他同学的长处，让刘志广扩大交友圈，避免与慧玲有过多接触时间，便于他们正常时间交往。三是结合学校的大型主题活动，开展丰富多彩的班级活动，有意识地让刘志广去组织篮球比赛、学雷锋活动等，既发挥刘志广的实践动手能力，又让他以及其他学生在参与活动的过程中排解青春成长期的烦恼，从而健康成长。四是召开家长会，在家长会上主讲“家长与孩子共成长”，让家长清楚青春期孩子身体、心理的变化，了解孩子的需要，正确引导孩子处理异性交往的关系。

通过了一系列的班级活动和个别引导，班里面的男女生交往都比较正常，刘志广也因为自己的文科成绩逐渐提高而与慧玲的关系趋于正常。初三毕业，刘志广和慧玲都考上了本市的重点高中，分别开始了他们的新一段学习旅程。

现在，刘志广已经是大学生了，正跟一个很优秀的女孩交往（谈恋爱），他很感激我：“老师，谢谢你，允许我爱，让我懂得了什么是爱。”他说，正因为我的理解和引导，他可以正常地去爱，从容地发现自己懵懂的爱，并及时地纠正过来。通过对刘志广的引导，我也明白了，作为老师和家长，一定要引导好中学生异性交往，如果盲目阻止，很多学生往往会逆向而行，不是恋爱偏要恋爱，甚至做出过激行为；如果听之任之，很多学生会顾此失彼，一旦出现不良后果则后悔终身。

捐款风波

本校有一个学生患了白血病，急需一大笔钱做手术，学校呼吁学生“节省零用钱，奉献大爱心”，帮助患病同学。这节班会课，我拿了一个捐款箱来到教室，在黑板上写下“奉献爱心我参与”的主题，计划在学生捐完款后围绕“奉献”这个关键词，引导学生用实际行动为班级、学校做贡献。

我简单地介绍了本校患白血病学生的情况，希望学生积极响应学校奉献爱心帮助患病同学的号召。讲完后，学生已经拿出零用钱准备捐款了。

捐款正式开始了，学生有秩序地轮流走到讲台上，把零用钱投进了捐款箱，有5元、10元、20元的，也有少数几个捐50元、100元。这时，平时调皮好动的晓峰上来了，他拿着一毛钱先向同学们炫耀性地挥动，再潇洒地把钱投进了捐款箱。教室安静的气氛被他摆“酷”的举动搞活了，学生纷纷议论起来。

一时间，我不知道晓峰耍酷的用意，也想不出来如何处理这个“突发”事件，便示意剩下的学生接着捐款。捐完款后，我已经想出了处理办法，就是抛开原来的上课思路，顺着这个事件来组织班会。我先请两个学生上来统计款项，再在黑板上写下了让学生思考的问题：①你认为节省出一些零花钱来救助患病的同学值得吗？②你怎样看晓峰捐一毛钱？你认为捐100元和捐一毛钱有区别吗？

一石激起千层浪，学生希望表达的欲望顷刻被点燃。

明明说：“我少吃一点零食，把省下的钱捐给患病同学，能够帮助他康复，我很开心。”

晓东说：“我没有零用钱，每次买东西都要问爸爸妈妈要，怎么拿零用钱捐？”

晓东同桌说：“你跟爸爸妈妈说拿钱来捐助患病同学，他们肯定会同意的。”

凤娟说：“晓峰只捐一毛钱，太小气了。”

这时，我观察到晓峰有点不自然，只见他争辩说：“一毛钱不是钱吗？我就只有一毛钱啊！”

几个学生跟着起哄，眼看就要吵起来了，我想阻止，但一想真理不是越辩越明吗？就没出声，让他们继续争吵下去。

洋洋指着晓峰的裤兜说：“我看到晓峰还有零用钱，我猜他要留着买零食吃呢！”

晓峰的死党小俊阴阳怪气地说：“你也不会把零用钱都捐完吧？”

兰凤说：“一毛钱可以捐，但是用得着摆酷吗？”

很多学生都同意兰凤的说法。

晓峰的同桌说：“老师，晓峰的妈妈病了，晓峰口袋里的钱还要去买菜呢！”我明白了，相依为命的妈妈病了，经济肯定受影响，晓峰是担心捐钱少会遭同学笑话而故意摆酷的。我想对晓峰说点什么，但看见他低着头，又改变了主意。

我对学生说：“2008年的汶川大地震发生后，举国上下纷纷捐款捐物，同心协力抗震救灾。正在大家为一些明星、影星、富翁捐50万元还是捐100万元议论纷纷的时候，一个双脚残疾靠双手走路的少年乞丐蹒跚着来到捐款现场，‘我要捐款！’他把碗中的几个硬币全捐出后，说：‘我还有钱！’接着又从口袋里拿出了一角、两角等零零碎碎的钱共50多元全部投进捐款箱。后来连续几天这个少年乞丐都到现场捐钱……在这次全国最大范围的捐款活动中，全国人民都尽己所能，捐钱捐物，其中有不少是乞丐捐款，他们倾其所有，帮助灾民重建家园。他们的行动体现了最伟大、最崇高、最朴实的大爱精神，他们捐的不仅是钱，更是他们火热的心和血！同学们，你们说，比较一下，富翁捐的几十万元和乞丐捐的几十元有区别吗？如果有，有什么区别？”

善于总结的班长小丽说：“老师，我明白了，无论是几十万还是几十元，都是献爱心的钱，富翁捐了几十万元，可能还有几十万甚至更多，可是这个乞丐捐了几十元，可能就身无分文了。所以，我觉得乞丐的行为更让人感动！”

一直不怎么出声的兴文说：“尽己所能吧，这次我们帮助别人，说不定下次别人也会帮助我们。”

我微笑着冲学生点点头，肯定了学生的发现：“赠人玫瑰，手有余香。人人献爱心，积少成多是我们捐款助人的目的。你们现在都是消费者，要根据自己的能力来考虑捐款的多少，不用互相攀比。1毛，1元，100元乃至100万元，不管钱多钱少，都是有爱心的表现。所以，在这里，我要表扬同学们的爱心奉献，同时特别表扬晓峰，在自己并不充裕的情况下也尽己之能献爱心。我希望以后同学们都根据自己的能力，怀着诚心来捐款。来，让我们祝福患病的同学早日康复！”

下课铃声在同学们的祈祷声中响起来了。这一节课，晓峰捐钱摆酷的突发事件引发了同学们的质疑，我让他们带着问题争论、分析，再比较富翁捐款和乞丐捐款的意义，最终对捐款中“以钱论英雄”的现象有了更深刻的认识。其实，生活当中，“以钱论英雄”的现象普遍存在，我希望，这是一个引子，不管是晓峰，还是其他同学，在今后的生活当中都能够摆正心态，尽己所能，奉献爱心，感恩社会。

悦读旅行吧

我们学校每个班级都建立了图书角，刚开始学生很热情，通过向学校图书馆漂流一部分，自己从家里借来一部分，班费里面购买一部分“三个一”的形式解决了图书问题。每天放学后同学们都不着急回去，先看一会儿书或者先借了书再拿回家阅读。但是，一段时间后，我发现学生的阅读兴趣降下来了，图书角的书经常静静地躺在那里少人问津。

为此，我召开了微班会课，主题是“大家为什么不读书了”。各小组展开了讨论，总结意见主要有两个方面：一是书没有定期更换。喜欢阅读的同学以前已经阅读了一部分，所以很快就读完了图书角的书；二是很多同学还没有养成阅读的习惯，除了在放学后读一读，回家很少接着读下去。针对这些问题，同学们也提出了一些办法，如定期更换图书、规定读书任务、撰写读书笔记等。为了培养学生的阅读习惯，我开始了深思。

某天，我从一本书上面看到这样一句话：“旅行，是心灵的阅读；而阅读，是心灵的旅行。”在旅行过程中，我们会看到不一样的风景，遇到不一样的人和事，这些经历都要用心去阅读去感受才能增长见识；同样地，在阅读过程中，我们会看到不一样的故事，读到不一样的想法，这些内容都要用心去体会才能实现自我成长。阅读，就是在文字中旅行，在飘香的书页里游走，在先哲的思想里顿悟。

受到启发，我开展了“悦读旅行吧”活动，这是一个基于让学生在文字中旅行而创设的平台。学生阅读兴趣不浓主要是班级和家庭营造的书香氛围不够，导致他们还没能养成良好的阅读习惯。教室的图书角就叫作“悦读旅行吧”，即在原来的图书角旁边加上了一张小型书桌和几张可以折叠的凳子，这种类似圆桌的摆设便于同学们面对面分享、交流。“悦读旅行吧”的书籍除了学校图书馆漂流的部分，还有我们老师和学生也会不定期地把自己的书“漂流”到班级图书角，并且我们还争取到市图书馆的支持，他们将每个月至少借出20本青少年课外读物给我们，保证了我们图书的新旧更换。因此，我们可以定期开展读书沙龙，分享读书心得，在阅读中旅行，收获见闻和知识。

为了让同学们每天从主动阅读到习惯阅读，我们开展了“每天阅读一五十”活动：“一”是每天用1分钟进行阅读打卡。每天早上每个学生进入教室，第一件要做的事就是到“悦读旅行吧”书柜上的“阅读旅行记录表”上面签名打卡，在自己姓名的那一页里面填写当天计划阅读哪一本书的哪几页，总结昨天自己是否完成阅读任务，完成就打钩，没完成要说明原因。“五”是每天用5分钟时间进行阅读分享。每个学生当天至少找一位同学、老师或者家长分享自己的阅读心得、收获，并且在“阅读旅行笔记本”上记录阅读收获，请对方在上面签名。“十”是每天用10分钟时间进行“阅读旅行见闻”演讲。前两项由个人自己找时间完成，可以在课间、阅读课或者晚上回家里，而后一项就是在每天晚读课堂上的最后10分钟，按照学号轮流由学生上台讲述自己的“阅读旅行见闻”，每天两三位学生上台演讲，每个月评选表彰5位最佳“阅读旅行达人”。

“每天阅读一五十”活动不仅学生参与，我们所有的任课老师和部分家长也一起加入该活动打卡、分享和演讲（不参与评选表彰），与学生一起阅读、学习和分享。因此，老师和学生，还有部分家长都在“悦读旅行吧”中抱团成长，以书为媒，与书为友，成了一个在书本中旅行、在旅行中成长的共同体，学生因此变得更加自觉读书了。下午放学了，来接孩子的家长只要有时间，就会在“悦读旅行吧”的书桌上和老师、孩子一起阅读、交流，师生关系、亲子关系、家校关系变得更加和谐。

“悦读旅行吧”吸引了班级所有师生、家长的关注，也把所有师生凝聚在一起，使班级成了好读书、读好书的书香班级。有的学生和家长还把“阅读旅行吧”活动迁移到了家庭，利用节假日定期组织“阅读分享会”，邀请亲朋好友过来参加，提供平台让学生分享阅读的感受，大大提高了学生的阅读兴趣，其阅读理解能力、表达能力和总结能力也得到了提升。

梦想星空与脚踏实地

每个人都有梦想，最终能够实现梦想的是脚踏实地的人。有梦想的人才会心怀大志、积极上进。有梦想没行动的人是空想家，有梦想又能脚踏实地做事的人才会获得成功。作为一名教师，不但要自己对教育充满信心，拥有梦想，还要帮助学生播下梦想的种子，并且引导他们为了实现梦想制定“路线图”，进而一步一个脚印地去实现梦想。

有些教师的梦想是评上职称，职称评过了就安稳下来，不再担班主任，不再参加继续教育，不再搞科研写论文；有些教师的梦想是拿荣誉，学校、乡镇、县城、省市、国家，拿下来就可以吃老本了。现在，广泛传诵这样一句话：“要学历不要能力，要文凭不要水平，要职称不要称职，要荣誉不要专业。”可以说，有这些想法的老师太现实了，他们求职称求荣誉的梦想其实算不上教育理想。

其实，我也曾经是这样的老师。刚参加工作那几年，我的教育梦想是成为一个教学成绩好的老师。为了这个梦想，我虚心请教老教师，认真备课，积极上公开课，耐心辅导学生，渐渐“小有名气”——所任教班别的学生成绩在统考时都名列前茅。很多家长都以孩子进入我的班级而自豪，我也为此沾沾自喜。可是，慢慢地，我发现我的学生不管成绩好还是成绩差，都不快乐。成绩好的学生压力大，总想着自己考差了怎么办，一旦考得不理想就会情绪低落；成绩差的学生压力也大，总想着自己要怎么做才可以考好，但考试结果却常常不太如意，情绪很压抑。

我开始思考：学生来学校的目的是考出好分数吗？一直以来，为了大大小小的考试，为了高高低低的分数，教师承担着“知识仓库保管员”的任务，辛苦搬运考试要考的知识，新授时按照考试内容精讲例题，复习时按照考试频率大练题海，在“知识仓库”内外忙得不亦乐乎。备课本、作业登记簿见证了老师的辛苦劳作，既辛苦又“心苦”。在各种事迹报告团上，优秀教师用有多少个学生考上重点高中、大学来标榜自己的业绩，用花了多少时间、采用什么方式来使后进生进步多少分，等等，这些无不说明我们教师的一切工作都被考试、分数绑架了。其实，绝大部分人包括教师自己都是普通人，绝大部分人包括教师自己都不可能每次考试都名列前茅，也不可能一路上重点学校乃至清华、北大，但是这些绝大部分人构成了社会的主体，都为社会做出了或多或少，或大或小的贡献。在学校，学生学到的什么东西会对他们的将来有用呢？是死记硬背应付考试的公式、定义吗？显然不是。那些为了应付考试而死记硬背的东西不用两三个月就会被遗忘，而在交流、游戏、体验、实践等活动中获得的一些东西反而会促使学生有更多的思考，甚至影响他们的一生。

我想，教师应该用多元化的思想来培养有希望的青少年，让青少年各尽所能，根据自己的喜好去追求梦想，可以当科学家、外交家、国家领导，也可以当潜水员、理发师、电工。有希望的青少年就是能够独立思考、独立生活的有思想、有责任、有道德、有梦想的人。这是个简单而实在的梦想，但是在比分数、比考上重点学校人数的今天，这个简单的梦想需要教师真正潜下心来，为学生的身心健康考虑，为学生的未来着想。这样的教师将会是学生正能量的“重要他人”，这样的教师多了，社会浮躁的教育环境就会被改变，逐渐回归到理性、非功利化的教育环境中。

所以，最近几年，我拥有了一个简单而实在的梦想：让学生成为他们希望的自己。

第一，要脚踏实地做好自己。在“分数论英雄”的今天，上级教育部门看你的教学成绩排名，同行看你的教学水平，家长看你学生的分数。如果你不能潜下心来做好你自己，那么你就会跟大多数老师一样：为了让学生考出好分数，大搞题海战术，大占学生休息时间。很多老师都明白题海战术对学生来说是疲劳战，不适合学生的身心发展，但是却缺乏勇气去改变大环境，久而久之就成了当下应试教育的帮凶。我认为，最好的办法是尊重学生个性，发展学生个性，提高学生的学习能力，使学生个性张扬，成绩高涨。在这方面，著名教育家魏书生是我的榜样。魏老师强调教育要坚守在教育教学第一线，坚守中华传统的教育理念，坚守住自己最平实的教育教学经验。

第二，要鼓励学生做好自己。现在，大大小小的“评优”几乎都是以学习成绩为唯一标准的，学生在分数的标准下被分成三六九等。于是，一拨一拨的孩子从小学就被淘汰了，小学被归入差生行列，初中被归到二流班级，高中被归到三流学校，大学几乎挨不到边。很多学生被分数这座大山压得很难有出头之路。但是，这些学生进入社会后，只要身心健康，他同样能够创造自己的事业、幸福的生活。既然这样，我们老师为什么要用统一标准来要求学生，剥夺学生成为自己的权利呢？这显然等同于把自己拉进死胡同。也许，教师会是知识渊博的学者，但未必能种好庄稼；公务员会是造益一方的官员，但未必能搞建筑；科学家会是研究飞船的专家，但未必能通下水道……谁能够说这个社会只需要教师、公务员、科学家，而不需要农民、建筑工、通下水道工人？我敢说，这个社会如果少了农民、建筑工、通下水道工人，不用半天，社会就会崩溃。所以，不管是教师、公务员、科学家，还是农民、建筑工、通下水道工人，他们的工作价值都是一样的，他们都是贡献于社会的、值得尊敬的、有价值的人。那么，我们教师要做的就是拥有平和的心态，尊重每一个行业，尊重每一个学生，树立他们的自信心。

第三，要引导学生营造自己的梦想天空。中小学校的课堂里，只要谈起理想、梦想，就会有大部分学生齐刷刷地举手回答："我的理想是科学家！""我想当总统。""我要当发明家。"……是的，这个时候就应该在中小学生身上播下梦想的种子。

首先鼓励孩子有梦想。孩子是在各阶段的"梦想"中成长、前进的，很多成功人士都是心怀梦想，脚踏实地一路追求梦想、实现梦想的。韩国前总统金泳三从小就有不服输的精神，他是摔跤好手，也是游泳冠军，中学时代的金泳三在和同窗好友谈古论今、交流将来的志向时，产生了当总统的想法。他铺开纸张，研墨挥毫，赫然写出八个大字"未来大总统金泳三"。金泳三略一思忖，将横幅贴到宿舍的墙壁上。同学嘲笑他，并且两次撕掉他"未来大总统金泳三"的横幅。金泳三赶走了同学，第三次写下"未来大总统金泳三"八个字并且贴在墙上。同学终于理解金泳三的雄心壮志，主动向金泳三道歉，并祝愿他如愿以偿。46年后，金泳三历经艰辛，始终追求梦想，最终当上了总统。回首往事，金泳三十分庆幸当时对自己理想的捍卫。因为如果当年自己不奋起反抗，只是一味忍让，也许自己的远大理想，自己的雄心壮志，就会像那些飘落的碎纸片一样，在世俗的指责和怀疑声中消失得无影无踪。正是由于他当年勇敢地捍卫了自己的理想，给自己树立了一个远大的目标，给自己注入了强大的精神动力，才得以在以后的岁月中战胜一切艰难险阻，一步一步地登上总统宝座。

孩子的有些梦想看起来遥不可及，如当太空人；有些看起来不值一提，如当司机；还有些看起来有悖于常理，如穿越时空回到远古时代做原始人；等等。不管孩子的梦想怎样，老师一定要相信孩子的创新想法。孩子的未来就像一张白纸，他们有权利和自由在上面描绘出属于自己的理想色彩。其实，世界莫不是在孩子的梦想中前进的。莱特兄弟从小就萌发了要制造一种能飞上蓝天的东西梦想，这个梦想最终变成现实，极大地方便了人们的出行，大大缩短了世界各国的距离。瓦特看到祖母生火烧水做饭，留意到水一开壶盖就会往上跳动，观察到水蒸气的力量大，他不管祖母“水壶有什么好玩”的嘲笑，专心研究水蒸气推动壶盖的物理现象，最终发明了蒸汽机，推动了工业化的进程。

其次是鼓励孩子勇于追求梦想。孩子有了梦想，但通往梦想的路并不是一帆风顺的，在这个过程当中，困难、障碍、挫折总是伴随左右。而在这个过程中，有些人实现了自己的梦想，有些人一直无法实现自己的梦想，区别就在于是否有足够坚强的意志。老师的任务就是要经常为孩子打气，让孩子明白，要实现自己的梦想就要执着地追求这个梦想，不为任何困难和挫折而改变，即使今后因为某些原因未必能够实现梦想，但毕竟努力让自己向梦想靠近了，也会为后人实现这个梦想打下一些基础。

最后是引导孩子脚踏实地地努力。梦想星空的激情要以脚踏实地的坚持为落脚点。我有一个学生小林，他的梦想是当作家。有段时间，班上同学反映小林经常不肯扫地。我问小林原因，小林说：“这种事情以后不要让我做了。我是要当作家的人，现在就要花多点时间阅读，怎能为这些小事烦恼呢！”我说：“当作家，就需要有生活体验。如果你连打扫卫生都不愿意，不想体验，你怎么可能写出读者认同的作品呢？所谓‘一屋不扫，何以扫天下’，今天你不愿意体验打扫卫生，以后你更不愿意体验普通人的生活，这样，你的思想永远脱离普通人，写出来的东西恐怕只有你自己能看得懂了。”

“老师，没有这么严重吧？”孩子若有所思。“你可以了解一下伟大作家的成长环境，如获得诺贝尔文学奖的莫言，他是从耕田种菜、砍柴挑水等小事中磨炼出来的。他努力工作和学习，从生活中获取真谛，从挫折中增长能量，灵感才会源源不断。同样，你要实现作家的梦想，就要做好每一件小事，承受每一个挫折……”

下 篇

德育随笔

2017年德育随笔

打造好孩子的第一道起跑线

近几年，在很多场合特别是教育机构中都可以看到“不让孩子输在起跑线上”的口号，但实际上，父母才是孩子的起跑线。因为，在孩子的成长过程中，父母对孩子的发展会产生直接而深远的影响。父母的言行举止、教养方式、调节情绪的能力、沟通模式、婚姻质量等，都会影响孩子的发展。

在自己的影响下孩子会发展成什么样子，值得父母深思。近日，我市某中学一名女生遭几名同学围殴的消息在网络上传播，引起社会热议。不少有识之士在扼腕痛惜之时，频频追问引起校园暴力事件之成因。笔者认为，引发校园暴力事件的原因有不少，其中父母教养方式的影响无疑是关键因素。家庭教养方式一般分为民主型、专制型、放任型和忽略型。在民主型的教养方式下，父母会对孩子提出合理的要求，同时告知要求其遵从的原因。在这一模式下成长的孩子独立性强，性格果断，社交能力、合作能力强，而其他教养模式下，父母对孩子要么专制独断，要么漠不关心、放任自流，培养出来的孩子往往自私、缺乏责任感，从而导致在自我要求的把控、情绪情感的调节、人际关系的处理等方面都容易出现偏差。

当下，家庭教育在很多情况下走进了一个严重的误区：许多家长把学校教育当作教育的唯一标准和渠道，放弃了家庭教育的使命和责任。其实，家庭教育的根本目的是通过养育人性来达成人生幸福，它与学校教育的共同目标就是达成人生成功和幸福。两者的不同之处在于，家庭教育是通过养育人性来达成人生幸福（兼顾人才的培养和人生成功）；学校教育则主要是通过培养人才来促进人生成功（兼顾人性的养育和人生幸福）。因此，要想孩子健康成长，父母应该做好人性的榜样，打造好孩子的第一道起跑线！

把孩子作为一个人来看待

近日，一则“阳江一夫娘（注：夫娘为阳江方言，意为妇女）开摩托车碾压小孩”的视频在网上疯传，引起不少网友以及社会各界人士的热议。虽然公安部门现在已经介入调查，该“夫娘”的所作所为自然会受到相应的处罚，但此事件却引起了不少人的思考，如在不断推进《中华人民共和国未成年人保护法》《中华人民共和国反家暴法》等保护未成年人法律的今天，为什么虐待儿童事件还时有发生？怎样有效保护儿童作为一个人的权利？等等。

笔者认为，虐待儿童事件时有发生的主要原因除了法律的执行力度还有待加强之外，很多人抚养孩子的思想意识还存在一定的偏差，主要表现为：一是传统教养观念如棍棒底下出孝子，不打不成才等思想作怪；二是重男轻女思想，很多受虐待的例子以女孩居多；三是受上一代虐待教养方式的影响，从小目睹家长虐待自己或者兄弟姐妹，自己当了父母之后也会潜移默化沿用这种教养方式；四是存在监护权理解的误差，有人认为孩子是自己身上掉下的一块肉，是自己的私有财产，没有把孩子作为一个有人权的人来看待，要打要杀是自己家的事情，别人管不着。

孩子经常受到打骂会出现很多负面影响，他们的心灵会受到很大创伤，留下心理阴影，他们会长期压抑自己的情绪情感，出现不安全感，对社会、他人不信任，容易养成用暴力解决问题的恶习，成人后往往也是一个暴君子。笔者接触过这样一个案例：一个10岁男孩经常被同学投诉，说他遇到事情不问青红皂白就打骂同学，希望调他到其他班级。原来这个男孩很想与同学交往，但他有点暴力倾向，又不懂得与同学交往的艺术，所以出现人际交往不良的问题。经了解，该男孩在家里经常目睹家长打骂姐姐，也养成了用打骂解决问题的习惯。

如何把孩子看成一个人，尊重孩子的人权呢？我们在做好孩子学校教育的同时，还要呼吁家长要注意自己抚养孩子的方式。总书记习近平说了，“不论时代发生多大变化，不论生活格局发生多大变化，我们都要重视家庭建设，注重家庭、注重家教、注重家风”。家庭是社会的基础，孩子是社会的栋梁，全社会都应该重视家庭教育，家长也应该多参加学校、相关单位组织的家庭教育培训，树立正确、科学的家庭教育观念，从而培养身心健康的孩子。

如果发现有家长虐待孩子，无论组织还是个人，都应该及时介入，选择及时制止或者报警等有利于解决问题的方式来提醒家长，避免出现危害孩子身心健康的现象。平时社区居委也要做到对本地人员排查了解，发现问题及时介入，做到事前预防，事中干预。有条件的社区最好引入社工组织，从专业的角度对本地方的亲子关系进行调研，多方面关怀青少年儿童。

家长群晒孩子要有度

随着QQ群、微信群的兴起，网上晒孩子日渐成为家校沟通、家长之间沟通的主要方式之一。有的老师会把某同学的优秀成绩、出色才艺晒到群里做榜样，有的家长会把自家孩子取得的荣誉证书、奖状晒到群里以示鼓励。还有的老师把违反纪律、作业没完成者晒到群里予以警示，也有的家长把孩子在家里的不良表现晒出来希望老师来管教……如此一晒，几家欢喜几家忧。网上晒孩子是利还是弊？如何发挥家长群中家校沟通的积极作用？笔者认为，晒而有度，方可促进家校沟通。

家长群一般有两种：一种是老师在群里的，一种是老师不在群里的。老师在群的，不管是老师主动建群，还是家长建群邀请老师进来，老师都要指导和监督家长在群里面的发言，这样才能促进家校沟通，有利于孩子的健康成长。

据了解，很多老师喜欢晒优秀学生的成绩、才艺等，希望肯定该学生，激励更多的学生向其学习。然而物极必反，如果老师晒出的学生总是局限于几个优秀生，则容易滋生优秀生的骄傲情绪，其他学生会因为反正“榜上无名”而产生“破罐子破摔”的心理，起不到应有的激励作用。所以，老师晒优秀，要尽量照顾全体学生。不仅适时让优秀生闪耀光芒，对有进步的学生也要多加鼓励；不但关注学生成绩，还要不定期展示学生成绩之外的良好表现，如集体活动时学生“萌萌”的表现，学生上课认真听讲、作业整洁、助人为乐、文明有礼的情况，等等。这样晾晒，学生有盼头，家长也会因此而加强对家长群的关注力度，更好地促进家校沟通。

同时，老师也会把学生不遵守纪律、学习成绩退步的学生晒到群里，以期引起家长重视，共同督促孩子努力。这样一来，个别学生的负面信息人尽皆知，学生自尊心受挫，家长也觉得没面子，往往对孩子惩罚甚至打骂，这样就会导致亲子之间的情感危机，也会造成学生对老师有敌意。因此，老师晒不足，要考虑到可接受性和有效性。最好把班级一些共性的不足情况发到群里，让家长督促孩子有则改之无则加勉。对于个别的问题则个别找家长反映、处理。

在家长群里面，无论老师在不在群里，家长是主要的人员，孩子是主要的交流对象，为了激励大多数孩子成长，家长一般不要在群里晒一些无关的信息，如煮饭、逛商场等，也不要在群里吐槽、声讨学校老师（对学校或者老师有意见，最好单独商谈），避免负面情绪蔓延，导致问题扩大化。家长最好发一些有教育意义的文章，晒晒孩子的良好表现（要避免炫耀），讨论一下孩子教育方面的问题等。这样，家长与老师之间、家长与家长之间就会出现良性的互动，从而更好地发挥家长群的积极作用。

孩子被欺负该怎么应对

近日，四川一幼儿园针对“孩子被欺负，家长该如何应对”做了一次调查。结果显示，约60%的家长表示要“打回去”，有25%的家长则认为应远离施暴者。（5月3日《阳江日报》）

为了自家孩子不吃眼前亏，“谁打你，你就打谁”。这或许是很多家长在教育孩子时常说的一句话。不可否认，这种“打回去”的方法似乎很有效，可能会让对方下次不敢再打了。但是也应该看到，这种以牙还牙、以暴制暴的方法不是最有效的方式，因为它不能从根本上解决问题，也没有杜绝被欺负的源头，很容易激化矛盾，使得原本一些鸡毛蒜皮的小事情最后演变成更大的冲突，造成更多的伤害，甚至引发校园欺凌事件。当然，远离施暴者也不现实，这只能让孩子遇到问题选择退缩，不能积极面对，也不懂得寻求外部力量。因此，作为家长，既不能让孩子逃避问题，也不能引导孩子以暴制暴，而应该从长远的角度出发，引导孩子学会用正确的方法解决问题，掌握人际交往的技能技巧。

首先，家长要教育孩子管理好自己的言行举止，宽容待人，礼让他人，不嘲笑、不戏弄、不欺负他人，做个受人欢迎的人，跟同伴友好相处。其次，被同伴欺负了，不能简单地用“打回去”的方法来解决问题，要教孩子判断情况，根据不同情况来维护自身权益、保护自己不受欺负。面对一些调皮捣蛋总爱欺负人的孩子，一旦发现不良苗头要及时报告给老师和家长，让大人帮忙处理，比私自解决安全有效得多，避免各自邀请同伴约定时间和地点打群架的情况出现。如果遇到难以避免的冲突未能及时抽身，可以正当防卫，但事后一定要报告老师和家长。面对同伴之间无心的小打闹，应以宽容为主，家长要借此指导孩子学会人际交往的技巧和处理问题的思路，培养孩子独立解决问题的能力，如引导孩子分析矛盾的发生，想想可以用什么有效的方式来解决矛盾，如与同学发生矛盾时不与同学耍嘴皮子，不说冲动的话激化矛盾，可以采取冷处理的方法，与同学分开各自冷静下来等。

引导孩子艺术处理同伴之间的矛盾是孩子适应社会的基础，有了良好的基础，孩子才能学会与社会上各种各样的人打交道，营造良好的人际交往氛围，同时有利于孩子身心健康发展。

风险意识是预防学生溺水的关键

当前正值夏季高温和主汛期，中小学生溺水事故已进入了危险期、易发期，加强和防范学生溺水安全教育管理工作刻不容缓。暑假临近，教育部办公厅印发《关于防范学生溺水事故的预警通知》（教督厅〔2017〕1号），要求学校、家庭和社会都承担起防范学生溺水工作相应的责任，省教育厅印发《全省教育系统2017年“安全生产月”和“安全生产万里行”活动方案的通知》，并在学校放暑假前，联合公安、交通等部门组成督查组，到全省各县区乡镇学校和水域等地方督查各地各学校预防学生溺水的工作情况，加强对山塘水库、江河湖海等危险水域的监管和风险隐患排查整改，强化协调联动机制，合力打造全社会安全的篱笆，保障学生假期安全。

近年来，相关部门对预防学生溺水工作重视力度很大，也取得了较好的效果。但是，学生溺水事件还是时有发生，很让人痛心。笔者认为，除了全社会为中小学生筑起预防溺水的安全篱笆之外，提高学生的风险意识非常关键。生活中我们不难发现很多“天不怕地不怕”的未成年人，为什么他们比成年人还胆大呢？主要原因是他们不知道危险，没有风险意识。因为家长包办代替孩子做了很多事情，过度的保护虽然为孩子躲避了受到伤害的可能性，但同时让孩子缺乏风险意识以及处理危险的能力。

老师和家长应分清哪些是孩子身边存在的危险，哪些是存在的风险。危险一般指带给孩子伤害或造成一定后果的事物；而风险是指发生危险的可能性，并不是危险本身。风险所带来的结果具有不确定性，是可控的，但如果孩子没有风险意识，风险就可能会转变为危险。一个孩子喜欢玩水，妈妈买个大塑料游泳池，放置不同水位的水，让孩子尝试在不同水位的水里面玩水，结果在家长的指导下，在自己有过呛水的经历下，孩子明白了：不小心掉下水，如果身高比水位高要赶快站起来；如果身高比水位低，又不会游泳，那就很危险，可能永远也见不到妈妈了。结果孩子不敢私自到外面玩水，并要求父母带他去学习游泳……所以，学校和家庭需要为孩子创设一些可控范围内的风险活动，让孩子玩体验危险的游戏，当孩子面对危险时，知道它们可能带给自己的风险，风险意识自然就形成了，还会养成生活中一系列交通、消防等方面的自主风险意识。

同样，除了要提高孩子的风险意识，我们还要教会孩子明白一点：在发现有人溺水时不要贸然下水救人，而应该保持理智给予帮助，因为很多重大溺水事件都是孩子下水救同伴而一起溺亡的。如果发现有人溺水，第一时间要拨打110或者120报警，说清楚事发地点，接着大声呼救，与大人一起找绳子、木杆或者将衣服连在一起当绳索，抛给落水者把他拉回岸边。

大人唯有把预见危险的能力让孩子提前习得，他们才能够看清风险，从而远离危险。

人车相互礼让离不开相互尊重

驾驶员也有过斑马线的时候，同样，行人也会有驾车经过斑马线的时候，大家换位思考、相互理解应该不难。只要驾驶员和行人互相理解，遵守交通规则，文明出行，人车相互礼让就不会成为问题。

斑马线的作用是引导行人安全过马路。机动车礼让行人的行为不只是规矩，更是法律规定。我市一个多月前已经在市区范围内开展文明出行综合整治行动，加大对“机动车不礼让行人”等行为的查处力度。近日，笔者连续几次步行通过一段没有交通信号灯的斑马线，车辆走了10多辆，极少有车辆让行人先过的。看来，“车让人”规定的落实任重而道远。

“车不让人”的现象除了与驾驶员的规则意识有关，也与行人的规则意识有关。一些行人对“车不让人”的行为已司空见惯，到斑马线前即使有个别车辆慢下来也不敢贸然走过，直到车辆距离足够远时才会选择过马路。当然，还有不少行人，有的无视车辆行驶状况随意过马路；有的当驾驶员停车礼让时，低头一边玩弄手机一边慢悠悠走过；有的贪图少走几步而不走斑马线。这些举动在驾驶员眼中其实就是一种对“停车礼让”的不尊重，往往导致驾驶员出现“我偏不让”的心理，从而不让人先过。

因此，“车让行人”要落实到位，除了加大《中华人民共和国道路交通安全法》的宣传与执法力度，行人的文明出行也至关重要。在有交通灯时不闯红灯；在没有交通灯的斑马线上车辆让人时，要赶紧过马路，节省时间让车辆通过；对于不清楚是否会让人的车辆，千万不要“理所当然”地抢道而过，可视情况向驾驶员挥手示意，请求通过；不着急过马路时可以摆手示意车辆先走；对于让人先通过的车辆，不妨点头表达感谢之意；等等。行人能对驾驶员开车报以礼貌，驾驶员也会对行人报以礼让，从而营造出文明、和谐、安全的交通氛围。

有一个标语写得好："车让人，让出一分文明；人让车，让出一分安全；车让车，让出一分秩序；人让人，让出一份友善。"

立德树人是民生工程的重要内容

学校要把培养学生和实现中国梦的伟大目标联系在一起，改变"重智育轻德育、重教书轻育人"的现状，家庭也要把培养孩子的人生价值追求和国家价值目标、社会价值取向融合在一起，实现青少年德智体美劳的全面发展。

党的十九大报告指出，"办好人民满意的教育，就要全面贯彻党的教育方针，落实立德树人根本任务，发展素质教育，推进教育公平，培养德智体美全面发展的社会主义建设者和接班人"。党的十九大报告把优先发展教育事业放在"提高保障和改善民生水平，加强和创新社会治理"的第一节，又把落实立德树人根本任务作为优先发展教育事业的第一点，足见党中央对学校坚持社会主义办学方向和正确政治方向的高度重视，同时为家庭培养孩子、社会用人标准指明了方向。

多年来，学校和家庭关心最多的是孩子的学业，为孩子升学考试乐此不疲地操劳着，老师带领学生不断刷题，家长带领孩子不断穿梭在培训机构的道路上，德育成了说起来重要忙起来不要的事情。不久前，为解决德育工作长期存在的一些老问题和新的时代面临的一些新问题，教育部印发了《中小学德育工作指南》（教基〔2017〕8号），围绕"立什么德了如何立好德"进行了顶层设计，提出了一系列具体可操作的要求，让中小学德育工作有章可循，也让家庭弄清楚了孩子的成长和发展方向。

立德树人要明确"德"的含义。十九大代表、海南省教育厅厅长曹献坤指出，立德树人所立的"德"不仅指道德品质，还包括理想信念、人生价值追求等，而社会主义核心价值观融国家层面的价值目标、社会层面的价值取向和个人层面的价值准则为一体，确立了立德树人的价值根据和价值标准，明确了新的历史时期“德”的科学内涵。立德树人要注重方式方法。作为开展德育工作的主阵地，学校要创新德育方式方法，注重理论与实践相结合、育德与育心相结合、课内与课外相结合、线上与线下相结合、解决思想问题与解决实际问题相结合，用好自然资源、红色资源、文化资源、体育资源等的育人功能，发挥英雄模范人物、名师大家、学术带头人等的示范引领作用，挖掘校史、校风、校训、校歌的教育作用，充分发挥学校党、共青团、少先队组织的育人功能，构建学校、家庭、社会共同育人的格局。

立德树人最理想的状态就是让德育像春风一样，润物细无声地滋养着我们每一个人。而要达到这种状态，需要学校、家庭和社会扎实开展德育工作，把立德树人作为民生工程的重要内容来开展，才能为国家培养社会主义合格的建设者和接班人。

让青少年成为科技创新生力军

据12月6日《阳江日报》报道，为了提高学生的动手实践能力，培养其创新意识，阳江职院附属实验学校举办“创新实验现场展演”活动，提供10多种实验让学生挑选操作。学生在动手实践的过程中感受到科技的神奇，激发了探究科学的兴趣。

科技要从小抓起，从学校抓起，因为青少年儿童阶段是人的一生中好奇心最强烈的时期，是实施科学启蒙教育的关键期。近年来，由科协、教育、科技、环保、体育、团委、妇联等部门联合主办的全国青少年科技创新大赛已经成为青少年科技爱好者的一项重要赛事，面向在校中小学生开展具有示范性和导向性的科技教育活动，每年都吸引了全国各地的青少年参与其中，并在很多青少年的心里播下了探索科学的种子。

每一个人都是高科技的受益者，同时有可能是科技的创造者，因此科技还要全面抓，让每一个孩子在学校都有机会接触到科学，都有平台去操作科学。让学生自主挑选操作实验，就为学生提供了一个人人可展示科学的平台。同时，在小学的科学课堂、中学的生化理课堂上，要尽可能多地让学生动手实践，以提高学生的科学思维和素养。

清明祭先祖，传承好家风

听朋友说她有个学生原来无心上学，没什么理想，得过且过，后来清明时节回老家扫墓之后竟然变了个样，不仅上课认真，遵守纪律，还树立了理想，制定了目标，现在正在向着目标和理想努力。究其原因，朋友说是清明扫墓、缅怀先人的时候，该学生家族开展了一个“寻根问祖”的活动。家长和孩子一起寻根问祖，追溯到他们竟然是南宋著名理学家、哲学家、教育家、思想家朱熹的后代，并找到了家喻户晓、脍炙人口的教子治家的经典家训《朱子家训》。于是，长辈们对照《朱子家训》反思自己，引导孩子领悟“诗书不可不读，礼义不可不知。子孙不可不教，童仆不可不恤。斯文不可不敬，患难不可不扶”等经典家训，鼓励朱家子孙传承好家风。

显然，清明是强调家教、传承家风的好时节。清明时节，无论身处何方，身居何职，家庭中的成员大都聚集起来回老家给先人扫墓，缅怀先祖、寄托情感、敦亲睦族。我们可以从中明白：祖先是我们的生命之源，家庭是我们发扬光大的立足之点。家风是一个家庭乃至一个家族的风气、风格与风尚，也是家庭生活方式、文化氛围的体现。把这些好家风传承下来，那将是家庭和睦、家族壮大、国家强盛的基石。

清明扫墓，最基本的仪式是祭祖。祭祖讲究的是虔诚，并不是简单的吃吃喝喝，也不在乎祭祀物品的多与少。但是，随着人们的生活逐渐富裕，一些祭祖活动也日渐被异化，不再限于铲除杂草、放上供品、燃烧纸钱这些基本的活动，近年来还有大摆宴席，烧“丫鬟”“汽车”“苹果手机”甚至真钱币的，并且互相攀比谁烧得多、谁烧得贵，这些看似孝敬有加、与时俱进的“烧钱”做法，其实是一种追求攀比、铺张浪费的不正之风。这股歪风一旦延续下去，就会让下一代丢掉根本，追求奢侈。

曾子曰：“慎终追远，民德归厚矣。”清明祭祖，宗亲长老们应多讲讲家族内的源流和祖先的志业，以及先辈们的良好品质，如勤勉俭朴的持家作风、清廉诚实的处事方式、尊老爱幼的待人态度、光明磊落的道德品格、艰苦奋斗的开拓精神等，让后辈子孙充分了解先辈的优秀传统，在感恩先辈的同时传承好家风进而发扬光大，就容易实现“民德归厚”的教化意义，进而充实自己，壮大家族。

每天都应是读书日

“4. 23”世界读书日就快到来了，不难发现，在读书日前后各地相关部门都非常重视营造阅读的氛围，如举办读书沙龙，开展读书月、读书周启动仪式……不可否认，这些举措都能够推动更多的人去阅读和写作，从而达到全民阅读的目的。但也不得不承认，阅读的习惯不是一天两天就能够形成的，是需要个人长时间自主、坚持去阅读，才能够把阅读融入自己的生活，成为生活中的一部分。从这个角度来看，笔者倡导每天都应是读书日。

人人都知道阅读很重要，不仅因为阅读可以让我们增长知识，更因为阅读可以让我们进行思维爬坡，跟随文字进行感受和思考，在这个过程中走进大师、认识世界、了解人类，形成自己独立的思想。可以说，一个人如果真正把阅读当作吃饭、睡觉一样自然，那么，他必然会享受到阅读的滋养，成为一个精神富有的人。

“阅读要从娃娃抓起。”现在有很多孩子没能养成阅读的习惯，最多是读点教辅书或者漫画书，因为漫画书图文并茂、趣味性强。但因为故事是从图中得来而不是从字里行间得到的，所以很多孩子看到书中满页的字就头疼，原因是不习惯去理解大段的文字。而老师布置的必读书目多是名著，往往让还没养成阅读习惯的孩子望文生畏。因此，笔者认为家长和老师可引导学龄前后的孩子多阅读一些故事性强的图画书，如童话故事、绘本故事等。现在比较多的人无法沉下心来看长篇故事，想必也有小时候那些大砖头的名著的晦涩难懂的语言的阻挡吧。小学高年级的孩子应从图文并茂的故事书逐渐过渡到以文字为主的故事、科幻等书籍。当孩子们能够从书中闻到书香、体会到乐趣时，就是他们修身养性的开始。

阅读要上下齐动、内外联动。要求孩子读书，如果老师、家长不带头读书，那效果会大打折扣。阅读习惯的养成，外力推动是必要的，但最终要外有氛围，内有动机。很多人在学校学生阶段经常阅读，但是参加工作后缺乏阅读的氛围，阅读习惯也会慢慢消失。这就是倡导全民阅读的意义——让更多人加入阅读的行列，让正在阅读的人不放弃这一有意义的行为。所以举行“世界读书日”主题活动，举办岭南书香节，增加流动图书馆，举办各种图书活动和推动阅读的讲座……这些行为都是很有意义的，可能在开始的阶段看不到明显的成效，有些人或许一激动买了书也不会看，但阅读本就是一个漫长的过程。“十年树木，百年树人”，阅读育人也是如此。因此，要想做到全民书香阅读，更应提倡每天都是读书日。

2018年德育随笔

学习雷锋贵在坚持

据3月5日《阳江日报》报道：近日，市扬爱志愿者协会的志愿者分别开展了“走进特殊学校与特殊学生共度周末”“全民参与禁毒，共享美好人生”“人人参与环保，呵护美丽家园”等主题志愿服务活动，用实际行动践行了雷锋精神。

每到3月5日“学习雷锋纪念日”前后一段时间，社会上各类学雷锋志愿活动也就会起来，这是值得提倡的好事。但是，“雷锋叔叔没户口，三月来了四月走”这句顺口溜也反映了当前学雷锋活动的尴尬现状。其实，学雷锋贵在坚持。如山东滕州火车站“雷锋班”坚持50多年，每天在候车大厅开设“雷锋服务台”为乘客排忧解难，大到救死扶伤，小至保管钥匙，不管大事小事，志愿者都立足岗位、充满热情地帮助乘客，一代一代传承下去，赢得了社会的认可和乘客的赞扬。

学雷锋贵在坚持，重在创新。如果学雷锋活动大同小异，年年组织扫街道、捡垃圾等活动，搞起来沸沸扬扬，结束后无声无息，那么这些既缺乏创意又没能坚持下去的活动形式很难起到良好的效果。因此，各组织、单位或学校开展学雷锋活动时，要把握爱岗敬业、无私奉献、乐于助人等雷锋精神的内涵，与时俱进丰富活动形式。个人也可以树立学雷锋“随手帮”观念，从“举手之劳”的小事做起，“随手”传递社会正能量。学校学习雷锋活动应该常态化，应设立“雷锋岗位”，招募小小志愿者，每天抓拍小志愿者学习雷锋的好人好事，及时公布出来，坚持下去，雷锋式人物就会越来越多地涌现出来。

学生“减负”需要多方协作

要“减负”，首先要从解决家长的教育观念问题开始。否则，家长不仅会助推培训机构的乱象，也经常会通过要求老师多布置作业等形式干预学校正常教学秩序。

据3月8日《阳江日报》报道：近日，记者对市区校外辅导市场进行了走访、调查，发现校外培训机构普遍收费高昂，培训费用由此成为不少家庭日渐沉重的经济负担。虽然明知是“重负”，但为了提高孩子的学习成绩，家长们仍选择硬扛到底。

为了孩子全面发展、健康成长，教育部等四部门联合印发《关于切实减轻中小学生课外负担开展校外培训机构专项治理行动的通知》，明确将针对培训机构进行严格规范整顿。这是持续推进“减负”，促进学生全面发展的重要举措。但是，家长们一方面抱怨负担重，另一方面基于过高的期望，仍不断给孩子增加负重，这是“减负”政策落实难的原因之一。因此，要“减负”，首先要转变家长的教育观念。近日，广东省教育厅出台了《关于实施初中学生综合素质评价的指导意见（试行）》的征求意见稿，明确了引导学校和家庭在培养孩子上，要从思想品德、学业水平、身心健康、艺术素养和社会实践等方面来进行，切实关注孩子品格的塑造，重视孩子的全面发展，而不是以牺牲孩子时间和空间的形式，通过重复训练来获得高分数。

一些培训机构的宣传炒作也会刺激家长的“教育焦虑”，从而影响“减负”的推进。近年来，伴随政府对学校强力的“减负”措施，学习负担大规模向课外辅导班转移，形成了所谓的课内减下来、课外加上去的现象，某种程度上造成了校外培训机构风光无限。因此，这次针对校外培训机构的治理排查，使得“减负”措施从校内拓展到了校外，表明了政府“减负”的决心。避免培训机构“超纲教学”、组织竞赛等违规教学，仅靠一个文件可能不行，还需要相关部门与培训机构拿出行动来。审批部门要提高培训机构的办学门槛，严格办学审批程序，规范办学督促监控机制，健全第三方评估与监管机制。培训机构要尊重教育规律，严控教师入职标准与条件，约束教学人员，避免虚夸办学业绩和抬高培训作用而影响整个培训市场。

“减负”依然是全国两会的热点教育话题，各界人士都为“减负”问题提出了很多建设性的措施。相信在政府部门的多重“减负令”下，学校、家庭和相关部门能够共同协作，营造良好的教育氛围，把学生的重负减下来，从而培养出健康成长、全面发展的新一代接班人。

应鼓励孩子多问“十万个为什么”

据3月27日《阳江日报》报道：“教授，请问宇宙是否有尽头？”“教授，平行宇宙是怎么回事？和多维宇宙有什么区别吗？”……26日上午，“2018年中国科学院老科学家科普报告阳江校园行”在阳江职院附属实验学校启动后，3名老科学家分赴各县（市、区）中小学做科普报告，并为学生答疑解惑。报告结束后，学生们争相举手提问，与科学家探讨……

每个人都经历过刨根问底问大人为什么的童年时代。比如三四岁的小孩子会问“小鸟会飞我为什么飞不起来？”“为什么天上的星星会发亮？”稍大一点还会问出“为什么是我们养着牛羊猪，而不是牛羊猪养着我们”等被大人认为稀奇古怪的问题。问题虽怪，但反映了孩子的新奇视角和求知欲望，而大人也在为孩子解答问题的过程中得以引导孩子探索真知。

但是，孩子大了，提问的热情却逐渐减少。究其原因，主要是有些复杂问题家长也没法解释清楚，便认为孩子是没事捣乱，有的家长认为孩子不专心学习，把精力花在胡思乱想上。其实，有时候这些胡思乱想恰恰会成为吸引青少年走进科学、学习科学知识的契机。爱问为什么不仅是青少年好奇心和求知欲强的表现，也是他们心理和思维走向成熟的标志。

当孩子穷追不舍地问为什么的时候，说明孩子正在思考周围的东西，大人们千万不要鲁莽地打断孩子的思考，应该引导孩子思考。为了呵护孩子科学探索的热情，为今后培养创新能力打下基础，大人不仅应鼓励他们多问为什么，还要认真地回答孩子的问题。如果遇到自己也不懂的问题，最好坦诚相告，并和孩子一起通过上网查找、读书、请教相关专业人士的方式，让孩子知道如何获得信息，如何探索答案。如果一时找不到答案，那也不用心急，家长可以和孩子一起探究，慢慢培养孩子对科学的兴趣。

近年来，我国始终把科技创新摆在重要位置，习近平总书记多次强调科技创新的重要性——“中国要强，中国人民生活要好，必须有强大科技”。因此，在青少年的成长过程中，除了家长应鼓励孩子多问为什么，保护孩子的科学探索热情之外，学校和社会都应该通过实验研究、举行科普报告会、参观科技馆、参加科技大赛等形式来引导青少年学科学、懂科学、用科学，培养具有科技创新精神的新一代人才。

给传统节日加点新时代元素

清明节将至，这是传承中华民族慎终追远、缅怀先烈等优良传统的一个节日。有着2500多年悠久历史的清明节，凝结着中华文化的精华，传承着华夏儿女的薪火，现在已成为国家级非物质文化遗产和法定节假日。随着时代的变迁、社会的发展，在很多因素都发生了极大变化的背景下，传统节日在传承中要不要创新，成了大家思考的一个问题。笔者认为，给传统节日加点新时代的元素，不妨一试。

新时代需要资源的可持续发展。近几年，“网上祭奠”借助互联网，将现实中的公墓和纪念馆建在网上，取代了放炮、烧纸的传统祭祖方式。这样做不仅打破了时间和空间的限制，让难以亲临现场祭扫的人们，在远方也能表达自己对离世先人的敬重，既达到了祭祖的目的，也避免了对环境的破坏。应该说，这是近年来获得点赞比较多的一种环保祭奠方式，值得推广。同时，近几年各地尝试推行的花葬、树葬、海葬等墓葬方式非常有利于资源的可持续发展，也便于后人用现代的方式祭奠。

新时代呼唤祭祖形式的多样化。时下，多数人还是驱车回乡，举行寻根祭祖仪式。缅怀先祖、慎终追远、敦亲睦族未尝不可，但也要随着时代发展的步伐去除糟粕，摒弃那些不利于社会发展的习俗，如放鞭炮、烧纸品之类，转变为绿色祭扫的方式，如用鲜花代替“三生”祭品敬奉先人，用手机播放哀思音乐替换放鞭炮，用植草种树代替香火叩拜等。这样不仅减少了每年清明节因祭祖而产生的高昂费用，避免了燃烧纸品所造成的环境破坏，其形式的多样性和思想的多元化也为清明时节清幽的氛围添上了几分色彩。祭祖形式的多样化也会吸引更多的年轻人参与到其中，在传承慎终追远优秀传统的同时，激发年轻人珍惜当下幸福、开拓未来生活。

新时代提倡具有传承与创新融合的传统节日。古语有云，“清明前后，种瓜点豆”，说明清明节是一个纪念过去、迎接大自然新能量的节日。因此，在草长莺飞的清明时节，在宗族几代同堂的日子里，老一辈人不妨给年轻人说说先辈们打拼江山、建设家乡的故事，让年轻人了解先人和家乡的历史，从而感恩先辈，感恩家乡，从中吸收能量。同样，年轻人也应该向上辈人说说自己发展家乡和创业立业的想法，让老年人感受到年轻人的干劲和力量。这样，老辈人和年轻人共聚一堂，慎终追远，畅想未来，就能实现传承与创新的统一。

人人有棵品德树

在我们班，每学期初每个孩子都可以获得4开卡纸那么大的一棵品德树，它是一棵大榕树，长有很多树杈、树枝，分别代表着文明、友爱、善良、奉献、尊重、责任心等品德，只要孩子在哪些方面表现好，就可以由自己、老师或者见证人把这些事情写在相应的品德树杈上。如果有代表某些品德的树杈写满了，还可以在旁边贴上新的树杈继续写，让品德树越“长”越“茂盛”！

“9月5日，我主动帮老师收拾散落在操场上的体育用品！”“9月13日，小艳因为感冒请假，作业却按时完成了，为你的责任心点赞！——周老师”“10月11日，我不小心弄倒了桌子，小艳看见立即帮我扶好桌子、收拾文具，谢谢小艳！——文涛”……这是小艳品德树上的部分“树杈”，都是发生在校园里、班级里的善小事情，但正是这些善小事情，才让孩子们觉得真实，做得了、愿意做。确实，“勿以恶小而为之，勿以善小而不为”，任何品德都不是说在嘴里的，而是落实在每一个小细节、每一件小事情上的。孩子们做好了这些小事情，就能够日积月累养成品德树上那些美好的品德。

这些品德树成为孩子们的代言树，班会课上、活动课上，孩子们都会拿出他们的品德树，说说自己做的事情，听听别人的故事，互相学习，互相勉励。品德树也成了孩子们的成长树，记录着孩子们的成长故事，滋养着孩子们的精神世界，激励着孩子们争先创优。评价会上，品德树为教师综合评价学生提供了真实、鲜活的案例。家长会上，这些品德树也发挥了重要作用，每个家长看着自家孩子的品德树，从这些小事情里面了解到孩子在学校的学习、生活情况，与老师沟通起来就特别顺畅。有的家长受到启发，把孩子在家里做得好事情也续写上去，这样，品德树就变得更加丰满了。

抽象的品德转化为鲜活的具体行动，才更能浸润人心。品德树陪伴着孩子们成长，美好的品德积少成多，不但在孩子的脑海里根深蒂固，在孩子的心灵里扎根生长，其正面影响也会在他们现在和将来的日常生活、学习中自然流露。

“三板斧”排座位

班里面排座位总出现矛盾，我认为主要原因有：一是学生受家长影响，片面地认为座位靠前可以更受老师关注，看黑板更清楚，听课更认真，这样坐在后面的就有意见；二是有的学生因为眼睛或其他原因看不清黑板、听不清老师讲话，影响上课效果，会心生怨气；三是有的班主任不重视座位的调动，一个学期只调一次座位，很多学生有厌烦、排斥心理；四是个别学生因为性格等原因与同桌或“左邻右舍”闹矛盾，如果不及时调整座位，矛盾会加深。

我的做法是“三板斧”排座位：自由组合，全班微调，定期调组。

首先是自由组合。如果我接手的班级学生之间原来就熟悉，在开学第一天就可以让他们自由选择同桌、选择座位，如果是新组合的班级就先让他们熟悉一个星期后再进行。当然，自由组合不是随便组合，而要根据我给出的几个原则进行：①动静结合原则，就是性格好动的与性格文静的同坐，互相制约；②互补原则，就是具有不同兴趣爱好和特长的同坐，取长补短；③男女结合原则，尽量男同学和女同学一起同坐，男女搭配，干活不累；④高度结合原则，身高相对一致，避免被人遮挡；⑤自查自决原则，选择好座位后要自己检查是否符合前面几个原则，是否能看见黑板板书等。

其次是全班微调。学生毕竟还小，做事也容易率性而为，考虑问题不是很周全，所以在他们自由组合选择座位之后两三个星期内，班主任要从全班大局考虑，仔细观察学生的组合是否有助于个人的发展，是否有利于班级班风、学风的发展。如果发现问题，就要及时征求学生意见，说明利害关系，对座位进行微调。

最后是定期调组。一般情况下，我们的座位安排是方形队列，四大列队，七八行队，很多学生不喜欢靠近墙边的列队，因为容易受光线影响。我的做法是每两周组与组调换，保证靠边的组别每隔两周可以坐到中间位置；每四周行与行调换，第一行和第二行调，第三行与第四行调，第五行与第六行调，只有第七行的话，则根据情况安排后三行互相调换，保证在看得见的情况下前后调换。这样，全班学生靠边靠中间的机会都相等，怨气自然少了。

安排座位前，我一般会在全班学生面前讲清楚座位安排原则，并且强调自己的座位自己做主，不要回去向家长搬弄座位是非，觉得座位不满意，自己及时找班主任说明原因，班主任在考虑全局的基础上尽量给予调整。因为家长一旦介入座位问题，就会惹出很多是非来。当然，不管怎么强调，还是会有家长就孩子的座位问题，要求班主任帮忙解决。我的办法是先表示理解，再请家长思考问题，然后让他决定是否调座位。

例如，曾有个学生妈妈在开学一个月后给我打电话，说她孩子年龄小，上课容易分神，希望老师安排座位靠前一点。对此，我表示理解，接着请她回答三个问题后再考虑座位的安排：

首先，我不会因为座位前后而忽略某个同学。坐在前面的同学老师不用抬头就能看见，坐在后面的同学老师一抬头就能看见，您希望孩子在老师抬头时看见还是不抬头时看见？

其次，您孩子年龄小但长得高，说明您的孩子身材好，您应该赏识孩子的身高。如果安排他坐前面，他肯定会遮住后面的同学，为了避免后面同学有怨言而垂头、含胸、弓背，时间一长不但会影响他身体的正常发育，还会让他因为经常垂头而自卑，因为自己长得高而自卑。您希望孩子因为长得高这个因素自信还是自卑呢？

最后，我安排座位是有原则的，您孩子反映能够看见黑板，如果我满足了您不必要的要求，那么您孩子会怎样想？班上其他的孩子又会怎样想？这些想法，都可能会在您孩子心里留下些许阴影。您是希望孩子追求公平公正，还是希望孩子羡慕不正之风？

我说完后，家长立即表示自己不懂教育，老师不用考虑孩子的座位问题了，她相信老师一定会教育好自己孩子的。

利用“三板斧”排座位后，加上艺术应对家长介入座位的问题，我们班的座位安排一直都不成问题。

给学生营造安全温暖的班级氛围

班级就是学生在学校的家，在这个家里，如果学生感到安全、温暖，就会喜欢、热爱这个家，愿意为这个家学好，从而努力做好自己。那么，班主任应该怎样营造安全、温暖的家的氛围呢？

1. 利用团体心理辅导活动促进班级建设

在班级建设的不同阶段组织学生开展不同的团体辅导活动，可以增强班级凝聚力和向心力。比如在接手新组合的班级时，可以组织学生分小组玩“姓名接龙”游戏，游戏规则是小组成员围成圆圈，第一个人介绍自己姓名和一句解释自己姓名的话，逆时针方向轮流说，后面说的人都要先重复前面几个人的姓名再说自己的姓名和解释，一直回到第一个人重复说完为止。小组每个学生不用经过提醒都能说出所有同学的姓名算完成任务，用时最短的小组获胜。经过这样的游戏，班级同学能够很快熟悉并产生默契，增强互动、互信的基础。随着班级建设的深入，可以开展“解手链”活动帮助选拔有领导力的班委，“同舟共济”引导学生团结合作，就能够促进班级成为一个团结友爱、积极上进的集体。

2. 利用正面管教技术制定班级规划

适合的班级规划会让师生感到一种稳定感和秩序感。班级规划包括学年规划、学期规划和月计划、周计划、日计划，当每天的事情都有一个平稳的节奏时，学生会感觉轻松、安全。让学生参与班级规划的制定，能够保证班级规划较好地落实。班主任可以引导学生根据正面管教的5个原则制定班级规划：每次专注于一个问题；在平和状态下讨论问题；利用表格和清单制订计划；通过角色扮演预设班级活动或者解决问题的程序；全体师生审核班规，遵循班规，若有学生违反，请他看班规，让他说出处理办法。这样的班级管理模式会让学生产生安全感，学会为自己的行为负责。

3. 利用条件反射原理营造积极班级氛围

心理学有一种现象叫条件反射，就是个体通过模仿、学习，在无条件反射的基础上形成的反射。如听到上课铃响，学生就知道该上课了。人最基本的条件反射就是听到自己的名字。利用这个原理，我曾尝试把班里面的学生特别是调皮捣蛋学生的名字跟他自己的正面特点联系起来一起称呼，在班级里面营造积极的氛围，如“善于倾听的小税”“乐于助人的张航”“微笑达人李桦”等。后来，又有了“友爱华明枫”（华明枫分别是原来闹矛盾后来和好的三个学生姓名的最后一字）、“阳光小组”、“超越梦想团队”等对小群体的称呼。这些带有正能量的称呼出现在班级当中，推动学生向着积极向上的目标而努力。

还给孩子真正意义上的寒暑假

近日，笔者听朋友说，孩子放寒暑假是她最纠结最难过的时候：一是送不送孩子上补习班。二是如果孩子上补习班，就要天天逼着不情愿的孩子奔波于几个培训班中；如果孩子不上补习班，一下班回到家里看到孩子不是打游戏就是看电视，火气就会噌噌地冒上来，接着就避免不了一阵“亲子交锋”。

相信出现类似情形的家长有不少。本来孩子放寒暑假正是父母开展亲子教育、营造亲子和谐关系的好时机，可是为什么不少家长会出现孩子放寒暑假就难过的现象呢？据了解，原因有几个：一是家长忙于工作无暇顾及孩子假期的生活起居和教育；二是家长担心孩子放假荒废学业而送孩子上补习班与孩子想放松休息的心理产生矛盾；三是家长不懂教育孩子，假期亲子接触多了关系就会紧张。无论哪种原因，都透露出同一个信息：对于孩子为什么要放寒暑假，假期适合做些什么，家长并不明确。

孩子为什么要放寒暑假？当然是为了缓解紧张学习，为了与家人团聚，也为了避开一年之中最冷和最热的季节。而更本质的意义在于，学生需要过一种有异于学校、丰富多彩的别样生活，这就需要回归家庭生活、接触社会生活。但是，如果孩子从学校放假出来，又走向同样严肃的培训学习生活，那就完全背离了寒暑假的初衷。不过，话又说回来，孩子放假，家长不可能全都有时间陪伴孩子，这也是让家长们最头疼的地方。

笔者认为，只要学校、家庭和社会都来关注孩子寒暑假期间的生活、教育问题，就可以还给孩子真正意义上的寒暑假。首先，学校要做到孩子放假不放“教”。如在放假前指导孩子过好寒暑假，利用网络平台指导家长在假期里面引导教育孩子，在假期里面和家长、孩子交流、反馈假期生活，及时给予肯定、鼓励和指导。其次，家长要重视孩子的寒暑假生活，掌握一些科学的家教知识，做好与孩子共度假期的准备和计划。共度假期不一定要天天陪伴孩子，家长双方可以轮流休假带孩子，有条件的可以一起休假参与社会实践、研修旅行等。对于不方便休假或者休假时间不多的家长，可以和几个同事、亲戚或者同一个小区的家长组成“家教小组”，家长轮流值日带几个小孩，模拟一个“混龄小社会”，让孩子们混龄交往，“以小促大，以大带小”，有助于促进孩子们的社会性发展。最后，社会单位和企业也要支持家长在假期陪伴孩子的需求，如除了为家长休假敞开绿色通道之外，还可允许家长带孩子上班，有条件的可以提供一个场所让孩子们阅读、学习、嬉戏和玩耍，甚至可以邀请孩子进入单位体验爸爸妈妈的工作，促进亲子互动、相互理解，培养未来的接班人。一些公益组织、爱心团体、成熟小区也可以探讨寒暑假期间组织亲子活动、体验活动……

保障学生睡眠质量比拿高分更重要

近日，教育部发出通知：2018年9月起，中小学上课不得早于早上8：00；小学一二年级学生不得早于早上8：00到校，上课时间不得早于早上8：30；浙江省、黑龙江省已先行实施，其他省市也计划实行。此举目的是减轻学生课业负担，保证学生有充足的睡眠。

事实上，浙江省教育厅已经在2018年上半年出台了《关于在小学施行早上推迟上学工作的指导意见》（浙教基〔2018〕11号），对在全省范围内实施推迟上学做出部署、提出具体要求，保证小学生每天有10小时睡眠时间。从社会反响来看，这是一项顺应民意、顺乎人性的教育改革，充分表达了“学生睡眠质量比争高分更重要”的决心。

推迟上学的立足点是促进学生健康成长。小学生正处于生长发育的关键期，脑科学研究表明，睡饱、吃好对这一阶段孩子的大脑发育至关重要。推迟上学时间，可以让孩子们多睡一会儿，保证足够的睡眠时间，使他们更有精神、情绪更好，为一天的学习和生活提供积极保障。同时，推迟上学对于缓解学业负担过重也有一定的积极意义。

不过，有的家长担忧：平时孩子们上学时间早，家长还可先送孩子上学然后再去上班，现在上课时间推迟到早上8：30，与家长上班时间有冲突，影响了家长上班。笔者认为，孩子在早上8：00—8：30上课是与倡导“就近入学”观点相符合的，如果就近上学，家长带着孩子8点离开家门，10分钟以内送完孩子接着上班，显然是两全其美的事情。

而更多的家长可能会担忧：学校推迟上课时间，那就意味着学生的上课时间减少，岂不是会影响学习成绩？家长的担忧不无道理，毕竟，家长们都是从现实出发的，看到大多数勤奋好学的孩子一个个考高分、上名校，从而找到理想工作的。其实，推迟上课时间也是改变教育观念回归教育本真的其中一个举措。教育观念不改变，评价标准不改变，用人制度不改变，不管出台什么政策，都会受到多方面的阻挠，最后都有可能变成“上面有政策下面有对策”——学校推迟上学，校外机构可能又会因市场需要而增加一项“早托”服务。

近几年，除了推迟上课时间，教育部陆续出台“幼儿园‘小学化’治理”“校外培训机构治理”“防控青少年近视”等通知和意见，目的都在于减轻学生学业负担，引导学生养成良好的政治素质、道德品质、法治意识和行为习惯，形成积极健康的人格和良好的心理品质，促进学生核心素养的提升和全面发展，为学生一生的成长奠定坚实的思想基础。相信不久，学业成绩将不再成为学生的唯一评价标准，学校评价标准和社会用人制度也会发生全新的变化，孩子们因此而能够得到真正身心健康地发展。

熟悉的地方也有美丽风景

在2018“中国旅游日”广东省主会场系列活动上，省旅游局向市民推出广东乡村主题旅游新线路40多条，包括红色经典游、南粤古驿道游、滨海渔村游、古村粤韵游、瓜果飘香游、岭南水乡游、山水田园游、绿野仙踪游八大主题。我市两条热门旅游线路名列其中。（5月22日《阳江日报》）

据了解，我市入选的两条旅游线路都是阳江本地比较热门且游客比较认可的线路，其中“大角湾景区—十里银滩—马尾岛—北洛湾—小港湾海边栈道—广东海上丝绸之路博物馆—螺洲海滨公园—红树林国家湿地公园”线路入选滨海渔村游，“山海经农业大观园—天麓山顶公园—新圣洋渔业基地—牛塘山文化览胜公园（日落、旧澳风光）”线路入选绿野仙踪游。但是，笔者问了身边一些朋友、同事，除了第一条线路的大角湾、十里银滩、广东海上丝绸之路博物馆比较熟悉之外，其他景点都显得陌生甚至从来没听过。究其原因，一方面很多市民带有“熟悉的地方没有风景”的观点，旅游大都跑到外地；另一方面是大多数旅游公司缺乏本地旅游产品的打造和宣传，导致本地人不熟悉本地风景的现象。

其实，熟悉的地方也有美丽风景。去外地旅游时，我们经常会听到“这里还比不上我们那里的大山和大海”等类似对比的语言，说明本地风景也不差甚至更好。只是，去外地旅游时，往往会有当地导游一边介绍景区的概况，一边用喜闻乐见的方式讲述相关的传奇故事，给景区加上了人文历史等背景，不仅加深了游客对景区的印象，还打开了游客想象的翅膀。而本地人一般自驾游本地景区，缺乏对相关背景的了解，常常是参观景点“蜻蜓点水”，了解景点“囫囵吞枣”。一遇到外地人了解当地有哪些风景时，大多数本地人只能说个景区名字和大概情况，这样就难以激发外地游客来本地旅游的热情。

因此，笔者认为，旅游公司除了做好外地游客的接待导游工作，还应抓好本地游的宣传工作，设计适合的旅游产品提供给本地游客，这样既能发动本地游客参与当地深度旅游，带动旅游经济发展，还可让本地游客了解本地人文景观，进而向外宣传推广。这次我市两条旅游线路列入广东“主题游”，相关旅游公司不妨借着这个契机，打造本地旅游产品，让熟悉的地方的美丽风景公开，吸引本地游客参观旅游。这样，每一个本地游客都将成为当地景区的宣传者，从而向更多的外地游客宣传、推荐我市的旅游线路，为推进我市全域旅游发展尽一分力。

让每个孩子都有展示自我的机会

近日，笔者参加了我市农村留守儿童“圆梦之家”绘画艺术作品展暨爱心义卖活动，300多幅来自农村留守儿童创作的展现美好童真世界的作品吸引了众多市民前来观赏和爱心收藏。活动现场，笔者跟一位农村留守儿童示范点学校校长交流，他说学生知道自己的作品在市美术馆展出非常开心，他要把学生的作品全都拍下来，在六一国际儿童节那天让全校学生知晓，给这些学生展示自我的机会。

六一国际儿童节快到了，孩子最盼望的是什么？据了解，孩子们最盼望的就是有展示自我的机会。记得小学时候的每个儿童节，学校都会组织全校师生沿着全镇的主街道敲锣打鼓巡逻一圈，笔者作为学校仪仗队队员，走在队伍的最前面，享受着父老乡亲的“瞩目”，感觉非常自豪。同样，当留守儿童知道自己亲手画出来的作品在我市最高美术殿堂——阳江市美术馆展出并售卖时，相信他们也会觉得自己是世界上最快乐的人。

心理学研究表明，孩子有机会展示自我，能够促进他们较好较快地自我成长、自我提升。但实际上，学校却很难做到让每个孩子都有展示自我的机会。每年欢度六一时，小学、幼儿园都会开展文艺汇演等活动，但能够上台表演的学生并不多，大部分学生都作为观众参与，往往对期待的节日感觉遗憾。日本作家、主持人黑柳彻子创作的儿童文学作品《窗边的小豆豆》很受孩子喜欢，因为小豆豆所在的学校——巴学园是个让孩子尽情展示自我的地方，特别是学校开展的运动会，所有的项目都是根据孩子实际来设计的，每个项目都是全校孩子参与，每个孩子都是运动会的主角。因此，学校、幼儿园不妨也根据孩子的实际来设计庆祝六一的节目，以班级、年级或学校为单位开展丰富多彩的活动，让每个孩子都有机会在众人面前展示自我，赢得喝彩，提高自信。

让孩子展示自我，家长是最好的观众。很多家长反映不知道怎么陪伴孩子过六一。其实，根据孩子需要提供平台让孩子展示自我，是孩子最快乐的事情。如果孩子在学校难有展示自我的机会，那么家长不妨联合几个家庭，组织一场孩子们自由表演的盛会，家长们既可以和孩子一起表演节目，也可以作为观众为孩子鼓掌喝彩，和孩子共同欢度六一。当然，不同的孩子有不同的展示需要，如有的孩子需要倾诉，父母最好花时间当好孩子的聆听者；有的孩子需要表现，父母就创设机会让孩子展示……

孩子是家庭的未来，也是祖国的未来，我们都要关注孩子的心灵，了解孩子的需要，让每一个孩子都有展示自我、实现梦想、出彩人生的机会，从而为家庭、祖国的未来发展奠定坚实的基础。

2019年德育随笔

讲好文明故事，传递文明风尚

近日，笔者参加了一个“爱的语言工作坊”的学习，其中有一个活动是“分享让你感觉温暖的一个人”，很多人都分享了自己的父母、亲友、师长、同学等人物带给自己的温暖的美好时光。后来，有个人提出，除了熟悉的人，其实生活当中还有不少陌生人的帮助也带给了我们温暖，接着他讲了一个陌生人让他感觉温暖的故事。

他说，有一次他去医院看病，排队等候医生的患者很多，他排最后，到他的时候已经过了下班时间，但是医生还是坚持为他看病，并且耐心详细地询问病情，根据他的情况建议他暂时不要吃药，叮嘱他平时注意休息、营养均衡、多喝水，等等。他觉得耽误医生吃饭了，要请医生吃饭，医生说宣传健康知识、救死扶伤是自己的本职工作，不必客气。这个医生与他不认识，却能像熟人一样耐心倾听他的话，安抚他，让他很长时间都感觉温暖，感到世界真美好！

听他说完，笔者也分享了一个得到陌生人帮助的故事。不久前笔者到高铁站乘车出差，安检时一位工作人员看到笔者的拖箱，很自然地帮忙托起拖箱放到安检传送带去。笔者赶紧道谢，那个工作人员听后，微笑着说：“不客气，谢谢你的‘谢谢’！”显然，工作人员的帮助让笔者感觉暖心，笔者的道谢也让工作人员舒心。笔者注意到，在工作人员的带动下，一些乘客之间也互相帮助，整个大厅散发着温暖、文明的氛围。

话题一拉开，很多人都说起自己被陌生人感动的时刻。这些故事听起来虽然都是小事情，但“办好小事情，成就大文明”。文明是别人问路时的热情指引，是公交车上主动起身让座，是看到有需要帮助的人主动施以援手，是把垃圾放入垃圾箱的一个细微动作……正是一件件利他利社会的小事情，才创建出让每个人感觉温暖的文明城市。

讲好文明故事，传递文明风尚。每个人从这些文明故事里面都能够获得一种真善美的正能量，而这些正是创建文明城市的源泉。一句礼貌的文明用语，一个温暖的让座行动，一次有序的排队等候，都会为文明城市添加一道亮丽的风景线。我们不仅是文明故事的讲述者，也是文明故事的传播者，更是文明故事的创造者。因此，生活在城市中的每一个人都应该做好文明小事情，讲好文明小故事，共同创建美好的文明大城市。

家规是孩子规则意识的基石

最近，笔者在开展家庭教育培训时经常会向家长提出这样一个问题：“你家有家规吗？”结果，举手表示自己家里有家规的人不超过5%。家庭里的教养非常关键，可以说，家规是孩子规则意识的基石，家庭没有规矩难以出人才。

由于职业原因，笔者经常会观察一些孩子的行为表现，注意到大多数“熊孩子”的背后，往往是家庭教养的问题。由于缺乏家规的约束，这些孩子从小没规没矩，言行举止随意，到了公众场合也很难遵守规定。有些家长认为，让孩子从小不受拘束，是为了培养孩子的创新思维。其实，这是对创新思维的误解。培养孩子的创新思维与让孩子守规矩也并不矛盾，鼓励孩子天马行空、大胆想象，在保证安全和不影响他人利益的基础上勇于探索，这样“不影响他人利益”就是要遵守一定的规则，否则就是胡作非为，而不是创新。

规矩是人类生存与活动的前提与基础，人们总是要在规与矩所形成的范围内活动。在文明社会中，人们只有遵守社会规则，才能最大限度地保证绝大多数人的利益，才能让社会、个人更好地发展与进步。而遵守社会规则，首先要从遵守家规开始，所以家规是帮助一个人走向社会、适应社会的重要规则。

那么，怎么制定并执行家规呢？有些家长认为家规就是父母制定的，孩子遵守就行，其实这是“霸王条款”，孩子往往会产生抵触心理，自然不想执行家规。所以家规要面向全体家庭成员，在制定家规的时候所有家庭成员包括孩子都应参与进来，提出各自的见解和观点，尊重每个人的意愿，制定出大家都认同并愿意遵守的具体规则，家庭所有成员才会按照规定执行。当然，大家还可以考虑家庭成员的“角色”意识，明确“角色”的任务，让孩子从小就懂得有些家规需要人人做到，但有些事情父母可以做，孩子是不可以做的。同时，为了保证家规的顺利执行，没有遵守家规的人要受到相应的“处罚”，所以制定每条家规时都要说明如果违反了要怎么处罚。比如，有个朋友家里制定的家规有“每个人都要按时吃饭，否则过后便不许再吃，而且还要减掉下一餐的进食”和“大家不可以在家里乱发脾气，有事情互相商量，否则发一次脾气便罚一小时不许说话”等内容，就说明了要遵守的规定以及违反之后的具体处罚。

制定好家规，形成好家风。党的十八大以来，习近平总书记多次强调家风，说的是“小家”，着眼的是“大家”。人人遵守家规呵护好“小家”，走到社会才会遵纪守法，建设好“大家”。

让爱国主义教育更加接地气

近段时间，各地都举行了丰富的爱国主义教育活动，但对于孩子来说，“爱国”主题似乎还比较抽象、“高大上”，很容易就沦为空泛的说教。因此，爱国主义教育需要社会教育、学校教育和家庭教育合力发挥作用，才容易落实落地。

当下社会思潮多元化，各种价值观并存，加上互联网的快速传播，其中一些不良信息正侵蚀着青少年的身心健康，甚至一定程度干扰着他们对祖国的了解和认同。如果学校还是以传统课堂说教、口号宣传等方式进行爱国主义教育，显然难以引起青少年学生的共鸣。学校应该充分挖掘教育资源，通过开展研学实践、参观红色基地、观看爱国主义影片、邀请军人讲故事、体验国粹文化等活动，让学生充分感受和体验爱国主义精神，生动传播爱国主义精神，唱响爱国主义旋律。

家国情怀向来是中华儿女深沉、激越的情感。深厚的文化土壤，连绵的历史文脉，中国人的家国情怀，是延续中华文明的重要的动力之一。家庭是培育家国情怀重要的场所，家里的祖辈、父辈就是教育孩子爱家、爱国的重要人物。祖辈、父辈要跟孩子讲讲自己童年时候经历的艰苦岁月，让孩子了解中国怎样从一穷二白到稳居世界第二大经济体地位，从温饱不足到迈向全面小康，从物质匮乏到消费多样，感受祖国70年巨变，让一个古老的国家焕发出奋斗神采，也让城乡居民生活发生翻天覆地的变化；有条件的家庭，可以带孩子走访一些老革命、老干部，让孩子近距离倾听革命和英雄故事，感受英雄的家国情怀，同时陪孩子游览祖国河山，感受祖国的疆域辽阔和雄伟壮观；等等。

“爱国，是人世间最深层、最持久的情感，是一个人立德之源、立功之本。”习近平总书记曾在多个重要场合强调的这句话，道出了爱国主义的深层内涵。如果青少年能够在内心根植这种“人世间最深层、最持久的情感”，那么他们必然能够在纷繁复杂的社会中形成正确的三观，走上健康成长之路。

请允许孩子有“做公交司机”的平凡理想

近日听一名家长说，他因为自己孩子回答“长大后想做什么”时说想做公交司机，而被老师约到学校聊天。老师说，其他孩子理想都志存高远，不是当科学家、工程师、企业家，就是律师、医生、老师，唯独他家孩子志向不够远大，担心会影响学习的热情。这名家长说儿子确实喜欢当公交司机，因为他从小就喜欢坐公交车遛弯儿、记站名、见识各种各样的人，这并不妨碍他认真学习，相反他还因为见多识广而受到同学和老师欢迎……

笔者曾遇到一个以往教过现已工作的学生，他说有一次经过母校但没进去探望老师。问及原因，他说现在还没“混出个人样”，还是不要见老师好。笔者愕然，是谁让这些年轻人觉得要“混出人样”才敢去探望老师的？相信没有老师这样教，但是无时不在的出人头地的思想影响着大多数人，包括家长和老师。谁都望子成龙，但很少有人明白望子成龙的背后是什么理念在支撑着。

是光宗耀祖的“面子”，还是希望孩子出人头地的“里子”？不管是哪一种，都变成了老师紧张的叮嘱、家长焦虑的神态和孩子忙碌的身影。有了“出人头地”的思想，必然就需要高大上的理想了。

笔者认为，问孩子长大后想做什么，倒不如问他们想成为什么样的人。“一个正直善良、积极向上的人”远比“大家”“大师”重要。因为社会需要各行各业的人，只有各行各业中正直善良、积极向上的人，才能推动社会良性发展。所以，全社会应营造尊重各行各业的良好氛围，而不是以职业为标准把人分出三六九等。

做一个正直善良、积极向上的人，理想不一定非要志存高远。公交司机虽是一个平凡岗位，但把平凡工作做好了同样可以成就伟大。全国“五一劳动奖章”获得者杨文茂就是一名重型卡车司机，在杨文茂身上，没有豪言壮语，有的是质朴和实干；没有激情誓言，有的是自信和进取；没有惊天动地，有的是爱岗和敬业……实际上这就是一个大国工匠的精神——脚踏实地，用心做事，追求卓越。

不必苛求每个孩子都志存高远，请允许他们有平凡而踏实的理想。只要坚持正直善良、积极进取，每个人都能够在平凡的岗位上做出不凡的事。

家校合力育人需要同向而行

不少家长有点害怕接到孩子老师的电话，一接到学校电话就习惯性地认为孩子肯定在学校犯错误了。也有不少老师发牢骚，有些家长不配合，导致孩子难管教。这种双方不理解的情况导致了家校不良的互动模式，从而也影响了家校之间的合力关系。

当下老师和家长的互动模式对良好亲师关系的形成的确存在一些不利因素。首先是时间投入受限。当下的中小学，上课以及备、改、批、辅占去了老师大量的时间，还有很多非教学任务要完成，老师应接不暇。除非学生发生了突发事件需要通知家长，否则很难抽出时间与家长进行深度交流。而良好关系的形成，恰恰需要时间成本的投入。其次是观念问题。有些老师认为花时间和精力与家长打交道、研究家庭教育，倒不如投入与学生谈心或者教科研究方面。

而家长受思维观念、专业知识等方面影响，很少主动与学校及老师合作，对学校、老师的一些做法也不一定能够理解，甚至还会提出一些有违教育公平、教育规律的要求，间接影响了老师开展家校合作的积极性。

家校关系是中小学校非常重要的人际关系，事关教育教学的效果和学校培养目标的实现。因为中小学的学生大都是未成年人，家庭和学校是孩子成长最重要的两个世界，家长和老师是孩子成长过程中的关键人物。如果老师和家长的教育方法、三观不一致，必然会给孩子带来困惑，从而影响孩子的健康成长。因此，家校合力是孩子养成健全人格和获得知识的重要因素。而家校合力需要学校和家庭同向而行。

如何同向而行呢？学校作为教育的权威部门，理应成为家校合作的主导力量。但是，当下很多学校组织的家长开放日、家长进课堂、家庭教育讲座、家长志愿者等活动，大都限于学校向家长单向传递信息或者提要求，家长在这些活动中没有有效的双向互动。因此，学校在组织以上活动的时候，应该再前进一步：提供平台让家长说一说他们在这个过程中有什么感受和收获，对学校今后的活动开展、教育教学等方面的工作有什么意见建议……只有家长与老师之间多一些双向对话，学校才能够了解家长对学校的看法，听到家长真实的想法，从而促进学校教学活动的改进。

从“学校与家庭合力育人”这个目标出发，家长应该多听听老师的建议，与学校站在一起，共同帮助孩子形成良好的行为习惯。老师应综合地影响孩子的家庭生活，树立良好的“家长观”，尊重理解家长的教育观，利用好家长的教育资源，与家长共同探讨现代教育理念和科学教育方法，共同营造和谐的教育氛围。

培养孩子良好的体育锻炼习惯

有家长在朋友圈求助：“孩子要中考了，体育成绩不理想，请问有没有速成的方法，可以快速提高体育科目成绩？”对此，有不少朋友积极支招，提供信息。作为教育工作者，笔者以为，体育速成虽然会起到一定作用但不可取，不如培养孩子养成良好的体育锻炼习惯，打造强健的体魄，让孩子终身受益。

体育锻炼是一项持久的运动，“速成”明显违背科学规律，也不符合人体的发育规律。如果只是为了考试而训练体育运动技巧，那么这种训练对强身健体没多大促进作用，甚至可能会因为急于求成而对身体造成伤害。现实中，确实有不少学校在学生体育项目考试上面采用“速成”的办法——初三上学期开始加强考试科目的体育训练，下学期体育会考一结束，体育训练就结束了。学生刚养成了每天运动的习惯，就因为体育考试结束而终止了锻炼的机会。实际上，这样的体育速成训练并不能提高学生的体质健康水平。

近年来，习近平总书记高度重视和关心青少年体育，多次就青少年体育做出重要批示。李克强总理也要求“大力发展体育文化事业，为青少年强身健体全面发展创造良好的环境”。各地、各部门也不断出台政策措施，加快推进学校体育，大力开展阳光体育运动，通过体育考试来扭转重智育轻体育的局面，学校体育工作取得积极进展。但从总体上看，学校体育仍是整个教育事业相对薄弱的环节，对学校体育重要性认识不足、体育课和课外活动时间不能保证、体育训练以应考为主、体育教师短缺、场地设施缺乏等问题依然突出，学生体质健康水平仍是学生素质发展的明显短板。

坚持体育锻炼是提高学生健康素质的有效途径，对青少年思想品德、智力发育、审美素养和健康生活方式的形成具有不可替代的作用。因此，学校应该加强师资队伍建设，强化学生体育锻炼，不求速成，确保学生每天锻炼1小时；应遵循教育和体育规律，注重因材施教和快乐参与，从学生兴趣入手，广泛开展田径、球类、武术、体操等体育项目教学，多组织体育游戏、趣味活动、运动会、体育节等形式多样的活动，重视学生运动技能的培养，逐步提高学生的运动水平，为学生养成终身体育锻炼的习惯奠定基础。

广大青少年身心健康、体魄强健、意志坚强、充满活力，是一个民族生命力旺盛的体现，是社会文明进步的标志，是国家综合实力的重要方面。学校要引导学生坚持锻炼，健全学生体育锻炼制度，合理安排家庭“体育作业”，家长要支持孩子参加各种体育活动，社区要为学生体育活动创造便利条件，逐步形成家庭、学校、社区联动，共同指导学生体育锻炼的机制。而青少年自己也要抱着“天天锻炼、健康成长、终身受益”的思想，坚持运动，强身健体，全面提高自身综合素质。

孩子需要父母高质量的情感陪伴

我们经常看到不少父母推着婴儿车带孩子出门，让孩子坐在婴儿车上面，而自己则拿着手机看，或者与旁边人聊天，完全忽略了与孩子的沟通交流。阳江有句俗语“妈妈带孩子，话多像疯子”，意思是妈妈带孩子，需要经常对着孩子说话，这样孩子才能够真切地感受到妈妈的关注和情感陪伴，从而获得满足感和安全感。

多功能婴儿车确实减轻了现代父母带娃孩子压力，可是很多父母在解放双手的同时，放弃了与孩子情感交流的机会。孩子坐在婴儿车上，好奇地看着这个世界，逐渐构建起对这个世界的初步印象。如果此时父母能够因地制宜地为孩子讲解路上的见闻，了解孩子的想法，与孩子及时进行互动，即使婴儿还无法听懂父母在说什么，但父母的引导会让孩子对这个世界充满兴趣，并兴致勃勃地通过各种动手触摸、语言表达等形式去探索世界，从而能更好地拥有认知创造力、言语表达能力和社会情感活动能力。笔者认识一个学龄前的孩子，整天说无聊、没意义，只有玩网络游戏才会感觉到刺激，与同伴玩耍时因为不懂得守规矩、不考虑他人而受到排斥。经过了解，就是缺乏父母有效的情感陪伴对孩子在性格和心理层面上产生了负面的影响。

科学研究发现，孩子早期的成长环境，即父母提供的语言环境、互动模式很大程度上决定了孩子先天潜能的发挥。父母对孩子说的词汇量、说话方式以及情感关注，会对孩子的理解能力、空间推理、自身行为约束和道德品质等诸多方面产生深远的影响。

因此，年轻的父母们应该远离手机的诱惑，在带孩子的时候最好放下手机，多跟孩子沟通交流。特别是带幼小的孩子出门时，要适当推开婴儿车，抱着孩子或蹲下来跟着孩子的步伐，把自己变成孩子，和孩子一起观察周围的环境、玩游戏、互动交流，说说看到了什么，感受到了什么。而带年龄大一点的孩子出门，则要注意别把孩子扔给电子产品，这时的孩子其实更需要脚踩大地、仰望星空，在大自然中打开各种感官，获得丰富的感受和体验。带孩子外出时，父母应该在这个过程中让孩子感受到父母高质量的陪伴，在与父母交流中培养孩子对世界的好奇心，从而让孩子更好地认识世界、了解世界。

预防孩子近视　户外活动不可少

近日，国家卫健委公布的调查数据显示，2018年全国青少年儿童总体近视率为53.6%，即有一半以上青少年儿童近视。在小学和初中阶段，近视率随着年级的增长快速增长，而且高三年级学生近视度数高于600度的占比达到21.9%。很多专家表示，在目前的医疗技术条件下，近视不能治愈，高度近视还是致盲性眼病之一。因此，预防青少年儿童近视成了全中国维护青少年儿童健康的头等大事。

在中国，学生要承担繁重的家庭作业。2014年，经济合作与发展组织的一项报告指出，平均每个上海的15岁小孩每周要花14个小时做作业。相比之下，英国是5小时，美国是6小时。另外，我国学校和家长都担心孩子的安全问题，比起让孩子到室外锻炼，更倾向于让孩子待在室内，而宅在室内的孩子眼睛看得最远的距离也就十几米，同时，接触各种电子产品的机会也更多。这些要素都增加了孩子得近视的概率。

预防孩子近视，户外活动不能少。环境对于近视的影响也得到了权威科学杂志的印证，2015年《自然》杂志发表的一篇文章表明：户外活动时间与近视的发病率息息相关。研究显示，孩子在户外干什么不重要，无论运动、野餐、玩耍，只要在户外的时间足够多，近视发病率就低。所以，学校应该保证孩子至少每天有1小时的阳光户外活动，而不是把孩子禁锢在室内。与其把学生圈在教室里做眼保健操，不如增加学生的户外活动时间来得实在、有效。家长则应该在假期多带孩子到户外郊游、参加亲子活动、进行社会观察等，而不是让孩子在补习班里度过。

不少家长就会担心了：孩子户外活动的时间增加了，那么学习时间肯定就会减少，如何保证孩子的学习时间呢？结合当前的升学制度和用人制度，家长们的担忧不无道理，所以才会把孩子的学习放在第一位，而忽略了孩子的身心健康。对此，教育部、卫健委等部门联合印发《综合防控儿童青少年近视实施方案》，将防控青少年儿童近视上升为国家战略，在减轻学生学业负担的同时，要求各地各学校保证学生阳光体育1小时的户外时间。考试制度和用人制度也会有相应的变化，如果孩子还一味待在室内坐在书桌前搞题海战术，那将很难应对社会用人的变化。所以，家庭和学校都要与时俱进，不增加孩子学业负担，让孩子多走向室外，多运动锻炼，让孩子的眼睛看得更高更远，从而预防近视。

初中学生综合素质评价重在落实

据《南方日报》报道，全省各地市将从2020年初中一年级新生开始实施基于初中学业水平考试成绩、结合综合素质评价的招生录取办法改革。对此，广东省教育厅有关负责人表示，初中学生综合素质评价由省教育厅出台指导意见，各地负责制定具体的落地方案。评价工作要落实立德树人的根本任务，有利于促进学生德智体美劳全面发展，但不应过分增加学校老师和学生家长的负担。

初中学生综合素质评价将作为学生毕业升学的依据或参考，学生和家长必然高度重视。不少家长担心评价标准是否科学，是否可行，是否公平等，这些因素都将影响综合素质评价工作能否有效开展。因此，各地教育部门制定具体的实施方案最好召开听证会，邀请教师、律师、家长和社会人士参加，征求各方意见，力求实施方案具有针对性和可操作性。

学生综合素质评价最终要由学校负责组织落实。所以，学校不能像以往那样重点围着学习成绩进行应试教育，而是要围绕学生的思想品德、学业水平、身心健康、艺术素养和社会实践五个方面，制定切合实际的具体操作细则，并主动创造条件，深化课程改革，创新人才培养模式，广泛开展有利于学生成长的各类活动，为学生综合素质提升提供支撑。学校必须重视学生综合素质评价工作的过程性评价，激发全体教师参与综合素质评价工作的积极性。同时，每个班级也要建立由年级长、班主任、相关教师、家长代表、学生代表等组成的班级综合素质评价工作小组，具体负责所在班级学生的综合素质评价工作。在执行的过程中一定要做到信息公开化、透明化，定期向学生公布信息，接受广大师生、家长的监督。

据了解，初中综合素质评价主要采取写实记录、评语评价与重要观测点计分评价相结合的形式进行，既包括学生在成长过程中客观记录的、能集中反映自身综合素质发展过程与结果的关键事件，以及相关证据材料等；也包含学生的自我评价、教师的评语评价、家长对孩子的成长描述性评价等；还有在一些关键性事件中反映学生特长发展和个性化发展的重点观测点计分等。刚开始推行时，师生、家长必然会因为不熟悉、不习惯而导致工作量增加，但是，只要大家形成共识，坚持、认真做下去，就会深刻体会到综合素质评价的意义，实际上就是引导学生成为德智体美劳全面发展的社会主义建设者和接班人。

初中学生综合素质评价整体反映了学生初中阶段德智体美劳全面发展情况和个性特长，可以为落实因材施教、促进学生成长提供依据。但是，因为未成年人可塑性强，对于个别学生出现的不良行为，各地各学校一定要站在发展的角度多视角、多元化评价这些学生，不打击、不放弃，采取个性化办法来教育转化他们，让他们也能够健康成长。

齐抓共管预防青少年儿童溺水

暑假期间天气炎热，为溺水易发和高发期，预防学生溺水工作是重中之重。儿童因身心发育不全，对潜在危险的认识不足，容易成为溺水事故的受害者。我国每年约有5.9万人死于溺水，其中未成年人占了95%以上。因此，各地各部门要携起手来，为孩子平安健康成长保驾护航，努力形成全社会人人关心学生安全和各级政府、各部门齐抓共管中小学生安全教育的良好氛围。

暑假是未成年人安全事故尤其是溺水事故的高发时段。近年来教育部门、学校层层抓落实，重点抓好宣传教育，教育学生加强防范意识，强化节假日安全教育，开展预防溺水隐患排查，构建预防溺水长效机制，取得了一定的效果。但青少年缺乏风险意识，即使学校老师、家长反复强调，溺水事故还是时有发生。笔者认为，除了教育部门的宣传教育，其他相关部门也要重视预防青少年溺水工作。据一位英国留学生反映，英国的河岸有三处特殊设计：河岸是自然的30度缓坡，很容易从水里爬上来；岸边每100米有一个小铁盒，救生圈折叠起来放在里面，拉出来的瞬间会自动充气，方便救援；缓坡上还配有铁链，游泳的人感到疲劳时可以拉着铁链上岸。笔者建议，相关部门建设公共设施时也要有“抵御意外伤害”的设计意识，以大幅度减少意外伤害的发生概率。

家长要全方位监管孩子。据了解，大多数溺亡孩子都是缺乏家长的监管，留守儿童遭遇溺水的可能性比有父母在家监管的儿童高很多。因此，暑假期间，家长一定要尽到全方位监管的责任，尽量抽时间陪伴孩子。家长要注重培养孩子的安全意识，如带孩子游泳一定要到游泳池或者安全泳场，不能游野泳；不让小孩玩音乐喷泉的水，避免意外触电。特别要提醒的是，家长带孩子时要少玩手机。“4岁儿子在妈妈身后几米远的水中挣扎了3分钟后溺亡，妈妈在咫尺之远埋头看手机。”“妈妈在房间玩手机时，1岁多的女婴走进卫生间玩水，掉进水桶里溺亡。”“2岁男孩站立不稳掉进滚烫的开水锅中，当时他的爸妈正在玩手机。”……这些因为家长玩手机忽略监管孩子而造成的惨剧，家长要从中吸取教训。

当然，青少年自己要拥有较强的自我保护意识。近日，某地发生3人落水2人被卷走的溺水事故。当事人不听人劝阻，结果出现悲剧。因此，假期里，家长一定要通过案例警示、观看视频、带领孩子到专业机构学习游泳技能等，提高孩子的安全意识和自护自救能力。

2020年德育随笔

教育孩子尊重每一种职业

近日，有老师反映在开展职业生涯教育时遇到了比较尴尬的事情：一女同学说喜欢当秘书，因为秘书很轻松，就是给领导签个名盖个章而已；而另一女同学却说不喜欢当秘书，因为这会让她想到当“花瓶”。他分别问二人是否知道秘书这个职业需要什么知识和技能，读什么专业比较适合当秘书时，她们都摇头，同时表示是从电视剧或电影中获得相关信息的。

确实，电视剧、电影有时会根据剧情的需要来神化或者矮化某些职业，这往往会误导一些青少年对某些职业的理解，从而对今后择业造成影响。教育引导青少年不仅仅是一个家庭或一所学校的事情，更应该是整个社会的事情。电视剧、电影等不应单纯考虑为剧情服务，而应基于符合社会主流价值的职业观，尊重每一种职业，尊重每一个劳动者，正确向大众普及不同职业的基本素养和从业要求。

青少年对职业理解有偏差，很大一部分原因还在于家长和社会大众对职业的误解。不少家长从小就向孩子灌输“你不好好学习就去扫大街”“长大要当官挣大钱来回报父母”等理念，不少人在聚会、聊天时谈到一些挣钱多的人满脸羡慕等，这些都会误导孩子们一味地追求挣钱多的职业。不可否认，福利待遇是人们选择职业的一个重要因素，但并不是唯一因素，更不是人生幸福生活的决定性因素。

《少年说：我的妈妈是外卖配送员》里面说得很好：“一个人是否受到尊重，不是因为他做了什么职业，而是因为他做成了什么模样。”职业无所谓高低，认真与敬业才值得尊重。只有全社会都营造出肯定每一种职业、尊重每一个劳动者的氛围，广大青少年才会正确看待每一种职业，才会根据兴趣爱好、能力才干去寻找一份适合自己的工作。

线上教学需要家校合作

2020年3月2日起，全市中小学校开始开展线上教学。对此，家长们议论纷纷，褒贬不一。赞成者认为在线学习既是为了帮助学生妥善安排漫长的假期生活，也是为了降低疫情对学生学业的影响；反对者担心老师和孩子缺乏互动，监管不到位，孩子趁机玩电子产品，既不能专心学习，也影响视力。确实，大中小学在校生全程在网上学习，应是全国第一次如此大规模上网课，难免会出现各种各样的情况。笔者认为，学生居家在线教学要想取得实效，家校有效合作很重要。

现在，各级教育部门都搭建了很好的云平台，教师可以引导学生使用全市、全省甚至全国最优质的教学资源来学习。但是，这并不表明教师就可以当“甩手掌柜”，把别人的优质资源拿过来就万事大吉。疫情当前，学校要将教学中心转移，在开展知识教学的基础上，抓住时机对学生进行自我管理教育、道德法治教育、心理健康教育等。结合当前国内外形势，用全民抗“疫”中涌现出的英雄事迹，对学生进行爱国主义教育，用司法机关部门打击疫情当中非法行为进行法治教育，和家长一起培养学生的自学能力、良好卫生习惯和家务劳动习惯等。为此，学校应考虑家长身兼数职不能全程监督孩子学习的客观情况，合理、适当地安排家长的监管责任；要探索学生自我监督、自我管理的自查和互查机制，让学生的自我管理逐渐替代家长的监督。

学生在线学习，家长有责任为其提供保障。除了硬件设施设备之外，家长还应注意营造良好的居家环境和树立自身认真工作的良好榜样，有条件的可以安装监督管理孩子在线学习的各类应用平台，管控、净化网络环境，尽量采用学校推荐的教育平台，确保孩子在线学习效果，避免其沉迷于网络游戏等。同时，家长要根据孩子的年龄以及自觉性、自律性等要求，适当安排时间陪伴和引导孩子认真完成线上学习任务，并且保证孩子居家运动、休息和闲暇时间，促进孩子的身心健康。

当然，线上教学是新生事物，出现一些问题需要家校双方互相理解和包容，共同改进和提升。对此，学校要计划好后续工作并向家长明确，回校后前一两周将以复习课为主，科学评估学生掌握学科知识的情况，采取多种方式帮助学生查漏补缺。

慎用物质奖励孩子考高分

近日，听不少家长反映，期末考试时，他们会用一些办法来激励孩子，如成绩达到理想分数，会在春节时奖一个大红包，或者带孩子去玩耍、吃大餐、买玩具、满足某些愿望等。笔者对此不敢苟同。不可否认，家长利用一些物质手段来激励孩子认真应试，确实能起到一定效果，但这种效果并不能持久，有时候还会适得其反。

笔者有个朋友的儿子读二年级，原来对学习很有兴趣，做作业、考试后都会很开心地跟父母分享自己的学习收获。自从老师采取了谁作业优秀、考试得满分就奖励谁小糖果的措施后，他就很少跟父母分享做题过程中的获得感了，而是变得患得患失。有时候很开心地拿回糖果汇报自己得到100分，有时候又会很失落地说自己没得到糖果，埋怨作业太难了。这就是物质奖励消减学习内在动机的典型案例。

一个人做某件事情，往往是有动机的，学习也不例外。为了得到奖励或避免受到惩罚而努力学习，这是外部学习动机；因为本身求知欲、为实现梦想等认真学习就是内部学习动机。一般情况下，内部学习动机能促使学生自主探究学习，积极性较稳定持久，而外部动机激励效果短期内较明显，但不稳定、不持久，动机在学习活动之外，易消减孩子原本就已经存在的内部学习动机。因此，物质奖励孩子要慎用、少用。

学习最需要的是对知识的探究兴趣、踏实的学习态度和良好的习惯，这是保持好成绩的根本动力和根本方法。把奖励当作学习的诱饵提出来，是一种成人要求儿童以成绩回报自己的“行贿”手段，容易让孩子患得患失、虚荣浮躁，把心思用在如何换取奖品，如何讨家长欢心上。一旦目标定得不切合实际，孩子的欲望得不到，极有可能让孩子破罐子破摔，从而对学习产生反感乃至讨厌上学、讨厌考试。

怎样激励孩子更好呢？对孩子表现好的地方给予真诚、具体的肯定，不要过度表扬和打击。如作业本或试卷发下来后，不要只针对错误题目分析，更应让孩子知道记住了哪些知识点，掌握了哪些学习方法等，这些成功的经验不但会激发孩子内在的学习动机，还会让孩子对学习充满信心。对于学习习惯、态度和成绩都不好的孩子，要想办法找出其闪光点从中鼓励孩子，激发孩子的信心后再从端正学习态度、培养习惯入手。

营造好环境很重要

近日，笔者陪同一位亲戚去几个公司面试，在参观公司时，发现这些公司的招待室、办公室等行政办公人员的场室都很整洁干净，但是一到车间、厂房就发现变了个样子：地面杂物随处可见，空中粉尘到处飘飞，各种零部件的生锈水夹杂着员工的汗水充斥着整个车间、厂房。

近段时间，由于各项措施得力，我市疫情防控取得了阶段性的胜利，在很长一段时间保持低风险状态，但静水之下深流涌动，我们必须清醒地认识到防控形势依然严峻复杂，低风险并不代表零风险，各地各单位还要高度重视疫情防控工作。像笔者参观的这些车间，卫生条件就很不符合疫情防控的要求。一旦有员工感染或患其他传染病，病毒就很容易在这种不卫生的环境中快速传播。

据了解，我市已全面复工复产，大多数工厂员工上岗率达到95%以上，到岗率高的同时意味着要抓好管理，特别是疫情防控常态化的当下，更要加强工厂卫生管理，引导员工提高防控意识，做好各种防控措施。由于前段时间疫情的影响，很多工厂会加班加点把之前的经济损失弥补上来，因此重点工作大多放在生产上面，而忽略了员工的工作环境。但在防控疫情常态化的今天，相关主管部门还是要绷紧疫情防控这根弦，督促各地各企业在搞好生产的同时重视企业环境的营造，把员工的生命安全放在第一位。

即使是平时，企业也要重视员工的工作环境，把环境对员工身心健康的负面影响减到最低。有不少大公司大企业之所以能够长久发展，是因为他们足够重视营造良好的工作环境，如对粉尘防控采取有效措施，专门安排人力或者利用机器人消除粉尘、清扫车间杂物，安排员工轮流值日打扫，保证工作环境整洁卫生，这样员工的身心健康才能得到保证，更好地发挥价值、回馈企业。

庆祝毕业不妨参与社会实践

高考、中考相继结束，毕业生迎来了最放松的一个暑假。紧张辛苦的备考生活终于告一段落，卸下了重压的学生想放松、想自由，大人都觉得无可厚非，对他们的要求会大开绿灯。但是，孩子毕竟是孩子，如不加以约束，则容易引发一些问题。

这个暑假怎么过？毕业生不妨社会实践。

一、可以参与志愿服务

当前，我市正全力冲刺创建全国文明城市提名城市，中学毕业生作为祖国未来的建设者，可踊跃投身到我市各条志愿服务队，去传递友爱与温暖，既能感受到“温暖他人，丰富自己”的志愿精神，又可以收获一段美好经历。

二、可以参加研学实践

要读万卷书，更要行万里路。毕业生可以研学本地革命英雄事迹和科技发展成就，感受本地历史文化和现代科技元素，增进文化自信。

三、可以进行暑假工作

毕业生既可以体验实际的行业工作，为今后的职业规划提供实践参考，又可以凭劳动挣得一份收入，为就读大学打下经济基础。中考也好，高考也罢，都是漫长人生路上的一个节点，把握好当前的这个暑假，就能够更好地助力梦想的实现。

如何引导孩子用好手机

近来不少家长担心，疫情期间孩子频繁使用手机的负面影响还没处理好，随着暑假到来，孩子又将沉迷于手机，不知道怎么办。

不少家长把孩子沉迷于手机的罪魁祸首归咎于手机，认为只要不给其手机，就能杜绝孩子沉迷其中。不可否认，不给孩子购买手机，他们确实不会沉迷，但是孩子不会通过其他方式形成网络依赖吗？所以，解决孩子沉迷于手机的问题要从多方面来考虑。

越小的孩子越要控制接触手机，越要多进行户外活动。“在孩子没有近视之前，预防近视最好的办法是保持一定的远视储备。”从孩子身体健康这个角度来考虑，就不应该让学前孩子玩手机、平板电脑，而是应该多带孩子进行户外活动、与同龄人玩耍等，这样不仅能够帮助孩子储备较强的远视功能，还能够引导孩子认识自然、认识社会、认识世界，发展人际交往的社会能力。同时，远离手机也可以帮助孩子在学前阶段把握住语言、观察、动手等关键期的能力培养，从而建立良好的作息规律。

此外还要建立手机管理的机制。一旦孩子开始独立使用手机，就要进行定时间、定地点、定内容的手机管理。智能化时代背景下，不给孩子使用手机显然不现实，但家长们一定要结合孩子的实际，与孩子商量使用手机的时间、地点和内容，制定手机管理约定，父母和其他家人也要一并约定，共同遵守使用手机约定，执行奖惩措施。这样既可以让孩子不落伍，感受到智能时代的高科技成果，也能在使用手机的时候一起学会约束自己，提升自控力。

同时，要重视家长的陪伴和引导作用。对于已经沉迷于手机网络的孩子，家长一方面可以寻求专业人士的帮助，另一方面要多陪伴、多引导。据了解，有网络沉迷倾向的孩子，成长环境大多存在问题，成长需求得不到满足，如家长忽视孩子、经常打骂孩子等，使孩子只能从网络上寻找慰藉。家长要了解自家孩子的特点和成长需求，尽量避免孩子出现网络沉迷高危特征，如孩子是否存在自卑倾向，假期是否感觉孤独，是否有线下玩耍的伙伴，心里话都跟谁说，学习任务是否过多，是否渴望父母陪伴等，帮助孩子解决成长中的问题，一旦孩子感受到家庭的温暖，就有力量抵抗不良诱惑。家长还可与孩子一起使用手机玩游戏，这样既能亲子共享娱乐时间，也能帮助家长监督管理孩子。

家长们如果能够从自己做起，使用手机有约束，营造健康和谐的家庭环境，丰富孩子的生活，培养孩子的多种能力，让孩子具有存在感、价值感，那么相信他们也能够管理好手机。

4.0版的“小纸片传情达意”

作为班主任，我习惯撰写教育随笔，因此积累了大量的班级故事，时不时会拿出来跟学生分享，召开家长会时也将其作为第一手材料，所以学生非常关注我写了谁，写了他们的什么事情。谁都希望“流芳百世”，而不愿意“臭名昭著”，于是很多学生都希望成为我教育随笔中的“正面人物”。要成为“正面人物”，肯定就要表现良好，班级气氛因此变得积极上进。

这个学期，小刘希望“流芳百世”的意愿比较大，但自觉性也比较差，经常两三天一小错，五六天一大错，所以在我的教育随笔中总是难以成为比较固定的“正面人物”，时不时地又会走进“反面人物”的队列。

为了转化小刘，我开始想办法，利用“小纸片传情达意”的办法来肯定他的良好表现，提醒他自觉自律。我每天观察他的表现，用小纸片记录他的良好表现，如“你今天主动问好，我很开心！”“你看到掉在地上的笔，主动捡起来交给同学，能够不以善小而不为，好样的！”在小纸条上面画一个大大的笑脸和大拇指！这种办法确实不错，可以及时提醒、及时反馈、及时引导，所以执行两个星期以来他转化不少。

但是，班级里面四五十个学生，我不可能总盯着他一个人，我还得面向班级其他学生开展“小纸片传情达意”活动。于是，我想出了2.0版的“小纸片传情达意”——挑选班级部分学生观察小刘，挖掘其闪光点写在小纸片上面送给他。这样做的好处是可以发动群众力量来监督小刘，让我空出时间来面向全班学生，尽量做到公正公平。

一段时间后，小刘出现在我教育随笔中的正面案例次数多了起来。但是，我在随笔中反思，不管是我，还是班级学生写给小刘的小纸片，都只是利用外力来帮助他，如果停下来小纸片，小刘会不会也停下来进步的脚步呢？可不可以激发小刘内在的动力来帮助他增强自觉性，少违反纪律呢？于是，3.0版的“小纸片传情达意”冒出来了——让小刘写纸条送给同学。做法是小刘每个星期挑选一个“班级感动人物”来观察，把观察到让他感动的地方写在小纸条上送给对方。刚开始，我引导小刘怎样观察，怎样记录，直到他的眼光开始善于发现“美好”，开始主动把这些“美好”写下来送给同学。

这三个办法三管齐下，半个学期后，小刘在我教育随笔的故事里面作为“正面人物”出现的次数越来越多，他受到同学欢迎的次数也越来越多。而我，也在这个过程中成为孩子们当中最受欢迎的“正面人物”。当然，这个“正面人物”并不是一点错都不会犯的“超级英雄”，而是有血有肉，会做好事也会偶尔犯点错，关键是犯了错之后能够勇于改正的人。

当我把一个个“正面人物”的故事呈现在家长会上的时候，家长们非常感动。他们原来或者不懂得观察，或者观察得不够详细，或者观察仔细但没有记录下来，当他们看了我对他们孩子的记录和分析之后，他们感动于我这个班主任的细心观察和用心撰写，还感动于我对他们孩子的了解。小刘的家长在家长会后特意留下来感谢我，希望我能够发送几篇有关他孩子的教育随笔给他，他要学习学习，既从中了解一下自己的孩子，还准备像我一样也写下来孩子的点滴表现，以便孩子长大后可以送给他一本厚厚的成长记录本。这样，4.0版本的“小纸片传情达意”也开始了——家长观察孩子，写小纸片鼓励他……于是，在这些小纸条的鼓励下，小刘逐渐变成了积极主动、阳光有为的孩子。

一个个像小刘一样的孩子在老师、学生和家长共写的“小纸条传情达意”的鼓励中正向成长，成了一个个“正面孩子”。

家校联动，为学生健康返校做准备

日前，笔者参加了一个地区中小学校的思想政治教育工作座谈会，老师们介绍了自己在“停课不停学”期间的成功经验。同时，老师们也担心，返校后，学生们从长达几个月的居家生活里回到学校，身心都需要调整，再加上疫情防控的工作压力，教育教学工作将面临更大的挑战。

当前，居家线上授课期间，有的学生自律性高、认真学习、积极完成作业，知识掌握比较好；有的学生却上课不认真，借着上网课玩游戏，不完成作业，对线上课程一知半解；还有的学生依赖性强，有家长监管就认真听课，没家长监管就敷衍了事，等等。而对于已经确定的返校时间，学生们的心态也是各不相同，有的希望回校过上正常的校园生活，有的希望回校逃避家长的唠叨，还有的学生担心长时间的懒散难以适应学校的规范管理……针对这些不同心态不同行为表现的学生，老师们要在学生返校后做到因材施教、精准帮教，确实不容易。因此，在返校前这一段时间，有必要加强家校联动，重视学生思想教育，端正学生态度，营造积极氛围，为学生健康返校做好准备。

首先学校要开通免费咨询热线。可以一所学校或者几所学校联盟，挑选思政、心理、家庭教育等专业教师组成专家团，通过电话、微信、QQ等各种平台让家长咨询，免费为家长们支招解惑，让家长们面对自家孩子上网课玩游戏、作息不规律、跟家长对着干等不良行为时，能够以正确的态度予以应对，既要理解孩子因居家过久而出现的不良情绪，也要温柔而坚定地帮助孩子克服缺点，构建健康和谐的亲子关系。同时，对于一些让家长特别犯难的孩子，老师们要给予专业技术辅导，制定具体的帮扶方案和转化措施，必要时还可以上门家访指导，确保学生以最佳状态迎接返校。

其次要讲好抗疫故事、传递立德之道。疫情期间，许多人挺身而出，把自己的安危抛于脑后，义无反顾地奔赴抗疫一线，尽己所能，无私奉献。他们中有冲在一线、义无反顾的医护人员，有驻点排查、日夜坚守的人民警察，有送药送菜、真情服务的社区工作者和志愿者，有争分夺秒修建医院的建筑工人……这些为我们负重前行的英雄的故事可以让学生感受到全社会的家国情怀和全体中国人的责任意识，从而激发他们向英雄学习的爱国主义情怀，思考自己的人生之路。

返校前和返校初这一段时间，除了继续做好防疫工作外，老师和家长都要以积极饱满的精神状态引领孩子，为孩子们传递正能量，让他们对返校复学充满期待，从而以积极乐观的态度去迎接未来的校园生活。

读抗“疫”日记，感受乐观精神

近日，有些家长向我咨询，应该推荐一些什么读物给孩子看。我认为，结合当前疫情，不妨从网络上、报纸上选择一些抗“疫”日记给孩子看，既可以培养孩子的爱国主义精神、乐观的战“疫”精神，也能增强孩子的健康意识、珍惜个体生命意识。这些医护人员、患者和康复者的抗“疫”日记反映了他们在这段非常时期的艰难经历和乐观的战“疫”精神，而这积极的乐观精神正是他们战胜疫情的重要因素，也是全民打赢疫情防控阻击战的重要法宝。

“穿上那套完整的隔离衣就足足花了15分钟时间。两层的帽子，大大的头套，N95的口罩，三层的手套，两层的鞋套，厚厚的隔离衣，把自己包裹得严严实实。穿好防护服，我就百毒不侵了……”这名医生的日记代表了绝大多数医护人员的工作状态。他们穿着笨重的防护服，不但要负责患者的治疗与护理，照顾他们的日常生活如打水、送饭、收垃圾、清洁、消毒等工作，还要进行心理疏导。为了节约防护服，他们不能喝水、不能上厕所，还要和时间赛跑，从病毒手里抢人救人，所承受的身体与精神上的压力可想而知。可是他们却乐观地表示自己百毒不侵。读到这样的日记，相信我们每一个人都能感受到“所有的岁月静好，都是有人为你负重前行”这句话的深刻含义。今天孩子懂得致敬医护人员，他日就会想着要成为他们。

“刚到方舱医院，我还是有点恐慌……后来，医生和护士都很和蔼，不断给我鼓劲，还给我们讲笑话。我越来越有信心，恐慌情绪渐渐消散……看到医生护士那么忙，我一直想为他们做点什么。刚好医院挑选志愿者，我主动报名，成了A区的‘区长’，给医生护士打下手，为病友们提供帮助，组织大家跳广场舞……”在医院的组织下、医生护士的辛勤努力下，患者也加入了抗“疫”共同体，心往一处想，劲往一块使，构建了患难与共、积极应对的良好氛围。这样的日记会让孩子感受到，病毒无情，人间有情。不管身处何方，不管条件如何，只要积极乐观，我们都可以有所作为，从而为打赢这场疫情防控阻击战贡献自己的一分力量。

“这一个月，我走过了一次生与死的历程……2月17日，我出院了。这几天，我常常想起在方舱医院里读到的一句话：生命中所有的美好都是免费的。正因为免费，所以有时不会觉得珍贵，如健康。而经历了生与死的考验之后，我深刻体会到珍惜当下的重要性。”这则康复者的日记教会孩子们学会思考生命的意义，懂得珍惜当下，进而思考自己的人生观和价值观、生活方式和饮食习惯、对万物生命的态度等。

读着这些抗“疫”日记，每个人都会有不同的触动点，或感动于医护人员的专业、耐心和奉献精神，或感动于患者的乐观精神、感恩回报和深刻反思等。今天怎样被感动，明天就会怎样去尊重。让我们带着孩子一起从尊重人类自己开始，尊重大自然，敬畏万物生命，维护地球生态环境平衡，共同守护好我们美好的家园。

劳动教育要接地气

近日，笔者去参观一所学校的劳动基地，发现在劳动基地劳动的学生非常喜欢到菜园里上劳动课，虽然种菜、浇水、除草、抓虫子有点辛苦，但是看着青菜一天比一天高，最后能够吃到自己种出来的青菜，这种体验劳动成果的感觉真好。

这种劳动场面值得推广。现在有不少孩子分不清韭菜和稻秧，叫不出来白菜、通菜等青菜的名字，对乡间的农具、农事更是知之甚少。即使是80后、90后的成年人，能够认出田地里一半以上作物的都为数不多，大多数都需要借助植物识别软件来认识植物。所以，尽管不少人都会说“谁知盘中餐，粒粒皆辛苦”，但有多少是体会到那种“苦”以及“苦之后的收获之乐”呢？

全国教育大会的召开、中共中央国务院《关于全面加强新时代大中小学劳动教育的意见》的颁布，促使各级政府、学校积极行动起来切实加强劳动教育。劳动教育要接地气，才能够让学生在实际的劳动过程中享受劳动、热爱劳动。

劳动教育接地气首先要开展家务劳动。今年疫情期间，不少学校能够针对学生年龄特点，布置学生居家劳动。参与家居清洁、收纳整理、做饭炒菜等家务，既增强了学生的家庭责任意识，又提高了学生的动手能力。

走进田间地头劳动是最接地气的一种方式。田间地头是劳动人民建设美好生活的广阔天地，想到每粒种子破土之前，都先憋着劲儿往下扎根，这就是接地气的沉淀。这种最接地气的劳动会促使孩子像种子一样，首先努力打好学习知识和技能的基础，然后才能向上伸展。所以，学校可与家庭结合，筛选庭院整洁、家风良好的农户家庭作为实践体验点，让学生拜农民为师傅，采取“师傅带徒弟”的形式去认识农作物、耕种农作物，体验农作物收获之前的“粒粒皆辛苦”，从而感恩农民、爱惜粮食。

劳动教育接地气也可以走进生产车间、融入社会实践。走进行业大师名师、全国劳动模范等先进人物的生产车间，体验金工、木工、电工等项目在内的劳动，通过不同类型奋斗者的日常劳动来感受他们的工匠精神，弘扬“劳动光荣、劳动高尚”的价值观，培养学生的劳动职业道德素质和劳动品质。在社会实践中，让学生用专业知识去认识和改造世界，在社团活动、志愿服务等实践中长知识、增才干，从而增强学生的劳动职业荣誉感和幸福感。

见贤思齐，见不贤而内自省

同学们：

你们好！

此时立春，乍暖还寒，但阳光明媚，春暖花开不久矣！往年的此时，同学们都已经回校上课了，但因为一场疫情，延长了大家的假期，延缓了开学的日子。听到假期延长，如果放在以前，大家肯定是欣喜若狂的，但在这个非常时期，我们都要谨记“不串门、不聚集”的要求，过好居家生活，所以免不了惆怅。虽然，这几天不少学校开展了网课、布置了作业，但比起在学校上课的校规校纪班规约束、师生面对面交流、同伴互相学习等，有不少同学未必能够专心听课、认真做作业。

虽然我很早就根据要求回去上班了，但由于上班之外不串门、不聚集，刚好就有时间在家里阅读、听书、学习。近日，参加百日线上《论语》学习，听教授解读孔子说的“见贤思齐焉，见不贤而内自省也”，针对当下的疫情现象，很想跟同学们说说感受。

“见贤思齐焉，见不贤而内自省也”就是说遇见贤德的人要向他们学习良好的品质，遇到不贤的人要以此为镜子反思自己是不是也会出现类似的毛病。这样，我们既能向贤德学习，也能理解、宽容不贤的人，因为我们也会出现类似不贤之人一样的毛病。

2月9日下午5点左右，阳江市阳春一高个子少年戴着口罩，抱着三箱东西，急匆匆地交给阳春市公安局大门值班室的民警：“叔叔，这是我送给你们的口罩，希望帮助到爸爸曾经的战友。”这个少年是因公牺牲了的全国二级英模张东清的孩子张游昊，原来他是用公安机关发放给他的慰问金购买了600个口罩来赠民警。

今年12岁的阳江二中七年级学生谭皓骏，2月10日用1000元压岁钱买了N95口罩赠给市人民医院医护人员。“我将口罩交到医护人员手中后，心里有种很特别的喜悦感觉，终于也为防疫工作出了一份力。”谭皓骏说，他希望早日战胜疫情，大家都能恢复正常的工作、学习和日常生活。

9岁的阳江职院附属学校四年级学生谢嘉仪，积极响应学校的号召，谱写了原创歌曲为抗击疫情助力。她说：“借由这首歌曲，表达对医护人员的尊敬，也表达对祖国美好的祝愿！”她希望用这种特别的方式向为守护他人健康的白衣天使鼓劲，也为祖国防控疫情、战胜疫魔加油。谢嘉仪妈妈把这首歌发到朋友圈，感动了阳江本地音乐制作人曹开挽，他录制成一个流行版本的视频，还被选送到“学习强国”上，号召更多的中小学生一起用不同的方式加入这场战“疫”，表达了万众一心防疫抗战的坚定信心。

阳江职院附属实验学校2017级（3）班的徐欣瑶和市直10所中学360名学生团员一起给我市人民医院抗战在一线的医护人员写了几百封信，感谢他们无私的守护，表达对他们美好的祝愿，给这些一个多月来一直奋战在最危险地方的医护人员带来了温暖和阳光。同时，市人民医院的医护人员也怀着感动的心情给予了回信，希望这些青少年学生、祖国未来的接班人继续做好防疫工作，不出门、戴口罩、勤洗手，既要保护好身体，也要认真学好文化知识，将来能够勇敢地接起保卫祖国的接力棒！

……

疫情无情，人间有情。类似以上许许多多的感人故事相信同学们都已经通过微信、电视、报纸等媒体了解到很多，我在这里只挑选出发生在我们身边的例子来和大家分享。面对这次波及全国的疫情，全国人民同舟共济，涌现了一大批“贤德”之人：广大医生、护士和科研工作者奔赴疫情重灾区抗击疫情，保护人民的健康，大批志愿者赶往疫情防控阻击战一线为大家保驾护航，很多记者也奔向抗疫一线及时报道疫情信息……这些人都值得我们每个人“见贤思齐”。同学们，想想我们自己，如果国家需要，如果社会需要，我们是否也可以像这些“贤人”一样发挥专长、奔赴前线呢？如果回答是肯定的，那我们现在就要听从学校的安排，好好待在家里，做好个人卫生防护，根据学校要求上好网课、做好作业，用不同的方式来表达自己对祖国、对英雄的问候和加油！同时要根据家长要求合理作息，帮忙做家务，及早做好知识储备，锻炼好身体，以便必要时“勇敢地站出来”！

与此同时，这段时间我们从网上也看到了很多似真似假的信息，刚开始不管真假，很多人在转发、传播，而一旦权威专家发布科普知识，说明某些信息是假的，又会出现很多人在网上批判这些造谣、传谣的人。我想，如果没有传谣的人，那么造谣的人也搞不了多大阵势。但是，在批评这些造谣的人的时候，却很少有人去反思自己。同学们，在信息复杂的今天，你们有能力辨别出真假信息吗？很难吧，我也很难。唯有不断学习科普知识、科学常识，提高自身的科学素养和逻辑思维，尽量不传播那些不靠谱的信息，如洗热水澡、吃牛黄解毒丸等可以排除病毒等虚假信息。

而对于一些因自身能力有限但出于善意传播不是很准确消息的人们，我们也应该以此为镜子，来反思自己是否也会存在这样的情况，从而理解、包容他们，不跟风在微信上批评、责骂他们，避免造成不良的社会舆论。如果我们也存在同样的不足，那么就要从现在开始冷静下来，多学习生活常识和科学知识，提高理性思维和辨别信息真假的能力，不造谣、不信谣、不传谣，也不投入攻击他人的“口水战”，做一个“贤德”的人。

祝同学们身体健康，学习进步！

2021年德育随笔

补课不如补阅读

又到寒假了，不少学生从学校的大课堂走进培训机构的小课堂，开启了“第二课堂”的补课学习模式。也有不少家长纠结：自家孩子不愿意去补课，到底要不要逼着孩子去补课呢？孩子很多科目都比较薄弱，每个科目都去补难以兼顾，到底该让孩子去补哪些科目呢？对此，笔者建议，补课不如补阅读。

长假期间，如果孩子有时间、有意愿又有目标地希望在哪一个科目上有所提升，那么有针对性、有计划地去补课，提升的可能性确实比较大。但是相对于一些没有补课意愿、缺乏学习方法和学习能力的孩子，如果家长逼着他去补课，则有可能适得其反，甚至会增加孩子厌学的情绪。这个时候，倒不如采取一些轻松愉悦的方式来引导孩子走进阅读的大门，让阅读开启孩子的心智，提升孩子的学习能力。

阅读可以提高孩子的理解能力和分析能力。苏联教育家苏霍姆林斯基在《给教师的建议》中曾经说过：“阅读是对‘学习困难’的学生进行智育的重要手段。学生学习越感到困难，在脑力劳动中遇到的困难越多，他就越需要多阅读。正像敏感度差的照相底片需要较长时间曝光一样，学习成绩差的学生的头脑也需要科学知识之光给予更鲜明、更长久的照耀。”补课，一般都需要通过多刷题来达到应试的目的，但是对于学习困难的孩子，依靠刷题是很难提高他的学习兴趣和学习能力的。而阅读可以使他的视野开阔、思维活跃，提升他的心智能量。笔者曾经做过实验：出示一道30个字左右难度中等的数学题目给全班学生，结果经常阅读的孩子10多秒就能够给予反馈，确定解决问题的方向和思路，而缺少阅读的孩子过了几分钟还是懵懵懂懂，有不少还需要老师帮忙解读题意。这说明多阅读确实能够提高孩子的理解能力和分析能力。

阅读可以提升孩子的联想能力。有个孩子数学成绩不好，每个寒暑假都被家长逼着去补课，但是效果不大。后来听从语文老师的建议，寒暑假期间多阅读。就这样，孩子在补课和阅读中选择了阅读，知识量增加了，表达能力增强了，自信心也提高了，不仅语文学习成绩提高了，数学、英语等科目的成绩也有所提高。因为他通过阅读，能够快速地建构起事物、知识之间的联系，容易打开解决问题的思路，联想能力增强，就能够举一反三，从而促进了整体素质的发展。

那么，怎么利用长假时间来引导孩子阅读呢？首先，家长以身作则必不可少。家长工作之余，经常拿起书本阅读，跟孩子聊聊自己的阅读内容、发现和想法，往往会感染孩子，引起孩子对阅读的兴趣和注意力。其次，营造阅读的氛围。家长可以创建专门的书房或者书柜，开展亲友的读书会，定期进行读书交流，邀请孩子的同学一起开展故事会，等等。这些措施都会吸引孩子去阅读、去探究书中的内容。最后，配合学校布置的阅读任务来促进孩子阅读。通过家委会组建班级读书会等社会支持系统，激发孩子的阅读动力，即使在今年防控疫情期间也可以组织线上故事会、朗读会，让孩子们有发挥阅读能力的平台和空间，互相激励，为孩子建设全方位的阅读环境，就能够激励孩子去阅读，养成阅读的习惯。

开学初来个“抖音”

又到开学季，不少学生在回校的同时还留恋着寒假的轻松与快乐，还没有完全适应开学的脚步。如果班主任能够在开学初上一节德育主题课，稍微等一等学生的脚步，就会引导学生较好地进入新学期的学习状态。

根据学生实际，我在开学初来了个“抖音”，助力学生精神抖擞回校，主要包括以下三个环节。

一、抖音——说说开心假期

让学生尽情地把假期中开心的事情“抖出来”，还可以根据实际现场制作“抖音”。学生通过回忆假期中开心的事情，能够逐渐进入学习的状态，舒缓回校紧张的情绪，降低压力感。这个环节要特别注意引导班级舆情，别让学生“抖得”太开心而沉浸在过去的时光中不肯走出来，要让他们既能回味假期的开心快乐，调动积极的氛围，也要回归到新学期的新生活中来。比如，有个孩子说自己在假期里面见到了平时不常见到的堂兄弟，和他们一起玩耍、打升级游戏很开心，这时候我会请班级与他有同样经历的同学举手，并引导学生现在能够与分离一个多月的同学相聚、玩游戏、搞活动、学习交流，也是很开心的事情。接着，再组织学生玩集体游戏，增强他们的集体荣誉感和归属感。当然，在这个过程中，如果学生说出一些不太开心的事情，也要适当引导。比如，有个学生讲自己最烦妈妈的唠叨，引起很多人的共鸣，我引导他们寻找唠叨背后的担心和希望，从而理解妈妈对自己的期盼。

二、抖落——告别开心假期

通过一个仪式让学生告别假期，以新面貌、新态度来迎接新学期。这个仪式可以根据实际来设计，我设计的这个仪式是跟后面的环节连接在一起的：先用一张大卡纸剪成一棵大树，张贴在教室后面的黑板上面，大树下面放一个纸箱（代表大树的根基），请各同学在纸条上把在假期里面发生的事情用关键词总结出来，并加上一句话：“告别了，假期；我来了，新学期！”再把这些纸条投到纸箱里面封存起来（表示为大树提供养分、积攒能量）。告别仪式可以让学生从心理上接受假期的结束、新学期的到来，从而愿意去拥抱新学期、新未来。

三、抖擞——完成一个心愿

这个环节是在告别假期情绪的基础上进行的，通过完成小心愿的形式帮助学生收回心绪，展现抖擞的精神。一般情况下，新学期很多学生会制定学习目标，如语文、数学要考多少分等，这种目标往往要等考试后才能实现，难以在开学初让学生有成就感。我会利用“我最希望……，在……时候用……方式去实现”这样的句式让学生写在小纸条并贴在卡纸“大树”的树叶下面，鼓励学生去实现一个小目标，帮助他们增强信心。例如，一个学生的小纸条是：“上学期我与最好的同学闹翻了，现在我最希望跟他恢复好朋友的关系。我想下课后就直接去找他道歉。”还有一个学生说：“我希望英语老师上课的时候别总是盯着我看，这样我就不会特别紧张了。我想在今晚写一封信给英语老师，说明我的情况。”这些愿望都不是大目标、大理想，却是学生近期最想解决的问题，而且因为目标小更容易实现，更容易让学生拥有成就感，从而愿意回学校，同时为今后落实更大的目标（后面会组织学生制定从小到大的目标写在纸条上，继续张贴在卡纸大树上，让大树随着学生的目标落实而“生长”得更茂盛）而打下基础。

学生对开学既有焦虑，也有期盼，帮助他们消除焦虑情绪，实现小心愿，往往能够助力他们更好地投入新学期的学习生活。

让孩子正确体验幸福

近日听讲座，一位老师分享了一个教育故事：他们班布置了跟“父母聊聊梦想”的作业，有个学生回去跟妈妈说想当清洁工被骂了。老师赶紧问学生为什么想当清洁工，学生说想当个掌握新能源技术的清洁工，只需坐在工作室里指挥机器人干活就行了。老师再向家长汇报孩子的想法，家长听了非常开心。最后，老师总结：老师们要用爱帮助孩子构造属于自己的梦想。

该老师的分享赢得了观众的热烈掌声。对此，笔者却不敢苟同。个人认为：当下社会对人的职业选择普遍带有偏见。其实，该老师也和家长一样对学生想当清洁工有不解，只不过老师觉得，普通的清洁工职业戴上了一顶“新能源”清洁工的帽子，就变得高大上了。如果学生就是想当一般的清洁工，老师还会拿这个故事分享吗？显然不会，因为在很多人的眼里，一般的清洁工根本就不算是梦想，是很多人迫于无奈才选择的职业。

实际上，清洁工并不是谁都当得了的。清洁工是一份脚踏实地、最接地气的职业，不仅有一定的工作要求，还需具备不怕脏不怕累、甘于清苦、守得住寂寞等良好的品质。清洁工跟其他行业的劳动者一样，都是光荣的，不管有没有戴上“新能源”的帽子，都能创造出社会价值，都应得到尊重。所以，不管是老师还是家长，都要公正地看待孩子的梦想。不管梦想是高大上还是接地气，不管职业理想是脑力劳动还是体力劳动，只要是踏踏实实努力工作，能够造福于社会、服务于人民，都应给予鼓励，并激励他们为梦想而努力。

不久前，碰到一个已经毕业的学生，他对我说，几天前他经过母校但没有进去，因为他现在过得很一般，不敢见老师。这句话让我心情难以平复：是谁让我们的学生毕业后不敢来见我们的？是谁让这些学生工作后对自己没有自信？是我们这些大人！大人们总是好高骛远，用外在能够看得见的所谓成功，如当官当老板，到外企大公司上班等“职业帽子”来要求孩子、激励孩子，于是很多孩子背着这个枷锁去追求大人要求的成功，一旦达不到目标，就远离了幸福。即使达到目标，也不一定能拥有幸福，因为这毕竟不是幸福的真谛。

教育的终极目标是让孩子具备使自己感到幸福的能力。而幸福的能力跟世俗社会下一些人所理解的幸福是有区别的。有人当个普通的清洁工，每天早出晚归，别人看着很辛苦、很单调，但是他们用自己辛勤的劳动成果，给予人们干净清爽的环境，创造自己的美好生活，为此而满足，这就是幸福的能力。有人选择了大家看着很风光、很有面子的职业，但他们常处于一种焦虑状态，这就谈不上幸福了。

怎样才能让孩子具备使自己感到幸福的能力呢？学校和家长都应该帮助孩子正确理解什么是幸福，怎样获得幸福。幸福是什么？不同的人有不同的理解，但是不管怎么理解，都应该包含对当下的满足和对未来的希望。幸福是一种发自内心的愉悦的感觉，也是一种持久存在于人们生活中的状态。我比较认同一个学者提出的“幸福三维度”：快乐、投入和意义。我们可以通过一些课程和活动，让孩子们接纳自己、宽容他人，怀着积极阳光的心态，既感受学习、生活的快乐，也能尽情投入生命，去思考人生的意义，不管将来干什么，只要自食其力，活着有意义，就能够拥抱幸福的生活。

互换角色，把架“再打一次”

班长押着小丽和小凯到办公室的时候，我正好上完两节课回到办公室，只见被押着的这两个人一个红着脖子，喘着粗气，另一个扬起下巴，手握拳头……班长简略地把事情描述了一下就回去了，可是这两人都不满意班长的说辞，你一言我一语地又闹开了。

看着他们谁也不服谁的样子，我也不知道先批评谁，检查了他们的身体没有受到伤害之后就保持沉默，直到他们渐渐停止了争吵。沉默中，我想到了一个办法，就是让他们互换角色，把刚才的架“再打一次”。

两个人开始了“互换角色”的扮演。据班长介绍，小丽是今天的值日班干部，预备铃响时发现小凯还没备课，就用书本拍打他，小凯马上还手，于是两人便打了起来。本来各自都有错，但小凯认为小丽错在先，应负主要责任；而小丽认为是小凯先动手，而且还很狠，所以该被惩罚多一点。互换角色之后，我发现他们不出声了。于是我问他们：“你们谁先说说？”

想不到他们竟开始互相谦让起来，沉默了一会儿，小丽主动说：“老师，其实我原本没想去打小凯的，因为他们男生不认真备课的时候，我都是用书本拍拍他们，只想吓唬一下的。可是，刚才小凯扮演我用书本拍打我之后，我确实是感觉到被欺负了。小凯，对不起！”

小凯也有点不好意思地摸摸头说：“没事，没事。我知道你是想让我备好课，我也不应该还手。”

“小凯，如果你备课不认真，你希望值日班干部怎样提醒你？”我问小凯。

“我不想女生总是像小大人一样板着脸训斥我们男生。其实，她们只要说一声，或者拍拍桌子，我们就能够改正的。”

“才不是呢！”小丽委屈地说，“你们男生哪有那么自觉？你们不听，我们才会动手的。”

这下好了，两个人的矛盾解决了，又变成男生女生的矛盾了！确实，从小学到初中，女生的心智发育比男生早，所以无论是学习、纪律还是组织活动，大都是“女强男弱”的局面，女生往往充当小老师的角色。男生对此事早有怨言，有的嘻嘻哈哈不当一回事，有的则敢怒不敢言默默忍受，但总有“奋起反抗”的特例，就像小丽和小凯这次的矛盾。

为此，我特意开了一次班会，列举了班里几种男生女生交往的典型例子，请班上其他男生女生互换角色扮演一次，让他们互相体验对方的感受。

果然，他们互换角色之后，都能够从对方的角度来反思自己原来的言行举止。女生明白了男生其实一直感受到女生的“欺负”，很多恶作剧就是为了反抗她们的“指挥”而故意做的；男生也明白了女生是为了整个班级荣誉而变得“霸气”的。通过互换角色的体验以及敞开心扉的交流，男生女生都对彼此有了更深入的了解，知道了男女生有不同的生理、心理特点和性格特点，要彼此尊重、互相理解，大家才能共同建设良好的班集体。

互换角色能够站在对方的角度去思考问题，从而赢得对方的谅解，是一种很好的解决问题的方法。所以，不管是两人闹矛盾，还是双方有误解、意见不统一，都可以用这个办法来解决。

必要时，请站在桌子上

一进入教室，就清楚地看到平时爱惹是生非的小利站在他的桌子上，好像一个司令一样指挥着同学们摆桌椅、收拾座位。看到我进来，小利也没挪步，倒是其他同学催促小利赶紧下来。虽然小利站在桌子上不符合要求，而且也不安全，但是课前秩序也还好，所以我没花时间来纠缠小利站在桌子上的事情，就开始上课了……

课程提前讲完了，还有十分钟才下课。于是，我问学生有什么需要聊聊的。一个班干部问：“老师，刚才小利站在桌子上，你为什么不批评他？”“这个问题问得好！你们说说，我为什么没有批评他？”

学生的好奇心被勾起来了：有的说，因为老师要赶时间上课；有的说，老师不是不批评他，而是要找时间另外“修理”他；有的说，因为小利没有违反纪律，他站在桌子上是为了管理好刚才备课时的纪律……

我观察小利，机灵的小利也在偷偷地看我，似乎在猜测着我会怎么处理他。我说：“同学们都说得有道理！我很好奇小利为什么要站在桌子上，小利，你能说说吗？”

小利这时有点胆怯了，嘟囔着不知道说什么。这时候，我突然想起了影片《死亡诗社》里基丁老师带着学生站在桌子上的情景。“必要时，请站在课桌上！这样我们才能站在不同的角度看问题，看世界！”是的，站得高，才能看得远！小利是不是希望自己站得高看得远呢？于是，我请小利说说他站在桌子上看到了什么。小利见我并没有批评他的意思，于是大胆地说起来：“我原本喊李东把借我的书本还给我，可是李东没有理睬我，我就想站在桌子上让他注意到我。结果我站在桌子上，却发现小菲要求大家备课时没人理她，也发现了一些桌椅不整齐，有些同学抽屉里的书本都快掉下来了。于是我就帮助小菲喊大家备课，请同学摆好桌椅……”

这时，同学们都没有出声，似乎在思考着什么。班长刘嘉怡首先打破了沉默，她说：“老师，是不是以后同学们不听话时，我们就可以站到桌子上去值日？”

又是一个好问题！但我觉得这个问题还是抛给学生回答好。可是，下课铃响了。于是，我请同学们思考刚才班长提出的问题，以及大家还能想到的一些问题，记录在自己的综合本子上，作为当天的弹性思考作业。

第二天，我收到了同学们交上来的作业，班长的思考很有启发性：“站在桌子上确实可以让自己看起来更加有威严，同学们似乎也被管住了。但是如果人人都希望站在桌子上，那么站不站桌子又有什么不同呢？如果站在桌子上才能管理好班级同学的纪律，那么还需要班规干吗呢？……”我还欣喜地看到，小利第一次交上来了这种思考性的弹性作业，他写道：“我站在桌子上，看到了我从未看到过的情景：值日班干部在努力地让同学们安静下来备课，面对同学不听话很挫败的样子。可是，以前我总是认为他们趾高气昂，所以总是要与他们对着干……”

我把这两个同学的思考在班上交流，同时分享了我的看法：“我们班绝大多数同学都能够遵守纪律，所以无所谓站在哪里的问题。如果像小利一样，偶尔一次站在了桌子上面，就有了新的发现，能够从更高的角度来看待他人和自己，那么站到桌子上还是有必要的！当然，这个时候一定要注意安全，因为高处不胜寒呀！如果你已经看到了不一样的世界，那么请你尽快回到原位，这样你才会更加理性地去思考问题。”

通过这样的思考，我相信，同学们的视野必然会打开得更高、更远，对“必要时，请站在桌子上”的话题将会有更深的领会！

试卷分析，分析对了吗?

考试成绩出来后，老师和家长基本都要求孩子进行试卷分析，尤其要针对错题进行分析，以便让孩子对错题印象深刻。确实，如果孩子认真去弄懂做错这些题目的原因并且掌握方法，确实不容易再错。但如果面对错题情绪不好，则难以有效掌握方法，那么错题有可能再错。因此，我认为先分析对题，再分析错题效果更佳。分析对题不仅可以提高自信心，更重要的是可以帮助学生总结有用的方法，形成方法记忆。比如，做对了某些题目，是因为掌握了什么学习方法，或者努力去复习了，这样容易留下正向的信息，产生积极的情感，接着再去改正错题就容易多了。

像分析试卷一样，大人平时都会用挑剔的眼光来看待孩子，面对孩子时会本能地去找到他的问题，然后让他去改正。即使孩子考了100分，也还是会说“别骄傲，你还做不到每科都考100分，每次都考100分”等类似的话。针对孩子做得不好的地方进行批评分析这是纠错教育，针对孩子做得好的地方进行肯定鼓励就是正面教育。纠错教育和正面教育都是教育的方法，运用得当，都会富有成效，促进孩子健康成长。只是，正面教育往往被大人们忽略，纠错教育用多了又会受到孩子的排斥，结果大人们对孩子的教育效果就大打折扣。

在孩子成长的过程中，应以正面教育为主，纠错教育为辅。因为对于成长中的孩子，他的很多表现不能用优缺点去评价，只能用特点来描述。比如，两个孩子，一个孩子跳舞很好，但就是不愿意上台表演，而另一个孩子跳舞水平一般，却非常喜欢上台表演。因为第一个孩子对自己要求高，总担心自己上台会出错，所以不敢轻易上台表演；而第二个孩子对自己要求不高，不在乎是否丢脸，于是一有机会就上台表演。这两个孩子谁好谁不好呢？其实这两个孩子都各有优缺点，也都有值得完善的地方。如果我们总是用纠错教育的观点和方法来对待这两个孩子，批评第一个孩子为什么水平高还不上台，批评第二个孩子为什么不认真练习好再上台，就很容易造成对两个孩子的打压，打击他们的自信心。

我们要明白，孩子每犯一个错误，就是他变得更强大的过程，孩子的成长经历就是个试错的过程。每一次有意义的犯错都会比没有意义的成功更能促进孩子成长。以正面教育为主，纠错教育为辅就是不要害怕孩子犯错，在保证安全和规则底线的原则下，让孩子敢于面对错误，才能勇于去尝试，只有多尝试，才会避免重复犯错，才会找到成功的办法。

怎样做才是正面教育为主，纠错教育为辅呢？就是要对孩子所做事情的正确行为进行肯定，鼓励孩子去改正错误的行为。注意不评价结果，因为不好的结果里面也会蕴含着好的目的和正确的行为。比如，一个孩子语文考试不合格，老师发现他作文写够了字数，写完整了一件事情，就肯定他作文里面的遣词造句都不错。这个孩子得到肯定后很自信地说自己刚好在前几天看过课外书，就把课外书的这一件事情凭记忆描述了出来。老师肯定他看课外书的行为，并因此引导他多读书、读好书。后来，这个孩子喜欢上了阅读，语文成绩也慢慢上来了。

她，摘下帽子了

小菲生病了，需要开头颅做手术，手术做得很成功，两个月之后就可以回校上课了，但是小菲却因为原来浓密的一头长发被剪掉还没长出来而不肯回来上课。我和家长想了很多办法都没能说服小菲回校上课。

忽然想起了小苏珊的故事：苏珊不幸患了恶性肿瘤，治疗之后一头金发掉得精光，只能戴着帽子上学。来到学校的时候，她发现身边的同学都戴着帽子。原来老师为了保护苏珊幼小的心灵不受伤害，就举行了一场比赛，看谁的帽子最好看。久而久之，大家都忘记自己头上戴着帽子，而苏珊也忘记了……

受到启发，我带领同学们设计了一款班帽，在家委会的支持下每个同学都获得了一顶班帽，并且呼吁同学们在校期间都戴上。接着，我和几个同学戴上班帽去小菲家里家访，小菲戴上帽子之后，果然同意跟同学们一起回校上课了。

同学们都在我们老师的监督下小心翼翼地呵护头上的帽子，所以小菲回校后一两个星期都比较正常，我也松了一口气。但是小孩子的天性就是爱玩爱闹，时间一长，很多同学的帽子都在玩玩闹闹中被丢掉了，有的还被别人踩到了，于是就有不少同学懒得戴帽子了。虽然还有一部分文静乖巧的孩子陪着小菲一直戴着帽子，但是，“帽子之下的平静”还是被打破了。

这一天课间，小菲在走廊上被一位打闹的同学碰掉了帽子，她那男孩子式的一寸头发被旁边的几个同学指着大笑，小菲立即蹲下来抱着头大声哭起来，即使帮她戴上了帽子，即使上课了也不肯回教室，哭喊着要回家。直到父母来接她回家，持续了大半个小时的哭泣声才终于告一段落。我明白了，戴着帽子换来的正常不叫正常，等头发长出来再回来上学也不算正常。那么怎样让小菲接纳自我，正常回校呢?

最近学校举行校园心理剧比赛，小菲这件事情让我思考并带领学生设计了心理剧《勇敢》，主要内容是：做完骨髓移植手术的六年级同学小刚因为排斥反应皮肤变黑，即使大热天穿着长袖，也会迎来人们异样的眼光，回校之后更是遭到了同学们的排斥。小刚也因此变得孤独。即使有个别同学与他打招呼，他也“骄傲”地不理睬，并偶尔伸出黑手掌吓唬同学。后来，一个小时候被开水烫伤过的女孩佳佳插班进来，第一次见面，同学们就被佳佳左手臂上面不规则的蚯蚓式肉团吓坏了，胆小的不敢看，胆大的嘲笑她。小刚看到这一幕，心情很复杂：“这位同学的手臂多吓人呀！”随之又想：“我看她会用异样的眼光，那么别人用异样的眼光来看我也应该是正常的啦！”这样一想，小刚释然了，觉得大家以往对他做的事情都是正常的，而自己以往对同学们的恶作剧回应是多么可笑！于是，小刚开始勇敢地面对自己、面对同学，很快，他发现同学们把他当正常人看待了。最后，他和佳佳都较好地融入了班集体。

当小演员第一次在全班同学面前彩排的时候，我用心观察了依然还戴着帽子的小菲，她非常认真地看着心理剧的表演，从刚开始的眉头紧皱，到过程中的抿嘴激愤，到结尾处的额头舒展……我知道，这个心理剧开始起作用了……

在当天“看心理剧写心得体会”的弹性思考作业里面，同学们纷纷发表感言。小菲的体会流露出真情实感：“动手术之后，虽然手术很成功，但我还是以为我是世界上最倒霉的人，所以我把自己藏在角落里。感谢老师和同学们的良苦用心，大家都戴上了帽子，让我感觉到自己与同学们是一样的。可是，当我和同学们都摘下帽子之后，我发现我与同学们还是不一样的。我受不了同学的眼光，我受不了我丑陋的头皮……这次看了《勇敢》的心理剧，我被小刚打动了。小刚比我的病更严重，可是他克服了自己的孤独，克服了自己的‘骄傲’……我明白了，一个人能勇敢地面对自己的问题，正常接纳自己，别人才会正常地接纳他！”

几天之后的活动课上，我带领全班同学到操场上开展团体拓展活动，同学们照常戴着班帽进行室外活动。课中放松的时候，很多同学都摘下了帽子，我看到小菲也摘下了帽子，她的头发好像长长了不少，不过依然是男孩子式的头发。这一次，没有同学嘲笑她的短头发，不，也许还会有个别异样的眼光看着她，但是，她自己却全然投入到游戏当中，似乎忘记了她的帽子。我相信，她可以勇敢地摘下帽子了。

给孩子一个仪式感

近日，同事吴妈妈向我反映，说我建议她“给孩子一个仪式感”的提议非常有效果。原来，她女儿四年级，尝试分床了几次都没成功，每次分床时女儿总是哭哭啼啼说睡不着，吴妈妈也总是没能狠下心来让孩子单独睡。这次，她采用了“给孩子一个仪式感”的建议，分床行动终于成功。

原来，吴妈妈在几个月前就向女儿承诺，在女儿生日那天将给女儿一个惊喜。女儿很好奇，问妈妈是什么惊喜。妈妈说暂时不公开，但她可以通过妈妈准备惊喜的过程发现。于是，在准备的这几个月，吴妈妈一点一点地布置女儿的房间，先是用女儿喜欢的粉色墙贴纸张贴墙面，再逐一换上了粉色的新窗帘布、新床、新被子、新书桌等，还购买了一些粉色的布娃娃。当女儿看到自己的房间开始有变化时，提出想到自己的新床上睡觉，但是吴妈妈说只能在她生日那天才能去新床上睡觉，并且在女儿生日前十来天锁住房门不让女儿看，吊足了女儿的胃口，让女儿对生日那天以及之后的生活有美好的期待。

生日那天，女儿在自己的房间里非常惊喜地看到了粉色的鲜花、粉色的布娃娃、粉色的祝福……在这里，爸爸和妈妈还有女儿的好朋友一起为她举行了郑重的、特别的十岁生日仪式。女儿知道十岁的生活将从自己单独睡觉开始，从这一刻起她可以单独决定很多事情，承担一定的责任……女儿的好朋友也见证了这一时刻，给予了女儿很强的仪式感。这天晚上，吴妈妈看到女儿第一次在小床上甜甜地睡着了。

给孩子一个仪式感，可以让孩子在仪式中去体验、去感受、去接受，不仅增加印象，还充满期待。吴妈妈以往跟女儿一直是通过说道理的方式让女儿单独睡觉，但是女儿才不管什么道理，她只知道自己是被父母赶出去睡的，因而从内心里不满，从行动上不接受。这次，吴妈妈给孩子一个仪式感，孩子感受到了这种仪式的意义，感受到了这一仪式之后自己是可以做决定的，感受到了这一决定会给自己带来美好的愉悦感，于是，她欣喜地接受单独睡的安排甚至于主动要求单独睡。

孩子们需要一些仪式感，因为这些仪式感会让平时简单重复的日子增添更多的色彩，会赋予准备要做的事情更多的意义，孩子们会因此而体验到生活的乐趣。给孩子一个仪式感，不需要大动干戈，也不需要铺张浪费，只需要父母对孩子多一些观察，多一些关注，多一些了解，多一些情趣。要了解孩子的实际需要，通过庄重、温馨、多样化的形式表达出来，让孩子感受到父母的关爱和尊重，孩子往往就能够在这些仪式中被感动、被唤醒，从而成为理想中的他们。

说出的话也可以收回

“我以后不说你是鼻涕虫了，我把说出的话收回好不好？我们还做好朋友吧！”在广场上，笔者听到一个四五岁的小男孩对另一个同伴说。看到同伴点点头，这个男孩开心地拉着同伴的手去玩耍了。

这一幕让笔者感到暖心，同时也受到启发。平时，我们经常会说“说出去的话，泼出去的水”，意思就是说出去的话就像泼出去的水一样再也收不回了，如果这些话不好听、不文明，那么对他人的伤害也是难以弥补的。但是，上面的小男孩勇敢地面对同伴表示“把说出的话收回来”的做法值得肯定，他也因此而获得了同伴的谅解，赢得了友谊。

说出的话有时也是可以收回的。每个人不可能十全十美，难免会说出个别不讨人喜欢的话语。有的人说了难听的话之后，觉得反正已经收不回了，干脆一不做二不休，不再给予解释或者道歉，结果往往容易造成听者的误解，最终导致双方关系不和，甚至老死不相往来。其实，话语说出之后如果自己觉察出了难听，最好尽快通过解释、道歉等方式来收回说出的话，这样能够在一定程度上挽回难听话语的负面影响，从而缓和双方之间的关系。

当然，作为难听话语的接收者，也要尝试给说话者“收回说出话语”的机会，明白人与人之间相处难免会出现一些交流障碍，只有抱着诚恳、宽容和理解的态度去交往，才会促进双方的和谐相处。

有人会说，如果说出的话可以收回，那以后我们说话想怎么说就怎么说。这显然不行。难听的话如果一次又一次地刺激到他人，那么谁都会受不了。所以，每个人都要有话好好说，说好文明话，让人听着舒服，自己也会舒服，人与人之间的关系也会因此更加融洽。